多车道超宽断面高速公路交通组织与关键设计指标

——广韶高速公路改扩建实践

主　编　何湘峰　庄稼丰
副主编　王振龙　邱自萍　陈　玲
王丽园　王　欢

武汉理工大学出版社
·武　汉·

图书在版编目(CIP)数据

多车道超宽断面高速公路交通组织与关键设计指标:广韶高速公路改扩建实践/何湘峰,庄稼丰主编.—武汉:武汉理工大学出版社,2024.3

ISBN 978-7-5629-7028-6

Ⅰ.①多… Ⅱ.①何… ②庄… Ⅲ.①高速公路—改建—道路工程—研究—广东②高速公路—扩建—道路工程—研究—广东 Ⅳ.①U418.8

中国国家版本馆 CIP 数据核字(2024)第 061413 号

项目负责人:陈军东　　**责任编辑**:黄　鑫
责 任 校 对:余士龙　　**版式设计**:冯　睿
出 版 发 行:武汉理工大学出版社
武汉市洪山区珞狮路 122 号　邮编:430070
http://www.wutp.com.cn　理工图书网
E-mail:chenjd@whut.edu.cn
经　销　者:各地新华书店
印　刷　者:广东虎彩云印刷有限公司
开　　　本:787×1092　1/16
印　　　张:11.5
字　　　数:260 千字
版　　　次:2024 年 3 月第 1 版
印　　　次:2024 年 3 月第 1 次印刷
定　　　价:98.00 元

本社购书热线电话:027—87523148　027—87391631　027—87165708(传真)

多车道超宽断面高速公路交通组织与关键设计指标

——广韶高速公路改扩建实践

审定委员会

编委会

前　　言

我国高速公路发展大致经历了四个阶段，“八五”至“九五”计划期间是探索与起步阶段，“十五”至“十一五”期间我国高速公路网初现雏形，“十二五”至“十三五”期间在积极的财政政策和货币政策刺激下我国高速公路建设迎来跨越式发展，“十四五”至今，高速公路行业步入扩容增效、技术赋能的新时期。《国家公路网规划》提出到 2035 年国家高速公路网规划总里程约 16.2 万公里，未来建设改造需求约 5.8 万公里，其中含扩容改造约 3 万公里。新一轮高速公路扩建浪潮带来了公路交通高质量发展新机遇，同时也带来了诸多新的挑战，特别是明确十车道及以上多车道超宽断面高速公路在交通组织模式及路线、互通相关技术指标等方面的技术需求十分迫切。

基于此，广韶高速公路改扩建管理处、中交第二公路勘察设计研究院有限公司、广东省路桥建设发展有限公司、广东省交通职业技术学院技术骨干共同成立了《多车道超宽断面高速公路交通组织与关键设计指标——广韶高速公路改扩建实践》专著编写组。本书依托京港澳高速公路清远佛冈至广州太和段（以下简称“广韶高速公路”）改扩建工程，针对十车道高速公路复杂行车环境下面临的同向并道行驶车辆间的相关干扰等问题，提出了多车道超宽断面高速公路通行能力计算模型与交通组织模式选取方法；针对广韶高速公路扩建工程交通组织及横断面组成的设计需求，提出了行车道宽度、硬路肩宽度、中央分隔带宽度等技术指标推荐值；从快速排水和行车舒适性角度，推荐了多车道超宽断面高速公路的路拱形式及横坡值；考虑沿线多种控制因素影响，提出了不同扩建方式渐变过渡原则及方法；考虑货车占比较高条件下的可插入间隙时间分布，提出了多车道超宽断面高速公路互通最小净距、变速车道长度及主线同向合流与互通出口最小净距值等技术指标推荐值；同时对大流量条件下的服务区设计标准提出建议。本书的研究成果和结论，为广韶高速公路改扩建项目的设计工作提供了参考和指导，也为相似高速公路改扩建工程提供了必要的技术指导。

本书共7章，第1、2章由王振龙、王欢、邱自萍编写，第3章由熊文磊、危春根、陈玲、刘欢、李培、熊丹编写，第4章由王丽园、马天奕、罗丰、黄飞新、周秋明编写，第5章由李正军、张林妮、杨晶、陈安海、李串、龚鑫、曾涛编写，第6章由许万荣、吴凡、薛育阳、曾卓、龙万达、万奔、赵超编写，第7章由林健安、王领编写，全书由何湘峰、庄稼丰统稿。

本书在编写过程中参考了大量文献，在此谨向文献作者表示崇高的敬意，同时本书的编写得到了武汉理工大学出版社的热情指导，在此一并表示感谢。

由于时间仓促和编者水平有限，书中错漏之处在所难免，恳请同行专家和读者批评指正。

编　者

2024年1月

目　　录

1 绪　　论

1.1 引言

随着我国经济社会的快速发展，交通量随之增长，早期建成的高速公路陆续出现通行能力不足、服务水平下降等状况，难以满足交通发展需要。近年来，我国逐步开启高速公路改扩建工作，截至“十三五”末，全国高速公路改扩建总里程突破1万公里，其中广东、辽宁等省份更是接连提出“六改十”高速公路扩建方案。相较于常规高速公路，十车道及以上的多车道高速公路的车道数增加、横断面加宽，交通组织环境变得更为复杂。同时，常规高速公路的设计指标、现行标准规范的相应条文已不能完全适应十车道及以上多车道高速公路实际工程需求，需进一步探讨多车道超宽断面高速公路交通组织与关键设计指标参数。

京港澳高速公路清远佛冈至广州太和段（以下简称“广韶高速公路”或“本项目”），是国家高速公路网中京港澳高速公路（G4）的重要组成部分，是粤港澳大湾区中广州—清远—韶关—华中地区发展轴的重要支撑，是联系粤北山区与粤港澳大湾区等地的纵向大通道，其在广东省乃至我国中南部地区公路网中的地位都十分重要，如图1.1所示。自建成通车以来，京港澳高速公路对区域经济的快速发展起了极大的拉动作用，是国家南北公路运输的大动脉。沿线各省市利用京港澳便利的通道资源进行产业布局，高速公路建成后交通量稳步增长，已成为全国最繁忙的交通通道之一。目前京港澳高速公路沿线各省均已完成或正在进行改扩建建设。

图1.1　广韶高速公路现状

随着粤港澳大湾区社会经济的高速发展，本项目现状日均实际车流量约7.8×10^4 pcu/d，最大交通量11.98×10^4 pcu/d，其中汕湛高速升平枢纽互通至钟落潭互通段服务水平为三级，钟落潭至太和段服务水平为四级，交通量已经饱和，交通拥堵成为常态，影响车辆正常通行效率。随着交通量的持续增长，本项目路段拥堵情况日趋严重，优质的出行要求与有限的通行能力之间的矛盾突出，对国家公路安全、大通道通畅造成了较大影响，更不能适应粤港澳大湾区经济快速发展的需要。目前，广韶高速公路改扩建项目已列为广东省“十四五”规划建设重大交通基础设施项目。因此，本项目改扩建需求是非常必要且十分迫切的。

1.2 研究目的及意义

广韶高速公路改扩建项目拟采用双向十车道超宽断面扩建方式，但我国还没有对十车道及以上多车道超宽断面高速公路工程设计展开系统和充分的研究，更没有相关标准条文规定，导致项目改扩建工程技术标准不能确定，因此有针对性地开展技术研究对于支撑广韶高速公路改扩建设计及相似工程改扩建设计工作意义重大。具体如下：

(1)针对十车道及以上多车道超宽断面高速公路的横断面关键技术指标选取缺乏技术标准。项目佛冈至机场北路段所处地带为重丘区与平原微丘区交错分布，地质条件复杂，控制用地规模等问题较为关键。机场北至太和枢纽段路侧城镇化程度高，路网、管网密集，横断面布设受控因素较多。目前我国十车道高速公路实践较少，未有成熟的工程经验可供参考，缺少对十车道及以上高速公路的横断面形式及组成的相关研究，更没有相关标准条文规定。

(2)针对十车道及以上多车道超宽断面高速公路的交通组织模式选取及通行能力计算缺乏技术标准。十车道及以上多车道高速公路具有车道数多、交通量大、交通环境复杂等特点，在设计阶段就需充分考虑广韶高速公路交通组织模式以及车道功能划分的问题，从而对应不同交通组织模式，分析其设计通行能力，但是我国还没有对十车道及以上高速公路的交通组织模式和通行能力形成相关标准、规范。

(3)十车道及以上多车道超宽断面高速公路的互通立交最小间距、变速车道形式及长度等指标选取缺乏技术标准参考。广韶高速公路改扩建后SJA1标段鳌头互通—铺锦枢纽、SJA2标段机场北枢纽—北兴互通、良田互通—金盆枢纽等互通间距较小，行车组织复杂，大货车占比较高，亟须开展小间距互通立交安全性指标研究。

(4)服务区内部部分功能尚不完善，还有一定的改进空间。项目扩建后沿线客流量大，服务区的使用效率高，尤其是节假日期间服务区使用频率较高，甚至大大超出了正常的适用范围，易造成服务效率低下，不利于服务区良好形象的树立，也不利于其长久的发展，亟须开展大流量条件下的服务区设计标准研究。

综上，应尽早研究交通组织模式、通行能力计算、横断面布置及组成、小间距互通立交安全性指标、服务区设计标准研究等技术问题，确定扩建技术标准，为广韶高速公路改扩建工程提供技术支撑，加快广韶高速公路改扩建勘察设计进度，实现广韶高速公路改扩建的平安百年品质工程的建设目标。

1.3 研究思路及主要内容

通过标准对比、现场座谈、实地调研等形式明确了研究内容及技术路线，利用自然驾驶数据分析、行驶仿真模拟、理论计算等多种方法开展深入研究。具体研究内容如下：

（1）多车道超宽断面高速公路交通组织模式与通行能力研究

通过文献调研、专家访谈等方式了解国内外对于多车道超宽断面高速公路的交通组织模式研究现状以及通行能力的计算方法，针对广韶高速公路改扩建项目特殊性提出研究思路。高速公路通行能力计算需考虑交通组成修正系数、车道数修正系数和驾驶员总体特征修正系数，考虑到实际情况，另增加行车干扰系数，提出多车道超宽断面高速公路的通行能力计算方法。根据工程可行性文件提供的广韶高速公路改扩建项目预测交通量、交通组成、OD分析结果、车道布置形式等数据，采用分配计算、交通仿真等手段，分别从冲突风险、通行能力、驾驶安全性等方面对比不同交通组织模式在广韶高速公路的适用性。

（2）基于交通组织的多车道超宽断面高速公路横断面关键技术指标研究

根据多车道超宽断面高速公路的交通组织模式的研究成果及左侧硬路肩设置结论，提出广韶高速公路的典型多车道超宽断面横断面形式，针对广韶高速公路交通组织及横断面组成的设计需求，结合广韶高速公路功能特性，研究行车道宽度、硬路肩宽度、中央分隔带最小宽度值等指标。综合上述研究成果，提出适用于广韶高速公路改扩建工程的设计指标。由于广韶高速公路扩建后车道数多、断面宽，路面快速排水、防积水是道路设计的重点。在研究中，从快速排水和行车舒适性角度，确定广韶高速公路改扩建工程的路拱形式及横坡值。并考虑沿线多种控制因素影响，提出不同扩建方式渐变过渡原则及方法。

（3）多车道超宽断面高速公路小间距互通立交安全性指标研究

结合广韶高速公路内外分幅的交通组织模式，考虑货车占比较高条件下的可插入间隙时间分布，优化换道模型算法，针对性提出多车道超宽断面高速公路互通最小净距、变速车道长度及主线同向合流与互通出口最小净距值等指标推荐值。

（4）服务区设计标准研究

为改善高速公路服务区运营状况，进一步加强服务区的文明创建工作，结合高速公路服务区管理的影响因素，从停车区、汽修加油区、卫生间区域、公共广场、应急安全管理、便民设施区等角度对服务区设计标准提出建议，以确保服务区的设施和服务水平能够满足公众的需求和期望。

2　国内外工程实践与研究概况

2.1　多车道高速公路案例简述

2.1.1　深圳水官高速

水官高速公路位于中国广东省深圳市龙岗区西部城中山丘地带，线路大致呈西南至东北走向，横穿整个平湖铁路枢纽，西起水径村、东至井头村，途经布吉、吉华、坂田、平湖、南湾、横岗、园山、龙城等街道，沿线覆盖大运新城、坂雪岗科技城、深圳国际低碳城、平湖金融与现代服务业基地等四大市级重点发展区域，沿线高度城市化。道路全线平均互通间距约为 3.36 km。水官高速于 2011 年完成十车道改扩建，采用改扩建设计速度 80 km/h 的内侧双向六车道高速公路＋外侧双向四车道辅道设计标准，内侧与外侧之间用双黄线进行区分。车道分布为最内侧小客车车道，2、3 车道为小型车车道，4、5 车道为大型车车道，如图 2.1 所示。

扩建路线全长 13.465 km，路基宽度 50 m（每条车道宽为 3.75 m，路肩宽 4 m）。全线设置 6 处互通式立体交叉。2013 年确定由 80 km/h 提速至 100 km/h，通车运营超过 10 年，现状日交通量为 16 万～20 万 pcu/d。该高速未设置左侧硬路肩。

图 2.1　深圳水官高速

在国土开发强度方面，根据 2017 年《全国城市区域建设用地节约集约利用评价情况通报》，广东省的国土开发强度为 11.34%。在建设用地地均生产总值方面，深圳市排名全国第一，为 197729.05 万元/公顷。

水官高速地处深圳市内，沿线总体土地开发强度大，土地利用率高。城市化水平方面，截至 2019 年，深圳市的城市化率为 100%，位居全国第一。

深圳是广东省副省级市、计划单列市、超大城市，国务院批复确定的中国经济特区、全国性经济中心城市和国际化城市，经济发达，是中国第一个全部城镇化的城市。其土地价格昂贵，用于高速公路改扩建的土地极度受限，征地成本极高。

2.1.2 合肥绕城高速——陇西枢纽至路口枢纽段

随着安徽省“四纵八横”高速公路骨架路网初步形成，陇西枢纽至路口枢纽段不仅成为G3京台高速、G40沪陕高速的共用段，而且承担起了G3京台高速、G40沪陕高速、G4001合肥绕城高速、G5011芜合高速等4条高速公路的咽喉连接线的作用，日均车流量增加迅猛，尤其是遇到重大节假日，经常出现交通严重饱和的状态，造成该路段及与其相连接的高速出现连锁反应，通而不畅。2015年11月，该路段作为应急工程正式开工扩建。

2017年7月18日，合肥绕城高速陇西枢纽至路口枢纽改扩建工程建成并恢复全线通行，由双向四车道扩建为双向十车道，成为安徽省第一段双向十车道的高速公路，使合肥绕城高速通行能力得到极大提升，如图2.2所示。陇西枢纽至路口枢纽属于合肥绕城高速东环线，起点为陇西枢纽互通，南接合宁、芜合高速，终点至路口枢纽互通，北接合徐、合六叶高速，路线全长9.44 km。采用两侧拼宽的加宽方式，将原来双向四车道扩建为双向十车道，设计车速120 km/h，并采用整体式混行的车道管理形式。扩建中，建设者为确保不中断交通，采取半幅路面通车、半幅路面建设的施工组织模式，努力克服施工难度大、交通导流频繁、安全管控复杂等各类困难，如期安全完成扩建任务。扩建首次采用独创的桩板式路基工艺，减少环境污染，极大节约了土地。此项工艺有望在芜合、合安高速“四改八”扩建工程中得到应用。

图2.2 合肥绕城高速十车道路段

在国土开发强度方面，根据2017年《全国城市区域建设用地节约集约利用评价情况通报》，安徽省的国土开发强度为14.88%。在建设用地地均生产总值方面，合肥市排名在全国范围内处于居中水平，为287.1万元/公顷。项目沿线总体土地开发强度小，土地利用率一般，进行改扩建征地较为容易，征地成本较低。

在城市化水平方面，截至 2019 年，合肥市的城市化率为 74.97%，城市化水平一般。改扩建工程土地利用相对宽松，征地较为容易。

2.1.3 美国 I-405 高速公路

美国于 1937 年开始修筑第一条高速公路——宾夕法尼亚州收税高速公路，长 257 km。目前，美国拥有约 10 万公里高速公路，已完成以州际为核心的高速公路网，其总里程约占世界高速公路总里程的一半，连接了所有 5 万人以上的城镇。美国高速公路发展较早，由于交通需求的提高，双向十车道、十二车道屡见不鲜，甚至出现了双向二十六车道的超多车道公路。美国多车道公路的车道管理方式，为后来研究中多种车道管理方式的选取提供了参考。

美国 I-405 高速公路（图 2.3），I 表示 Interstate，即为州际公路，路段长度为 116.54 km，是美国最繁忙的公路。每天经过这条路的车辆少的有将近 26 万辆，多的有 37.7 万辆。而且预计到 2040 年，这个数字还会再增加 35%。

图 2.3 美国 I-405 高速公路

从图中可以看出 I-405 属于双向十车道，采用整体混行式的车道管理形式。公路的一些路段交通已经趋于饱和甚至过饱和。

鉴于以上情况，美国于 2018 年开始对 I-405 进行改扩建。在路段中间有一段和其他主要道路共用的路段，实行以下的改扩建方式：首先增加一条普通车道，其次将中间的一条快速车道拓宽为两条。车辆中只有驾驶员一个人时，也可以通过付费来使用快速车道。如果车内有两个人，在最初 3 年半的高峰期使用快速车道需要付费，其他时段免费。如果车内有三人及以上，可以在任何时段免费使用快速车道。

2.1.4 美国 I-10 高速公路

美国 I-10 高速公路（图 2.4）进入洛杉矶后，由于城市内部交通出行需求较大，道路车道数增加到 10 个，采用整体断面，十车道路段长约 15 km，其中互通数量为 15 个，平均间距 1 km，最小间距 800 m。

图 2.4 美国 I-10 高速公路

2.1.5 美国 I-496 高速公路

美国 I-496 高速公路(图 2.5)穿越兰辛市城区段采用快速(6)+集散(4)的形式，该城市内部的集散交通和短途交通比重较大，采用该模式可以较好地解决不同交通流之间交通组织的问题。快速与集散车道之间的连接方式采用“分散连接和集中连接”相结合的形式。

图 2.5 美国 I-496 高速公路

2.1.6 美国 I-15 高速公路

美国 I-15 高速公路(图 2.6)在进入洛杉矶城区东侧后，部分路段扩建后采用 8+4 的断面形式，外侧 4 个车道为集散车道，内侧 8 个车道为快速车道，设计了左侧硬路肩。

图 2.6　美国 I-15 高速公路

2.2　相似改扩建工程专题

伴随我国经济高质量快速发展，特别是长三角、珠三角、京津冀、长江中游和粤港澳大湾区等重大区域战略融合发展，高速公路作为打通经济发展大动脉的重要抓手，已进入单向超四车道的多车道高速公路改扩建进程，如沪武高速太仓至常州段、京哈高速绥中至盘锦段、沈海高速火村至龙山段、泉厦高速、广深高速、广惠高速、深汕西高速以及本项目(广韶高速)等。其中，从完善技术标准及保证工程安全性等角度出发，部分多车道高速公路改扩建工程开展了相关技术专题研究以支撑总体设计方案，具体见表 2.1。

表 2.1　相似改扩建工程技术专题主要研究内容与本书的差异性

项目名称	相似专题名称	专题研究内容	与本书的差异性
广深高速公路改扩建工程	超多车道高速公路改扩建断面标准研究	1. 超多车道高速公路通行能力与车道数研究； 2. 路基标准横断面研究； 3. 密集互通区主辅分离式的辅道设计速度研究； 4. 超多车道高速公路小间距互通立交安全性指标研究	1. 该专题通行能力分析不需考虑货车比例高的影响； 2. 该专题的横断面研究重点在于论证左侧硬路肩是否设置，其他指标研究较简单； 3. 该专题的互通安全指标不需考虑货车比例高的影响

续表 2.1

项目名称	相似专题名称	专题研究内容	与本书的差异性
广深高速公路改扩建工程	运营期交通组织类型论证多车道方案断面研究	1.多车道分、合流区通行能力计算； 2.多车道交通组织形式下的驾驶行为特性分析； 3.多车道断面交通组织方案论证比选	1.该专题的通行能力研究面向场景为分、合流区域，本书的通行能力面向场景为主线路段； 2.该专题的交通组织研究简单分为客货混行和客货分离。本书根据项目特点进行了更细粒度的划分（内外分幅3+2与内外分幅2+3）
	多车道超宽断面高速公路设计指标与安全管控关键技术研究	1.高速公路交通组织及通行能力分析； 2.基于交通组织的多车道超宽断面高速公路横断面形式研究； 3.互通立交密度、间距及几何指标研究； 4.多车道超宽断面高速公路交通信息指引与设施组合布设研究	1.该专题的通行能力分析不需要考虑货车比例高的影响，且交通组织研究以长、短距离出行的车道方案划分原则，本书以车型差异为划分原则； 2.该专题对行车道宽度研究以国内外相关研究调研总结为主要研究方法，本书更侧重于实测数据分析； 3.该专题的互通指标及信息指引等研究不需要考虑货车比例高的影响。且更关注于三车道匝道关键技术部分
沈海高速火村至龙山段改扩建工程（广州北二环）	超多车道断面及安全保障技术研究	1.超多车道断面选择与取值研究； 2.左侧硬路肩交通安全问题分析； 3.安全辅助措施及有效性分析	1.该专题横断面指标取值以国内外相关研究调研总结为主要研究方法，本书更侧重于实测数据分析； 2.该专题主要研究左侧硬路肩是否设置及后续安全性问题分析

续表 2.1

项目名称	相似专题名称	专题研究内容	与本书的差异性
广东省高速公路改扩建关键技术研究	高速公路改扩建安全技术标准研究	1. 改扩建安全技术指标需求分析； 2. 改扩建技术指标安全阈值研究； 3. 智慧交通前景下的安全提示手段； 4. 高速公路改扩建安全性评价	该专题面向广东省改扩建公路总体情况开展普适应研究，且以平纵指标为主，相应指标值选取需结合工程特点具体分析
沪武高速太仓至常州段改扩建工程	八、十车道高速公路几何指标与设计参数体系研究	1. 八、十车道高速公路通行能力研究； 2. 八、十车道高速公路横断面设置研究； 3. 八、十车道高速公路路拱形式及横坡值研究； 4. 八、十车道高速公路互通立交关键设计指标研究	1. 该专题分别计算客车专用车道通行能力、货车专用车道通行能力； 2. 该专题横断面研究以论证左侧硬路肩是否设置为主，其他指标取值以国内外相关研究调研总结为主要研究方法，本书更侧重于实测数据分析； 3. 该专题的路拱形式及横坡值研究与本项目的气象条件不同，且没有细化横坡值计算过程； 4. 该专题的互通立交关键设计指标不需考虑货车比例高的影响
G15 沈海高速泉厦段扩容工程	立体轻型智慧高速公路设计关键技术指标研究	1. 立体轻型复合式高速公路主线横断面关键技术指标研究； 2. 立体轻型复合式高速公路主线平纵线形关键技术指标研究； 3. 立体轻型复合式高速公路路面功能性设计指标研究	该专题的技术标准主要分别针对轻型车（小客车）在设计速度 120 km/h 和 140 km/h 条件下的平、纵、横关键技术指标开展研究，主要考量因素为车辆轻型化及超高设计速度对技术指标及路面性能等提出的新要求

通过上表分析可知，虽然当前已有较多的多车道高速公路改扩建工程开展了技术标准专题研究，但研究内容、方法及考虑因素均因各自工程特点而具有差异性，其中本书着重考虑货车占比高（超30%）带来的系列影响，同时本项目技术指标研究更加聚焦于横断面各组成要素取值的合理性，注重实测数据的分析应用。

2.3 交通组织模式及通行能力

近年来高速公路交通量持续增长，我国早期建设的大量四、六车道高速公路正在进行改扩建，八车道以上高速公路逐年增加，在重要的运输通道内，多车道化是未来高速公路的发展趋势。与四、六车道高速公路相比，八车道以上多车道高速公路在通行能力、运营安全方面有着特殊性，交通运营环境和交通流特征的变化可能导致交通隐患，降低多车道高速公路的通行效率。车道数量增加将加剧同向并道行驶车辆间的相互干扰，同时车辆驶入、驶出主线车道等驾驶行为的安全风险显著增加，既有公路通行能力计算、交通组织和安全分析均以八车道及以下高速公路为研究对象，无法适用于十车道及以上超多车道高速公路的复杂交通运行环境，故多车道高速公路工程缺乏行之有效的理论指导成为亟待解决的问题。

2.3.1 高速公路交通组织

由于广韶高速公路承担交通功能多，加之多车道交通特性，因此在设计阶段就需充分考虑广韶高速的交通组织模式以及车道功能划分的问题，从而根据不同交通组织模式分析其设计通行能力，以支撑改扩建设计工作。目前国内外多车道高速公路采用的交通组织管理模式主要有客货混合式、客货分道式、主辅分离式（快速-集散）等[1]。

客货混合是国内高速公路普遍采用的形式，尤其是在双向六车道以下的高速公路中普遍采用。客货混行车道管理方式主要指客车和货车可以自由选择行驶车道，在通行过程中不采取交通管理措施对客车或货车进行分流。客货混行是高速公路设计阶段考虑的车道管理方式，也是我国高速公路应用最广泛的车道管理方式。这种方式充分利用了空间资源，发挥了设计通行能力，有利于提高通行效率，驾驶自由度大，服务水平较高。但是，这种组织方式也存在一定的安全缺陷，如由于客车或货车随时可能变化车道，行车干扰随交通量增长而明显增大；客车与货车的运行速度差值大，客车易超速，重载货车在长下坡路段车速不易控制，容易诱发交通事故，严重时会导致多车连环相撞、事故后救援困难等。李力等[2]基于既有研究分析机荷—惠盐高速主线、节点的现状及规划交通量及特种结构，分析交通组织对高速交通功能影响，从不同功能角度出发对机荷—惠盐高速提出了多种交通组织模式，并结合TransCAD仿真软件模拟不同交通组织模式下交通流运行状态。

客货分道车道管理方式是指在一定的时段内，内侧车道仅对客车开放，外侧车道对货车开放。其主要目的是减轻部分路段客车与货车之间相互干扰，减少前后车辆的运行速度差造成的安全隐患。客货分道行驶在很大程度上解决了重车占道、客车超车难的问题，在空间上渠化了交通流，使车道内交通流速度趋于平稳，提高了通行效率，降低了由于速度差造成的事故率或强行变换车道造成的刮擦事故率。这种车道管理方式适用于交通量较大、客车与货车之间相互干扰大、车辆不需要频繁变道的路段。传统的智能交通系统（ITS）体系结构及其关键技术适用于客车和货车的混合，但对“客货分离”和“多车道”的两个特点缺乏专门的研究。构建适合中国国情的客货分行道路交通系统研究体系，研究客货分行交通系统特性，对于指导国内交通系统规划设计工作有着重要的意义[3]。

主辅分离是指路面设计把主线和集散车道分开，从而提高主线的通行效率，尤其是对大交通量、长距离疏散比较有效。主辅分离除了能改善交通安全外，还能提高通行能力、降低能耗和污染，一般应用于双向六车道及以上高速公路，机场高速、绕城高速中多为长距离运输，分散通行有利于提高整个路网效率。魏军等[4]结合复合式断面高速公路横断面特点，在分析主辅分离和客货分离两种交通组织方式下通行能力影响因素的基础上，提出通行能力计算模型，以京哈高速公路绥中至沈阳段交通数据为基础，考虑各影响因素，利用 VISSIM 交通仿真平台建立仿真模型，根据仿真得到的速度-流量曲线给出各修正系数的标定值，最后给出计算实例供相关人员参考。

国内学者何刚、明平顺、张国良等[5-7]通过交通流分布、速度、车头时距等指标评价高速公路运行状态；罗洪涛等[8]则从混合车流方式下的通行能力和分车型管理的通行能力角度出发，以道路运行效率为指标，缺少从安全方面分析、评价现有车道管理方式；刘莉[9]针对多车道高速公路车道管理方案，综合考虑通行能力和交通安全，建立以车道利用率、换道次数、车速变化为指标的车道管理方案评价标准；万兵[10]选取平均速度、换道次数、平均延误时间和平均通行时间为指标评价客货分离的车道管理效果；柯水平[11]在《客货分离道路交通实施方案评价方法研究》中从通行能力、事故率和道路经济效益三个方面，论述了客货分离道路交通实施方案的优势，并且用 VISSIM 微观交通仿真软件对客货分离道路交通实施方案和混行交通实施方案进行对比，通过道路服务水平方面的优势评价，证明了在高速公路上实施客货分离策略优于混行交通策略；马红伟[12]在分析国外现有客货分离道路评价方法的基础上，结合港口城市道路运输特点，提出我国港口城市客货分离道路评价体系，选取通行能力、服务水平、事故数、延误费用等作为评价指标；孔德文[13]在研究大型车辆对多车道高速公路交通运行影响研究问题中，从流量与速度、拥挤率、换道率、稳定性等方面评价多车道高速公路车道管理效果；马捷[14]提出了以平均车速、事故率、换道次数、车速离散性等作为参数的评价指标，并用主成分分析法对各指标的权重进行标定，建立了适用于客货分离道路系统改造效果的评价指标体系。

曹广斌[15]在考虑高速公路通行能力以及安全与效率的基础上，以某条八车道高速公路的特定交通环境为条件，对目前典型的四种车道管理方案进行仿真分析，并对比该环境下各车道管理方案的优劣；钟小明针对客货混行车道管理出现的问题，对客货混行、单车道通行、客货分道、错时通行等四种车道管理方式进行了深入分析，并对比了四种车道管理方式的优缺点和适用条件；万兵[10]依托西宁至互助公路改扩建工程，应用VISSIM交通仿真软件研究在不同货车混入率的交通状况下，双向六车道高速公路客货分离的自然流量与货车混入率标准；丁建梅[16]在《城市客货混行干道交通优化控制方法》的研究中，以客货混行城市干道作为研究对象，分析了车辆组成对路段交通运行的影响，通过采用正交实验法对所采集的车流数据进行分析，确定了客货混行交通道路上车流率、车速、大型车比例和转向比例等因素对车队的交通延误产生的影响程度；王新慧[17]通过对流量、交通组成、服务水平、流量均衡等方面的综合考虑，利用VISSIM仿真软件对混行及分离道路进行实验，给出实施物理分隔道路的流量及货车比例条件；李志涛[18]对按行驶速度、车型大小、车种分类的车道管理方案进行分析，提出基于车道管理方案的通行能力分析模型，得到不同车道管理方案的高速公路适应交通量；韩宝睿等[19]提出了多车道高速公路的适应交通量计算模型，并给出了模型参数取值；罗洪涛等[8]则从混合车流方式下的通行能力和分车型管理的通行能力角度出发，以道路运行效率为指标，缺少从安全方面分析、评价现有的车道管理方式；刘莉等[9]采用模糊评价的方法，在考虑高速公路通行能力以及安全与效率的基础上，针对目前典型的五种车道管理方案进行仿真分析，通过对仿真结果进行对比分析，得出了最优的仿真方案，以此作为最优的八车道高速公路车道管理方案。

2.3.2 高速公路通行能力

通行能力计算和交通组织模式选取是确定本项目改扩建工程横断面设计方案的基础，本节主要对多车道高速公路通行能力计算方法及交通组织模式的研究现状进行简单阐述。

近几年，伴随我国经济的飞速发展，交通需求迅速增加，越来越多的高速公路改扩建为八车道以提供更多的交通供给，在重要的运输通道内，多车道化将是未来高速公路的发展趋势。然而，与四车道或六车道高速公路相比，多车道高速公路本身在通行能力、运营组织方式方面有着特殊性。有效的多车道高速公路交通组织及通行能力计算方法对高速公路改扩建具有重要指导意义。

在通行能力分析方面，国外在多车道高速公路通行能力方面的研究主要针对不同车道管理方式下的通行能力展开，如美国的《道路通行能力手册》(*Highway Capacity Manual*，HCM)[20,21]是公认的通行能力计算准则，为评估不同交通、道路条件对交通通行能力的影响，给出了具体而深入的方法。但是，在高速公路基本路段的通行能力和服务水平分析中，也没有区分八车道以上高速公路与八车道及以下高速公路通行能力的差别，美国的相关学者在道路扩建方面对不同车道管理方式下的通行能力进行了模拟研究，但其研究成果是设置辅助道路的多变交通流条件下的计算模式，不适用于我国的高速公路状况。国内目前采用的计算方法建立在四车道高速公路车道管理模式的基础上，不考虑混行交通模式下的车道影响，随着车道数的增加，将车流性质不同的车道进行叠加计算，结果的可靠性会越来越低。针对多车道高速公路适应交通量的已有研究中，虽然依托工程实践项目，通过对多车道高速公路在不同交通组织条件下的行车状态和服务水平进行分析，提出了交通量计算方法的改进计算模型，但其研究只针对整体式断面的不同车道管理方式，且涉及多车道高速公路通行能力的影响因素较单一。

除了 HCM 外，德国 HBS 手册[22]也对通行能力研究方法进行了分析，将一年中第 30 个小时的交通量作为设计小时交通量，将通行能力划分为 A 至 F 六级。在传统的计算模型中，输入相关的交通量需要以 veh/h 为单位，再向模型中输入相关修正参数，包括车型比例等；当针对高速公路其他特殊路段（如交织区）时，则需转换成当量小客车来计算。WU NING 及 KERSTIN LEMKE[23]利用现有的高速公路通行能力手册来定义其服务水平（LOS），并介绍了一种以高速公路合流、分流和交织路段为整体对象的模型，通过改变模型参数，可以将函数拟合到现有的针对不同类型交织段及匝道通行能力的模型中。利用该模型，可以直接得到高速公路上的服务水平与出入口匝道通行能力之间的函数关系。

在研究道路通行能力及服务水平方面，微观交通仿真软件已成为不可或缺的研究方法。ARASAN V T、ARKATKAR S S[24] 采用了一种异构化的交通流仿真模型 Herosim，利用现场采集到的交通流动力学特性数据对仿真后的模型值进行标定和验证，验证后的模拟仿真值可以被用来推导出不同类型车辆的标准车车流量值。李文权、张云颜、王莉等[25]运用仿真软件 TSIS 分析了互通立交的通行能力问题，同时利用仿真模型建立了相关参数的计算模型。Jolovic 等[26] 比较了 VISSIM 和 HCM2015 中提到的 FREEVAL 两种交通分析软件背后的方法，将从加利福尼亚州某段高速公路的实测数据，输入到两种交通分析软件中，并对它们各自分析出来的结果进行解释和讨论。郭长波和张宁[27]通过运用仿真软件及其实测资料，发现了快速路上的车辆到达服从泊松分布，并研究了不同的到达率等条件下的通行能力所发生的变化。许有俊和郭楠[28]首先利用 VISSIM 仿真软件，结合现场的实测资料，首先对其中的模型结果进行了参数标定及有效性的验证，研究了不同流量组合下目标路段通行能力的影响因素。

2.4 横断面布置及组成关键技术指标

本项目横断面布设受控因素较多，相关指标亟须确定。本节主要从中央分隔带、路缘带、硬路肩、行车道、路拱形式及横坡值等五个方面论述横断面布置及组成的关键技术指标研究现状。

2.4.1 国内超多车道横断面组成及宽度

目前国内已运营的十车道高速公路有水官高速、合肥绕城高速，已得到交通运输部批复同意的拟扩建成十车道高速公路有沪武高速公路太仓至常州段(董浜枢纽与太仓北枢纽段)和京哈高速公路辽宁绥中(冀辽界)至盘锦段(前所枢纽互通立交至盘锦段)、广深高速公路。

(1)水官高速

水官高速公路最初设计为市政快速路,后因资金问题采用 BOT 模式成为收费高速公路,建设时设计综合考虑了高速公路标准与市政道路要求。水官高速公路横断面组合形式及宽度见表 2.2。水官高速公路横断面布置如图 2.7 所示。

表 2.2 水官高速公路横断面组合形式及宽度

左幅/m				中分带/m	右幅/m				总宽/m
土路肩	右硬	行车道	左侧路缘带		左侧路缘带	行车道	右硬	土路肩	
0.75	3.0	3.75×5 (+0.5 m双黄线)	0.75	2.5	0.75	3.75×5 (+0.5 m双黄线)	3.0	0.75	50

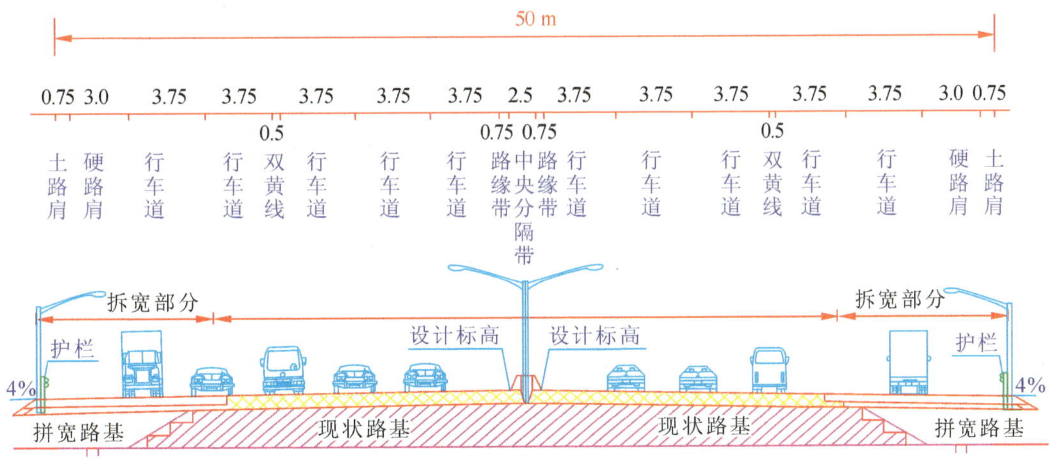

图 2.7 水官高速公路横断面布置

(注:资料来源于实地调研)

(2)合肥绕城高速

合肥绕城高速全长 105 km,全路段已完成双向八车道改扩建,设计车速均为 120 km/h。其中陇西至路口段采用双向十车道 49.5 m 宽标准,里程 9.44 km,起终点为高速与高速的交叉枢纽,因高速公路枢纽和互通间距较近而设置为十车道断面。2015 年正式开工扩建(在 42 m 双向八车道标准左右各加一条 3.75 m 宽标准车道)。车型组成以客车为主,现状日交通量达到 15 万 pcu/d。该工程作为应急工程建设,未设置左侧硬路肩。

合肥绕城高速公路横断面组合形式及宽度见表 2.3，十车道路段横断面布置如图 2.8 所示。

表 2.3　合肥绕城高速公路横断面组合形式及宽度

左幅/m				中分带/m	右幅/m				总宽/m
土路肩	右硬	行车道	左侧路缘带		左侧路缘带	行车道	右硬	土路肩	
0.75	3.0	3.75×5	0.75	3.0	0.75	3.75×5	3.0	0.75	49.5

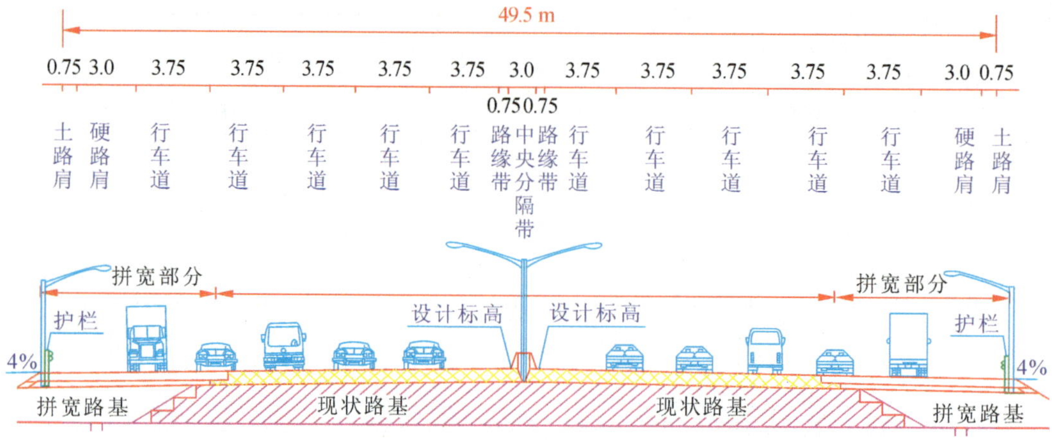

图 2.8　合肥绕城高速公路十车道路段横断面布置

（注：资料来源于实地调研）

(3)广深高速公路

广深高速公路是联系广州、东莞、深圳、香港的重要通道，北起广州市黄村立交，与广州环城高速公路北段相接，南止于深圳市皇岗口岸，与深圳市皇岗路相接，全长 122.8 km，设计速度 120 km/h，路基宽度按照 52.5 m 控制，互通最小间距 0.5 km，最大间距 6 km，另外还有 5 处简易出入口。十车道路段预测年平均日交通量为 17.52 万 pcu/d，特征年货车比例为 18%左右，该项目工程可行性报告推荐设置左侧硬路肩。

广深高速公路十车道路段横断面组合形式及宽度见表 2.4，横断面布置如图 2.9 所示。

表 2.4　广深高速公路十车道路段横断面组合形式及宽度

左幅/m				中分带/m	右幅/m				总宽/m
土路肩	右硬	行车道	左硬		左硬	行车道	右硬	土路肩	
0.75	3.0	3.75×3+3.50×2 (+0.5 m 双黄线)	3.0	1.5	3.0	3.75×3+3.50×2 (+0.50 m 双黄线)	3.0	0.75	52.5

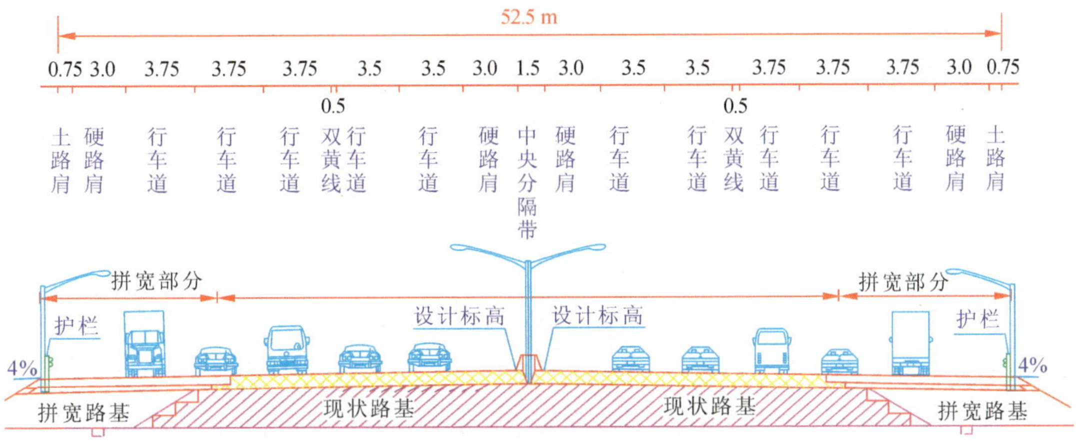

图 2.9 广深高速公路十车道路段横断面布置

（注：资料来源于《广深高速公路改扩建工程可行性研究报告》）

(4)沪武高速公路江苏太仓至常州段

沪武高速公路江苏太仓至常州段是沪武国家高速公路(G4221)的重要组成部分，项目全长约 135 km。其中董浜枢纽与太仓北枢纽段约 25.13 km，由双向六车道扩建为双向十车道，设计速度采用 120 km/h，路基宽度按照 53.5 m 控制。道路两侧城镇化率不高，民房、厂房较少。道路全线平均互通间距约为 5.39 km，十车道路段预测年平均日交通量为 18.19 万 pcu/d，特征年货车比例为 22%。该项目工程可行性报告已得到交通运输部批复，同意整体式十车道路段设置 3.0 m 宽的左侧硬路肩。

沪武高速公路太仓至常州段改扩建横断面组合形式及宽度见表 2.5，横断面布置如图 2.10 所示。

表 2.5 沪武高速公路太仓至常州段改扩建横断面组合形式及宽度

左幅/m				中分带/m	右幅/m				总宽/m
土路肩	右硬	行车道	左硬		左硬	行车道	右硬	土路肩	
0.75	3.0	3.75×4+3.50	3.0	3.0	3.0	3.75×4+3.50	3.0	0.75	53.5

(5)京哈高速公路辽宁绥中(冀辽界)至盘锦段

京哈高速公路辽宁绥中(冀辽界)至盘锦段是京哈高速公路(G1)在辽宁省境内的重要组成部分，承担辽宁省中西部城市群向南联系北京和向北连通省会沈阳的主要干线功能。项目扩建后，前所枢纽互通立交至终点盘锦段利用既有高速公路两侧拼宽改扩建为双向十车道高速公路，十车道路段全长 221.9 km，预测年(2046)年平均日交通量为 16.76 万 pcu/d。该高速公路改扩建工程在工程可行性设计阶段将整体式十车道路段的横断面设计中设置了 3.0 m 宽左侧硬路肩，路基宽度为 55 m。方案已得到交通运输部批复同意。

京哈高速公路辽宁绥中至盘锦段改扩建横断面组合形式及宽度见表 2.6，横断面布置如图 2.11 所示。

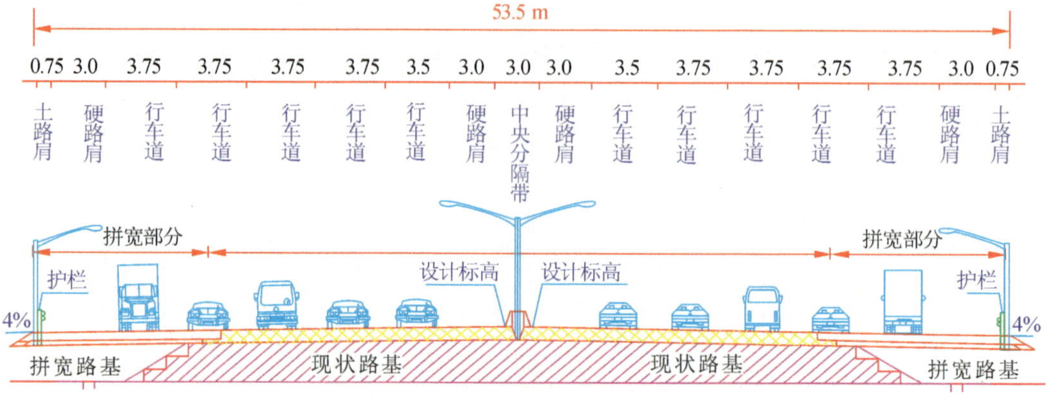

图 2.10 沪武高速江苏太仓至常州段改扩建十车道横断面布置

（注：资料来源于《交通运输部关于 G4221 沪武高速太仓至常州段改扩建工程资金安排的意见》）

表 2.6 京哈高速公路辽宁绥中至盘锦段改扩建横断面组合形式及宽度

左幅/m				中分带/m	右幅/m				总宽/m
土路肩	右硬	行车道	左硬		左硬	行车道	右硬	土路肩	
0.75	3.0	3.75×5 （+0.5 m 双黄线）	3.0	3	3.0	3.75×5 （+0.5 m 双黄线）	3.0	0.75	55

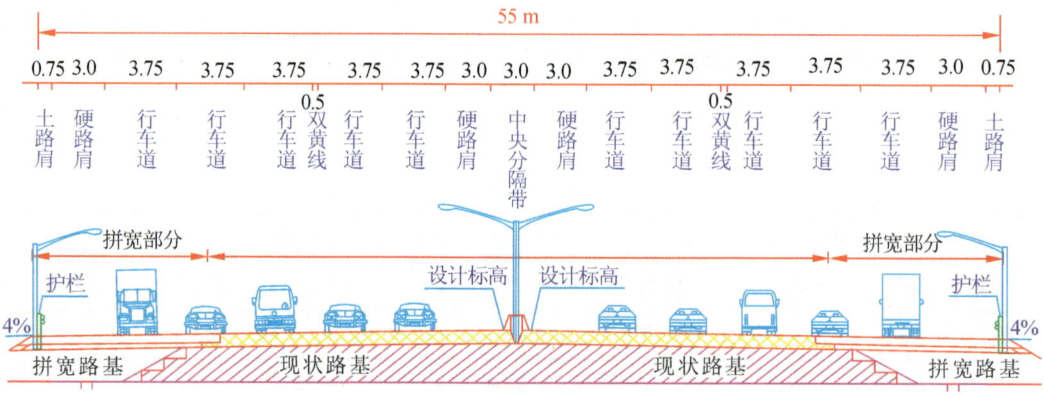

图 2.11 京哈高速公路辽宁绥中至盘锦段改扩建十车道横断面布置

（注：资料来源于《G1 京哈高速公路绥中（冀辽界）至盘锦段改扩建工程可行性研究报告咨询评估意见》）

2.4.2 国外超多车道横断面组成及宽度

美国和加拿大土地资源丰富，高速公路设计比较灵活，多考虑宽容性设计理念并注重环境保护，因而修建的多车道高速公路横断面形式具有以下一些特点：

(1)往往采用较宽的中间带，中间带多以自然的草坪绿化；

(2)硬路肩对多车道来讲是必不可少的横断面组成部分，分为左侧硬路肩和右侧硬路肩。

左侧硬路肩在国外称作预留车道，同向三个车道时左侧硬路肩可以设置也可不设置，同向车道数少于三车道时不设左侧硬路肩，当同向车道数大于三车道时必须设置左侧硬路肩。

图 2.12 所示为美国某高速公路双向十六车道左侧硬路肩。图 2.13 所示为加拿大 401 国道分幅式路基左侧硬路肩。

图 2.12 美国某高速公路双向十六车道左侧硬路肩

图 2.13 加拿大 401 国道分幅式路基左侧硬路肩

右侧硬路肩，同向两车道以上高速公路均设置，其设置原则与国内相类似。

图 2.14 所示为美国 I-95 国道路右侧硬路肩。

图 2.14 美国 I-95 国道右侧硬路肩

国外路肩的设置中多考虑宽容设计理念，往往配合较缓的边坡（土路肩和边坡没有明显分界），有的路肩还设计成曲线式的横坡或逐渐变化的横坡，设计灵活（图 2.15），道路路容较好，对排水有利，而且允许不慎驶离行车道路面的车辆恢复到正常行驶状态。

图 2.15 灵活的路肩设计

（3）美国、加拿大高速公路的行车道宽度取值一般为 3.6 m。

国外多车道高速公路横断面的参数设置情况，如表 2.7 所示。

表 2.7 国外多车道高速公路横断面参数值

横断面参数	美国、加拿大		欧洲	
左侧硬路肩	一般值/m	最小值/m	一般值/m	最小值/m
	3.6	3.0		
右侧硬路肩	3.6	3.0	3.5	3.0
行车道宽度	3.6		3.5	
中央分隔带	分离式路基	整体式路基	整体式路基	
	15～25	3.0～5.0	3.0～5.0	

国外的横断面设计中各组成部分的宽度设置较灵活，常根据实际的道路状况和交通状况来进行调整，对改扩建时横断面的处理经验比较丰富。图 2.16 所示为美国州际 235 号公路某段改扩建后的（单幅）横断面布置形式。

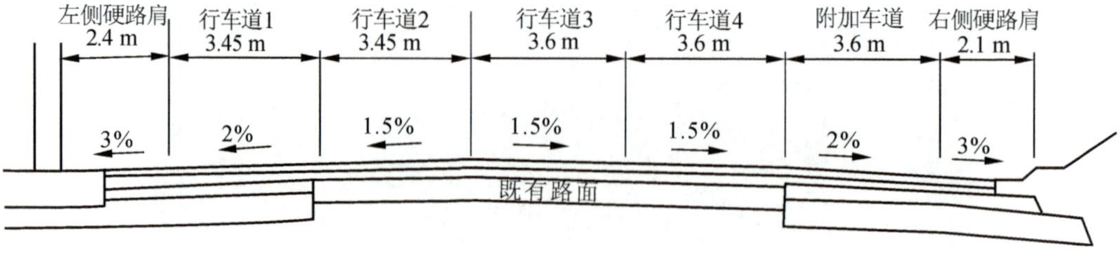

图 2.16 美国州际 235 号公路某段改扩建后的（单幅）横断面布置形式

欧洲高速公路规范与中国在公路几何设计方面的标准比较接近，特点是相关条文不苛求面面俱到，以给设计者留下充分的设计空间，达到对标准和各项指标灵活掌握应用的目的[29]。

德国高速公路横断面设计中，横断面的形式和尺寸由安全要求、交通流量、施工、养护以及改建情况等因素决定；根据《交通工程手册》的要求，车道数和横断面基本形式的选择由预测交通量决定。德国比较重视横断面与沿线其他构造物的协调问题，如排水设施、安全设施等[30]。

法国高速公路横断面设计中，对各组成部分的宽度都有明确的规定，中央分隔带宽度可采用 2.50 m、3.00 m、3.50 m、5.00 m，并建议 20％的路段中央分隔带大于 5.00 m，以改善行车环境；行车道宽度一般为 3.50 m；对路肩的功能认识比较全面，规定路肩的宽度与重型车辆的交通量结合考虑，一般为 2.50～3.00 m[29]。

日本由于用地紧张，在高速公路横断面设计中，各组成部分的宽度都偏向取低值，但日本高速公路以其灵活的设计、先进的管理和服务著称，充分发挥了自身的优势；日本高速公路设计中多注重新技术的使用，如新型护栏、新型彩色路面材料等，以改善横断面各组成部分宽度不足带来的安全问题[31]。

国内对公路横断面宽度的研究，主要侧重于交通流运行特征、车道通行能力，侧向余宽对驾驶人心理、生理的影响等方向。长安大学[32]根据大量的实测数据，运用数理统计理论，分析不同车道的车辆轨迹，得到了高速公路横向感知侧向安全值计算模型，基于横向感知侧向安全值给出了高速公路横断面各部分宽度的推荐值，从驾驶员心理、生理角度定量研究了不同路肩宽度给驾驶员带来的心理影响。

2.4.3 路拱及横坡值

按美国《公路与城市道路几何设计政策》[33]中对高速公路横坡的规定，单幅单向、单幅双向路拱设置形式如图 2.17、图 2.18 所示。

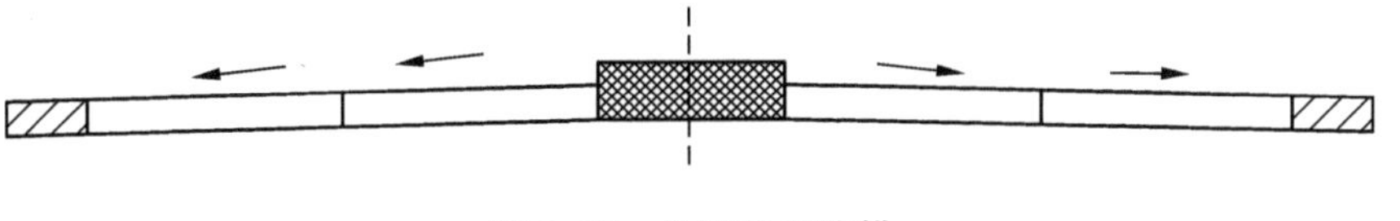

图 2.17 单幅单向路拱

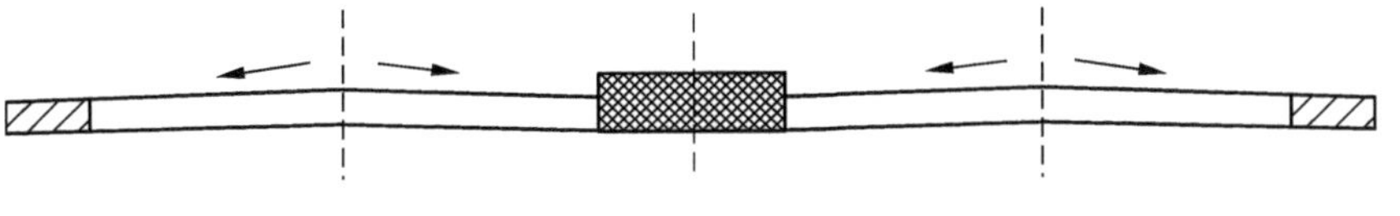

图 2.18 单幅双向路拱

美国高速公路的横坡和排水设置十分灵活，在两车道路面，一般设置从中间带向外侧 1.5％～2％的横坡。在多车道路面，一般设置为从最内侧一个（或两个）车道向外，横坡值逐渐增加；内侧的一个（或两个）车道横坡值可采用一般最小值，外侧车道的横坡值可逐渐增加 0.5％～1％。路肩横坡值可比行车道坡度适当增加 1％～2％。

美国《公路与城市道路几何设计政策》[33]规定多车道高速公路最大横坡值不宜大于4%，对最大横坡值的一般规定见表2.8。

表2.8 美国《公路与城市道路几何设计政策》对高速公路最大横坡值的规定

地形	设计速度/(km/h)					
	80	90	100	110	120	130
平原	4%	4%	3%	3%	3%	3%
微丘	5%	5%	4%	4%	4%	4%
山区	6%	6%	6%	5%	—	—

日本高速公路横坡设置与我国类似，普遍采用中间带向双侧倾斜的方式，横坡值为2%；曲线路段设置超高时，日本主要从合成坡度的角度考虑排水问题和雨雪天气时车辆的安全行驶问题，并规定了合成坡度的范围[34]。

目前我国多车道高速公路几乎全部采用的是从中间带向路基外侧单向排水的方式，横坡全部采用2.0%(超高路段除外)[35]。《公路路线设计规范》(JTG D20—2017)[36]对路拱规定如下：高速公路、一级公路整体式路基的路拱宜采用双向路拱坡度，由路中央向两侧倾斜。位于中等强度降雨地区时，路拱坡度宜为2%；位于降雨强度较大地区时，路拱坡度可适当增大。高速公路、一级公路分离式路基的路拱，宜采用单向横坡，并向路基外侧倾斜，也可采用双向路拱坡度。积雪冰冻地区，宜采用双向路拱坡度。双向六车道及以上车道数的公路，当超高过渡段的路拱坡度过于平缓时，可采用双向路拱坡度。

2.5 互通式立交净距、变速车道

我国对十车道及以上高速公路互通立交合理间距未做系统研究，《公路立体交叉设计细则》(JTG/T D21—2014)[37]规定八车道及以下高速公路互通立交最小净距为1 km。本小节主要针对广韶高速公路改扩建面临的小间距互通立交安全性指标开展国内外研究现状调研。

2.5.1 互通立交间距研究现状

国外对于互通式立交最小间距和布置密度的研究开展得比较早，是在对基本路段、交织区和匝道与主线连接处的通行能力、服务水平以及交通安全研究的基础上进行的，其成果已纳入公路设计的相关标准规范中，如日本的《高速公路设计要领》[34]，美国的《公路与城市道路几何设计政策》[33]和《道路通行能力手册》[21]等。

立交密度(interchange density)为每1 km长度内立交桥的平均数量，按10 km高速公路计算，包括高速公路基本路段。自由流速度是指立交密度为零时交通流的理论速度，或者说是不受其他车辆干扰、根据驾驶员主观意愿自由选择的行驶速度。自由流速度受道路与交通条件的影响，包括车道宽度与侧向净空、车道数量、立交间距、平面与纵断面线形、限速、照明条件以及天气条件等[38,39]。互通式立交是交通量转换的重要构造物，对提高高速公路系统的整体通行效率作用显著，但是随着互通式立交密度的增大，对高速公路交通流的影响也较大，严重时容易成为高速公路的瓶颈路段。

研究[40]表明，理想条件下，立交密度为 0.31 座立交/千米，或者立交间距为 3.3 千米/立交。当立交密度变大时，基本自由流速度就会降低。乡村高速公路不同的立交密度对交通流速度的影响如表 2.9 所示。城市高速公路自由流速度与立交间距的关系见表 2.10。确定高速公路立交密度是以 10 km 的路段为准，上游 5 km，下游 5 km。定义立交为至少有一条进口匝道，因此，在确定立交密度时，不考虑只有出口匝道的立交。所考虑的立交应包括典型的服务型和枢纽型互通式立交。

表 2.9 乡村高速公路不同立交密度对交通流速度的影响

立交密度/(座/千米)	交通流速度/(km/h)
0.31	0.0
0.46	−1.3
0.62	−2.5
0.78	−3.7
0.94	−5.0
1.10	−6.3
1.25	−7.5

表 2.10 城市高速公路自由流速度与立交间距的关系

车道数	立交间距/km			
	1	1.25	2.00	3
	自由流速度/(km/h)			
2	94	97	101	103
3	96	99	103	105
4	98	102	106	108
5	99	104	108	110

注：假定自由流速度为 110 km/h，车道宽度为 3.6 m，侧向净空为 1.8 m。

图 2.19 所示为乡村高速公路立交间距与自由流速度的影响关系。

研究结论表明，高速公路相邻立交之间的间距小于 3 km 时，对高速公路自由流速度有一定的影响，立交间距大于 3 km 时对高速公路自由流速度基本无影响。间距小于 1.5 km时，主线通行能力急剧下降。

美国对互通式立交间距研究较早。美国国家公路与运输协会(American association of state highway and transportation officials，AASHTO)出版的 *A policy on geometric design of highways and streets*[34] 中相关研究表明，互通式立交的最小间距取值与互通

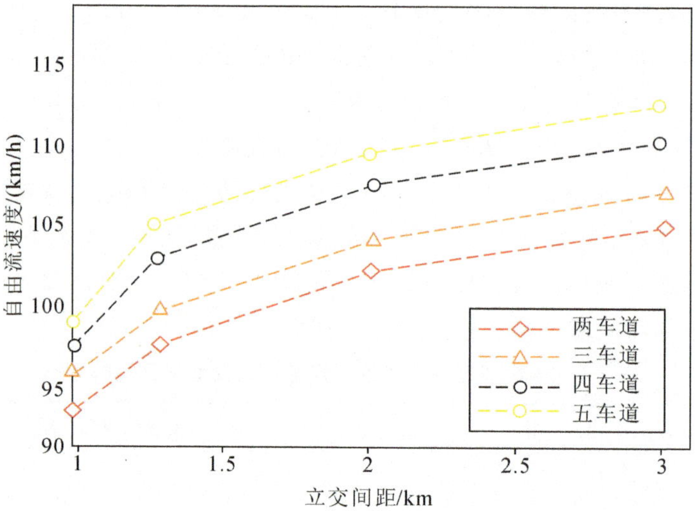

图 2-19 乡村高速公路立交间距与自由流速度的影响关系

式立交的形式、匝道形式和是否有集散车道有关；互通式立交的间距对高速公路直行车流有较大影响，且与当地发展有直接关系，尤其在城市发展较为集中的地区，因为交通需求在不断发生变化，所以要确定合适的互通式立交的间距比较困难。Iwasaki[41]等利用交通事故，建立与立交范围的间距相关的研究，得出出入口匝道间距对交通事故率的影响。Bared[42]通过分析加利福尼亚州和华盛顿州的事故数据，建立了事故频率与立交间距的回归模型，其研究表明，在断面服务交通量一定的情况，随着立交间距变小(4.83～0.80 km)，事故率急剧上升，两者满足指数分布规律。

日本考虑给驾驶员提供适当的指示信息而设置了一系列预告标志，郊外互通式立交(即高速公路互通式立交)最小间距为 3 km，当出现距离较近的两立交的情况，应设置门式出口预告标志以诱导交通流，不致使交通发生混乱。当设置出口预告标志有困难时，究竟是采用集散道路方式还是采用车辆交织方式，需要进行充分的方案比选而定[34]。(日本《乡区公路设计指南》中，还列出了不同形式的互通式立交可能会有的最小间距的图式，这给标准的使用者提供了更为灵活的空间。)

德国对相邻互通式立交最小间距的规定充分地考虑了预告标志设置距离的要求，但不是以此作为控制因素，而是以互通式立交流入流出的交通要求及其几何构造作为控制因素。在路网密集地区，互通式立交的最小间距根据交织长度的需要而取值的情况较为普遍。相关标准列出了不同形式的互通式立交可能出现的最小间距的图式，这给使用者提供了更为灵活的选择空间[43]。

其他各国通过对互通式立交通行能力、匝道、标志牌设置、交通安全等方面的研究，也都制定了符合各国国情的互通式立交最小间距标准，表 2.11 所示为部分国家对互通式立交最小间距的规定[44]。

表 2.11 国外互通式立交的最小间距

序号	国家	最小间距	备注
1	美国	1.6 km(市区) 3.2 km(郊区)	间距
2	德国	2.7 km(系统立交) 2.2 km(服务性立交) 1.7 km(低交通量立交) 0.6 km(极限间距)	净距
3	法国	1～1.5 km(市区)	净距
4	澳大利亚	1.5～2 km(市区) 3.1～8.1 km(郊区)	间距
5	加拿大	2～3 km(市区) 3～8 km(郊区)	间距
6	日本	4.0 km	间距
7	南非	3.6～4.2 km(系统立交) 2.4～2.8 km(服务性立交)	间距

我国对互通式立交间距和密度的研究起步较晚并且较少，多集中于互通式立交各组成部分的通行能力、交通流特性与行为、交织区交通安全、设计标准等方面。从 20 世纪 80 年代开始，原交通部公路研究所、公路规划研究院和同济大学、北京工业大学、东南大学等有关科研单位，在学习借鉴国外有关通行能力研究方法及内容的同时，也针对我国国情进行了相应的较为深入的研究，成果如《公路通行能力手册》[45]和《高速公路分合流区辅助车道长度设计标准》。我国《公路路线设计规范》(JTG D20—2017)[36]参考了美国相关的建议值，对互通式立交主线相邻出入口的最小间距进行了规定。“规范”认为，当不能保证主线出入口间的应有距离或遇转弯车流的紧迫交织干扰主线车流时，应采用与主线相分隔的集散道将出、入口串联起来，但对集散道的设置形式与要求并没有过多的说明。此外，入口和后继出口的间距还应满足交织的需要。我国行业推荐性标准《公路立体交叉设计细则》(JTG/T D21—2014)[37]，对于高速公路互通式立交间距的平均间距、最大间距和最小间距作出了明确规定：大城市或大型工业区附近，平均间距宜为 5～10 km；其他地区，平均间距宜为 15～25 km。大城市或大型工业区附近，最大间距为 20 km；其他地区，最大间距为 30～40 km。

2005 年，长沙理工大学龙科军等[46]总结了匝道间的组合模式及其与匝道间距的关系，认为匝道最小间距的主要影响因素包含匝道间的组合形式、加速与减速车道长度、标志确认距离及交织区长度。2014 年，重庆交通大学高建平[47]通过对匝道分流最小间距影响因素进行研究，从车辆换道行为的角度进行考虑，建立匝道连续分流点最小间距模型，计算得出最小间距推荐值。

2009 年，东南大学王鹏英等[48]通过分析高速公路匝道间距影响因素，界定了匝道功能区，进而确定匝道间距的设置方法。2010 年，东南大学汤振农[49]通过分析匝道出、入口间距影响因素，以概率论和微分法相结合的思想，结合交通标志的位置设置对互通式立交净距进行了研究，运用动力学原理并结合驾驶员的驾驶舒适度对减速车道长度进行了研究，从而得到了城市快速路互通式立交最小间距模型。

2007 年，长安大学曹荣青[50]对城市道路出、入口影响范围内的交通特性进行了研究，确定了城市道路的相邻出、入口间距和位置。2016 年，陈谨[51]针对六种不同的立交连续出、入口组合形式，分别考虑各自不同组合形式下出、入口间距的影响因素，并建立对应的计算模型，进而研究确定不同组合形式下的立交连续出、入口间距。

综上所述，国外对于互通式立交最小间距和布置密度的研究开展得比较早，其成果已纳入公路设计的相关标准规范中，我国研究相对起步较晚，但研究方法相似。目前立交间距研究都是在保证主线基本路段、交织区和匝道与主线连接处的通行能力、服务水平以及交通安全的基础上进行的。

2.5.2 变速车道研究现状

(1)变速车道形式

变速车道按功能可分为加速车道和减速车道。加速车道是为来自低速车道的车辆加速并驶入高速车道而设置的附加车道。减速车道是为驶离高速车道的车辆减速驶入低速车道而设置的附加车道。匝道与主线之间的连接部位应设置变速车道。

变速车道的组成应包括渐变段、变速段和鼻端等，当车道不平衡时，应设置辅助车道，如图 2.20 所示。

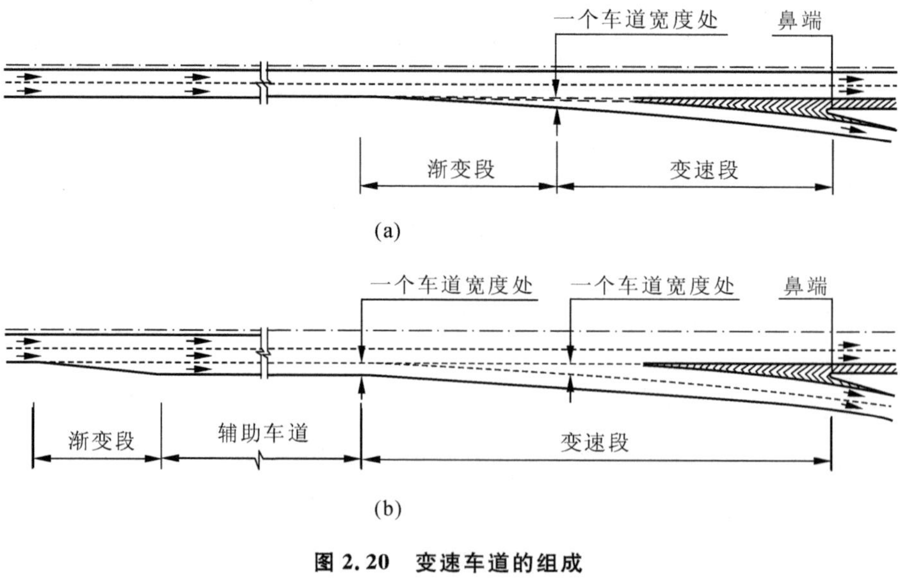

图 2.20 变速车道的组成

(a)车道平衡时；(b)车道不平衡时

变速车道按几何线形可分为直接式与平行式两种，如图 2.21 所示，变速车道形式应根据几何条件、交通量大小和车道平衡要求等确定。

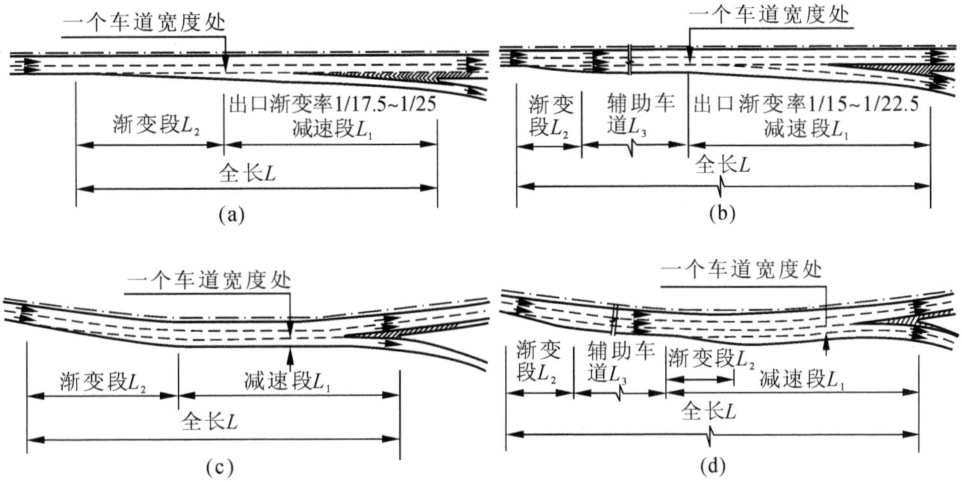

图 2.21 变速车道形式

(a)单车道直接式；(b)双车道直接式；(c)单车道平行式；(d)双车道平行式

减速车道可分为直接式与平行式两种，国外对减速车道车辆运行规律有许多不尽相同的假设，其中以日本的假定和美国 AASHTO 的假设最具代表性。日本的假定是：车辆以该公路平均行车速度通过减速车道前端，在渐变段(三角段)转移车道并同时利用发动机减速，进入减速车道后采用制动器减速，到达减速车道终点时，车速达到匝道的平均行车速度。美国 AASHTO 假设：车辆先按主线的平均行车速度由渐变段转移入减速车道，然后再减速，第 1 次采用发动机减速，第 2 次利用制动器减速，到达减速车道终点时，车速减至匝道的平均行车速度。

平行式减速车道的车辆行驶特征与日本的假定较为吻合，而直接式减速车道的车辆运行状态则与美国 AASHTO 的假设相当接近。我国高速公路流出车辆的减速过程与 AASHTO 假设相同，故减速车道宜采用直接式。但由于设置直接式减速车道，分流车辆速度变化大，对主线车辆影响较大，当采用客货分离时，为降低分流车辆对主线车辆的影响，可采用平行式减速车道[52]。

我国《公路立体交叉设计细则》(JTG/T D21—2014)[37]中，推荐减速车道宜采用直接式，在以下情况下可采用平行式：

①当主线圆曲线半径小于或等于规定的互通式立交范围最小值，且设置直接式困难时，曲线外侧的减速车道可采用平行式。

②当出口匝道为环形时，减速车道宜采用平行式。

加速车道依据其路线的形状可分为直接形式和平行形式两大类。通常来讲，驾驶员愿意采用直接形式驶入加速车道，而排斥行驶“S”形的反向曲线的路线，这种情况在主干道车流量较小的状态下更加普遍。然而在车流量较大的情况下，驾驶员在寻求并道进入主干道的机会时，需要保证车辆在加速车道路段上行驶，一般来讲，加速车道会比减速车道长一些，如果使用直接形式的加速车道就会使此路段变得非常细长从而增加布置的难度。但下列情况除外：

①车流量较小，且车辆使用加速车道的全部路段驶入主干道的几率较小；

②加速车道使用较短的平行形式的变速路段，从而造成某些附加车道的路段无法供相关车辆通行；

③因为主干道的路线形状的影响，使用直接形式的加速车道更加合适[53]。

(2)变速车道长度

①减速车道长度

美国 AASHTO 和日本的减速理论都认为车辆在减速车道上完成全部减速过程，车速变化幅度较大，不利于分流车辆迅速驶离主线，且对直行车流干扰大，易发生追尾事故；刹车曲线理论强调了匝道刹车曲线的线形设计，使出口的行车标准比前述理论标准高得多，利于车辆迅速分流，对主线直行车流干扰较小，车辆行驶顺畅，提高了互通式立交的通行能力，但相应的匝道线形设计较为复杂，考虑的因素较多，匝道占地面积也相应较大。三种减速理论对比见表 2.12。

表 2.12　三种减速理论对比

理论比较项	AASHTO 减速理论	日本减速理论	刹车曲线理论
减速起点位置	减速车道的起点位置	三角段起点位置	减速车道终点位置
减速终点位置	减速车道的终点位置	减速车道的终点位置	刹车曲线终点
减速车道起点速度	主线平均行驶速度	小于主线平均行驶速度	主线平均行驶速度
减速车道终点速度	匝道平均行驶速度	匝道平均行驶速度	90%主线平均行驶速度
减速车道功能	车道变换及减速	车道变换及减速	车道变换、发动机减速
减速功能实现途径	发动机、制动器减速	发动机、制动器减速	发动机减速
优点	与现实情况大多数车辆分流情况吻合		对主线车辆影响小
不足	分流车辆速度变化大，对主线车辆影响较大		对匝道线形要求很高

对于平行式减速车道，采用美国 AASHTO 的减速理论更为合理；对于直接式减速车道，采用刹车曲线理论更符合实际情况，更有利于出口匝道分流车辆减速。

我国单车道互通式立交出口减速车道长度及渐变段长度如表 2.13 所示，部分设计速度下美国互通式立交出口减速车道长度(不含渐变段)如表 2.14 所示，日本单车道互通式立交出口减速车道长度及渐变段长度如表 2.15 所示。

表 2.13 我国单车道互通式立交出口减速车道长度及渐变段长度

变速车道类别	主线设计速度/(km/h)	减速车道长度/m	渐变段长度/m
出口单车道	120	145	100
	100	125	90
	80	110	80
	60	95	70

表 2.14 美国互通式立交出口减速车道长度(不含渐变段)

主线设计速度(实际速度)/(km/h)	匝道设计速度(实际速度)/(km/h)			
	30(28)	40(35)	50(42)	60(51)
	减速车道长度/m			
80(70)	115	100	90	80
90(77)	135	120	110	100
100(85)	155	145	135	120
110(91)	170	160	150	140
120(98)	185	175	170	155

表 2.15 日本单车道互通式立交出口减速车道长度及渐变段长度

变速车道类别	主线设计速度/(km/h)	减速车道长度/m	渐变段长度/m
出口单车道	120	100	70
	100	90	60
	80	80	50
	60	70	45

调查统计各国的减速车道规范和研究方法发现,我国的规范值大于日本规范值,小于美国规范值。其中,美国和加拿大会较多地考虑车辆实际的到达车速,然后分别计算相应的变速车道长度,而我国规范和日本规范中只根据主线车速笼统地给出一个减速车道长度最小值,忽略了匝道设计速度的影响,存在变速车道长度不够或浪费的现象。综合来看,各国对于互通式立交减速车道的研究方法和长度规定不一致,主要有以美国为代表的二次减速理论和以德国为代表的欧洲刹车曲线理论。即便同样基于二次减速理论,美国、日本、加拿大等国对减速车道长度的规定仍不一致。目前各国减速车道计算模型中关键参数取值不同,得出的计算结果相差较大,且主要针对减速段长度进行研究,并未研究不同形式、不同车道数对应的减速车道三角渐变段长度及三角渐变率,研究不够系统和全面,仍需对现有理论模型作进一步研究和优化[54]。

②加速车道长度

国外对于互通式立交加速车道长度的研究开展较早，较为深入，并根据具体研究对其进行了具体规定。美国各州公路与运输工作者协会对各州不同设计速度高速公路合流区主线及匝道上车辆运行状况进行大量的调查研究，发现加速车道长度与主线和匝道的平均行驶速度有关，并对不同设计速度对应平均行驶速度下的加速车道长度作出相应的规定；日本《日本高速公路设计要领》依据主线的设计速度对加速车道长度进行了相关的规定；德国对合流匝道线形指标进行了详细的研究，规定加速车道长度为 200 m。在具体的研究方法上，Blumenfeld 和 Weiss[55] 提出延误理论，并基于交通流理论研究合流车辆汇入的概率与加速车道长度的关系；Evans、Eleferiadou、Gautam 等[56] 运用 MARKOV 链和概率论对合流行为失败而被迫停车的概率进行研究；Alexander[57] 通过大量的观测和数据采集，分析总结互通式立交区的交通流运行特性，应用计算机程序对其进行模拟，建立符合道路实际行驶条件的交通仿真模型。

福州大学吴志贤[58] 在研究高速公路互通式立交加速车道长度时提出：加速车道除为合流车辆提供加速所需的长度外，还应为合流车辆提供等候主线可供驶入空隙所需长度，并给出相应的计算方法；西南交通大学罗霞[59] 对合流车辆的合流行为进行了研究，并认为在相同的可接受间隙时间内不同车型接受合流概率不同；湖南大学李硕[60] 提出了以合流等待理论为基础的加速车道长度设计方法和以排队理论为基础的入口匝道交通控制方法；东南大学石小法[61] 等利用概率论方法，提出一种计算高速公路加速车道长度的模型；东南大学赵春[62] 等认为合流车辆汇入概率及主线服务交通量不同时，所需的加速车道长度不同，并提出相应的计算方法；北京工业大学邵长桥[63] 等认为主线交通流量、主线及合流车辆运行速度对车辆合流有较大的影响，并提出用相对车头时距对其进行描述，建立相应的计算模型；北京工业大学徐秋实[64] 等对影响高速公路加速车道长度的参数进行研究，给出加速车道长度及参数推荐值；西北工业大学智永锋[65] 以高速公路和加速车道车流量、最小车头时距等参数为基础，重新提出一种加速车道长度计算方法。

我国单车道互通式立交入口加速车道长度及渐变段长度如表 2.16 所示，部分设计速度下美国互通式立交入口加速车道长度（不含渐变段）如表 2.17 所示，日本单车道互通式立交入口加速车道长度及渐变段长度如表 2.18 所示。

表 2.16　我国单车道互通式立交入口加速车道长度及渐变段长度

变速车道类别	主线设计速度/(km/h)	加速车道长度/m	渐变段长度/m
入口单车道	120	230	90
	100	200	80
	80	180	70
	60	155	60

表 2.17 美国互通式立交入口加速车道长度(不含渐变段)

<table>
<tr><td colspan="2" rowspan="3">主线设计速度
(实际速度)/(km/h)</td><td colspan="4">匝道设计速度(实际速度)/(km/h)</td></tr>
<tr><td>30(28)</td><td>40(35)</td><td>50(42)</td><td>60(51)</td></tr>
<tr><td colspan="4">加速车道长度/m</td></tr>
<tr><td>80</td><td>60</td><td>165</td><td>145</td><td>115</td><td>65</td></tr>
<tr><td>90</td><td>67</td><td>225</td><td>205</td><td>175</td><td>125</td></tr>
<tr><td>100</td><td>74</td><td>305</td><td>285</td><td>255</td><td>205</td></tr>
<tr><td>110</td><td>81</td><td>390</td><td>370</td><td>340</td><td>290</td></tr>
<tr><td>120</td><td>88</td><td>515</td><td>490</td><td>460</td><td>410</td></tr>
</table>

表 2.18 日本单车道互通式立交入口加速车道长度及渐变段长度

<table>
<tr><td>变速车道类别</td><td>主线设计速度/(km/h)</td><td>加速车道长度/m</td><td>渐变段长度/m</td></tr>
<tr><td rowspan="4">入口单车道</td><td>120</td><td>200</td><td>70</td></tr>
<tr><td>100</td><td>180</td><td>60</td></tr>
<tr><td>80</td><td>160</td><td>50</td></tr>
<tr><td>60</td><td>120</td><td>45</td></tr>
</table>

纵观国内外的研究成果可以发现,各国对加速车道的研究方法及长度规定很不一致,如美国、加拿大等国认为加速车道与主线和匝道行驶速度有关,日本认为加速车道长度仅与主线设计速度有关,而以德国为代表的欧洲各国却认为加速车道只是提供一个合流的场所,与主线设计速度无关。

2.6 服务区设计研究

国外尤其是美国、德国、法国、日本等发达国家,20 世纪 30 年代就已开始修建高速公路,并开始探索对高速公路及服务区等附属设施的管理。经过不断完善提升,目前其服务区的经营管理已经走上科学化、专业化、规模化之路,积累了大量成熟的管理经验和理论成果。因此,学习借鉴国外成熟的服务区管理经验和理论,对于避免走弯路,并在此基础上融会吸收,提升国内服务区管理水平有重要理论和现实意义,但也要考虑国内具体情况[66,67]。

由于各国的经济体系与高速公路发展历程不同,不同于中国标准中对土地资源节约的重视,国外在服务区的衔接和布局设置上有更丰富的层次和更灵活的指标,尤其是发达国家,高速公路服务区的空间开放性和服务丰富性更强,其中,法、美、日三个国家服务区的设计理念、特色尤值得借鉴。法国高速公路服务区一般占地面积较大,功能空间具有较大的伸缩性,在布局设置上一般采取因地制宜原则,注重与周边环境有较高的协调性，此外法国的服务区交通层次分明，客车、货车、行人等层次互不干扰，通过景观诱导与标志标牌进行充分引导与区分；美国的高速公路服务区基本采用单侧布设，布设方案通常包括紧邻高速公路一侧、通过匝道稍远离公路、与互通式立交合建、与称重站合建等，十分注重顺应地形的灵活性、建筑材料的乡土化和吸引顾客的标志性等设计理念；日本的高速公路服务区追求功能设施的齐全和人性化，旨在满足司乘人员的不同需要，其理念倾向于在封闭的高速公路附属空间内，将服务区营造为与周边社会和自然环境相互融合、密切关联、毫无隔阂的和谐场所[68]。

服务设施设置作为高速公路项目中的一部分，目前在我国高速公路建设中没有得到足够重视，参考《高速公路改扩建设计细则》(JTG/T L11—2014)[69]等标准规范，传统的设置方式中对服务设施广场与高速公路和周边路网的衔接及总体布局考虑较少，只对服务功能、设置规模等进行了要求。国家相关部门尚未形成专门针对服务区设施的设置方法与标准体系，仅部分省份出台了一些规范，如广西壮族自治区在 2020 年开始实施《高速公路服务区设计规范》(DB45/T 2052—2019)[70]，而服务设施的设置类型及设置参数主要参考《公路工程项目建设用地指标》[71]、《道路交通标志和标线》系列标准(GB 5768)[72]等。

目前我国高速公路服务区的衔接及总体布局主要参考以下三点原则：(1)间距合理，规模适度；(2)功能完备，服务便捷；(3)有利实施，效益最佳。可以看出我国的服务区建设更注重效益最大化，在设计过程中以用地效率为主要考虑因素，服务设施功能的丰富性和与周边路网、环境的协调性较为缺乏。为了提升服务区的人性化和信息化、满足高速公路在路网结构中的多种功能需求，交通运输部印发了《交通运输部关于进一步提升高速公路服务区质量的意见》(交公路发〔2014〕198 号)和《交通运输部办公厅关于印发 2018 年全国公路服务区工作要点的通知》(交办公路函〔2018〕593 号)等一系列要求，对服务区的理念和功能等做出指示。

我国学者对高速公路服务区管理也进行了一系列的探索，不过总体来说关于管理模式的研究不多。现有的研究涉及以下方面：

王良勇在《美国高速公路的管理及启示》一文中指出，美国高速公路服务区的管理模式总体上可归纳为：美国高速公路安全管理局负责高速公路及服务区的总体规划和行业管理；政府或符合条件的各类企业都可拥有高速公路或服务区的所有权；具体经营管理，主要实行特许经营，个别情况下也可以自营。市场化程度高，行业管理所有权、经营权分离，协调运行。

王太[73]在其博士论文《高速公路服务区协调布局与运营管理模式研究》中，阐释了高速公路服务区管理中的“公私伙伴关系”。他根据服务区所具有的经济性质，结合对政府供给失效的探索，对高速公路服务区的一些理论问题进行了深入分析，提出通过“公私伙伴关系”途径，建立较为科学的服务区运营管理模式。

吴斌[74]在其硕士论文《高速公路服务区建设与运营管理模式研究》中指出，当前高速公路服务区一般采取公司化管理模式。这种模式包括公司统一管理、采取承包形式，通过租赁获取经营权或设立专业的服务公司来运营等具体形式。这种管理模式具有公司自主经营、自负盈亏、自我发展、自我完善等特征。

曾园[75]在其硕士论文《X企业高速公路服务区经营模式研究》中提出，对拟新建或新增加的服务区，X企业可根据具体情况，通过以下三种方式来建设或管理。一是通过特许经营的模式，寻求有资金实力的企业投资建设，并负责服务区建成后的管理和收益，这样可以节约X企业的建设成本，减轻资金压力。二是对于车流小、其他企业不愿投资建设的服务区，由X企业建设，建成后通过承包、租赁等形式转让经营权。三是由石油公司联合投资高速公路及服务区建设，根据石油公司投资额度，享受通行费分成、服务区经营权等权益。

靳明鹏[76]在其硕士论文《服务区经营管理系统的设计与实现》中指出，随着中国高速公路事业的不断发展，服务区的重要地位也日益体现出来，随之而来的就是对服务区的经营管理问题。比如，为了满足到服务区休息人员的需求，服务区超市不断地扩大规模，商品的数量也急剧地上涨，商品的信息量庞大成了一个问题，早期经营形式早已不能满足现在的发展需求，这样就迫切地需要引入新的管理技术。

司应科[77]在其硕士论文《甘肃高速公路服务区连锁经营管理体系研究》中指出，连锁经营是商业组织形式的重要体现之一，是经营相似商品、服务的一些组织通过一定载体组成的联合体，在分散经营基础上，采取集约式管理，以发挥整体效应。甘肃省高速公路服务区应通过统一的标识、采购、营销、价格、核算体系推进连锁经营。

张琛[78]在其硕士论文《高速公路服务区经营开发与功能扩展》中认为，高速公路服务区须响应市场需求，重视服务区功能拓展。高速公路服务区扩展服务功能具有很多优势与条件，高速公路服务区的经营效果与功能拓展联系紧密，高速公路服务区的良性经营开发有利于提升服务区价值，也能够更好地服务司乘人员与沿线群众，促进服务区的长远发展。

2.7 本章小结

目前《公路工程技术标准》(JTG B01—2014)[79]中仅对八车道高速公路的适应交通量作了说明，没有涉及十车道及以上多车道高速公路通行能力的确定方法。在断面形式选择方面，该标准中仅定性推荐多车道高速公路车道数达十车道及以上时，宜采用分离式断面，没有为实际工程应用提供量化依据。因此，需要针对多车道高速公路的交通组织模式，建立对应的通行能力计算模型，并标定相关影响参数，为工程实践中多车道超宽断面高速公路的建设确定提供量化参考。在多车道高速公路的交通组织模式方面，主要有客货混行式、客货分离式和主辅分离式等。对于客货混行式、客货分离式和主辅分离式三种交通组织模式具体特点和适用条件，目前国内外大多数研究采用交通流微观仿真模拟获取不同交通组织模式对应的交通流参数，与实际情况存在一定的偏差。对于多车道超宽断面来说，应充分梳理路段交通功能和交通组成特点，选择最契合的交通组织模式，提高道路通行效率和交通安全水平。

多车道高速公路横断面组成及宽度受土地资源、设计理念、环境保护等多方面因素影响，特别是硬路肩设置、中央分隔带设置等易受土地资源和设计理念等因素的影响，因此不同国家和地区所采取的断面形式不同。国内外对高速公路路拱形式及横坡值的研究主要针对八车道及以下公路，重点考虑了路面快速排水、雨雪天气时车辆的安全行驶等因素。但十车道及以上多车道超宽断面高速公路路面横向宽度大大增加，道路坡面汇流路径增长，容易导致硬路肩和行车道路面潮湿或积水，路面积水影响行车安全，后期运营存在较大的安全隐患，确定多车道超宽断面高速公路路拱形式及横坡值时，应考虑行车舒适性和行车安全等问题。

互通式立交最小间距及布设密度与主线车道数量直接相关，现行标准及相关研究主要面向双向八车道及以下高速公路的建设情况，需要针对双向十车道高速公路开展补充研究；变速车道形式及长度需根据几何条件、交通量大小、车道平衡要求及匝道设计速度、主线设计速度等确定，美国、日本等国家对变速车道的形式及长度研究理论较充分，但仍需开展研究明确相关理论在指导广韶高速公路改扩建的契合度。

经过几十年的发展和探索，我国和发达国家对高速公路服务区的研究都取得了可喜的成果，但是非常贴近或契合服务区管理实际且针对管理模式提出的可操作性的创新研究尚属少见，大多不太全面，尤其是在对服务区管理模式的研究中缺乏对一些影响要素的系统性考量。

3 多车道超宽断面高速公路交通组织模式与通行能力

针对多车道超宽断面高速公路交通运行特征，对比不同交通组织模式下的交通流运行状态，项目组提出适合广韶高速各区段大货车占比较高的交通组织模式，并在典型路段进行仿真验证。在此基础上，对应交通组织模式分析的结果，结合现场调研的实测数据，标定关键设计参数，提出不同交通组织模式下多车道超宽断面高速公路的通行能力计算方法，进而确定广韶高速的设计通行能力。

3.1 基于车道功能划分的交通组织模式及其适应性分析

3.1.1 基于车道功能划分的交通组织模式

交通组织模式是在车道功能划分的基础上进一步提出的管理方式。因此，对交通组织需要在车道功能划分的基础上，开展进一步的研究。

车道功能划分指对高速公路全部或部分车道的功能和通行权进行规定，以改善交通运行状况。车道功能划分的目的在于，分离性能差异大的车辆，使在同一车道内尽量形成同质的交通流，减少交通冲突，提高交通运行的安全；减少低速车辆对后车的阻挡，充分发挥多车道高速公路车道数优势，合理利用道路空间，提高交通运行的效率。

多车道高速公路运行组织方式有较大灵活性，交通流运行方式也更加复杂。我国不同高速公路车道功能划分方式存在差异，现有的八车道高速公路一般按车型进行车道功能划分，同时实行按车型限速，也有部分高速公路车道采用不同车辆混行的模式。十车道高速公路断面空间更大，其运行组织方式比八车道更灵活。因此，需要通过车道功能划分，规定不同车型在各车道的通行权，规避车辆混行的弊端。

(1)车道功能划分必要性

不同性能、结构的车辆在道路上行驶存在一定的速度差异，是引发交通事故的原因之一。大货车相对于小汽车而言，车型较大且动力性能较低，在行驶的过程中一般表现出速度低、灵活度小以及时空资源消耗大等特征。因此，大车在高速公路上随意行驶不仅会降低道路的通行能力，其跟驰和超车等行为也会带来较大的安全隐患。

客货车分流行驶的管控策略模式在提高道路交通系统运行速度、延长路面使用寿命、降低交通事故等方面具有重要意义。

①消除客货车速度差，提高运行速度与通行效率

因客货车流行驶速度差异较大，使得出现客车频繁超车现象，然而货车本身亦经常出现彼此间相互超车，甚至是货车超越客车的现象，继而导致货车长时间占用行驶方向内侧车道，造成客车流非正常行驶以及超车困难等问题，客货车流常同时处于低速行驶的状态，极大地降低了交通系统的通行效率。采取货车专用(限制)车道的交通组织管控措施后，客车与货车各行其道，彼此间互不干扰，极大地消除了客车与货车之间的车速差异，同时也可根据实际状况的需要分别予以限定客车、货车的最高行驶车速，该策略能够大大提高道路运行速度和通行效率。

货车与小客车在外观尺寸、最大动力性能、总质量等参数方面存在较大差异，由实际运营经验可知，两者之间的运行速度也存在较大差异。本书以广东省某高速公路车速统计数据为例，对货车与小客车的行驶速度进行对比分析，具体数据见表 3.1。

从调研数据可知，货车行驶速度与小客车行驶速度之间存在较大差异，小客车整体运行速度高于货车运行速度，且小客车车速标准差较大，表明小客车运行速度不平稳，离散度较高。若不采取车道管理措施，所有车辆在各车道自由混行，跟驰过程中货车的屏障作用会降低小客车的整体运行速度，超车过程中将进一步使小客车行驶速度离散度增大，行车舒适度及道路安全水平均不理想。

表 3.1　广东省某高速公路不同车型车速统计表　　单位:km/h

统计指标	小客车	货车
均值	97.3	70.8
标准差	23.2	11.5
最小值	13.5	14.5
最大值	130.2	113.2
V_{15}	79.5	55.3
V_{50}	104.2	68.5
V_{85}	115.6	80.2

针对客货混行的整体通行能力，魏雪延等[80]在《公路路线设计规范》(JTG D20—2017)基础上，考虑内外侧车道间换道影响提出了更为精细的计算方法，引入 f_{OL} 表示外侧车道修正系数，引入 f_{IL} 表示内侧车道修正系数。具体单向通行能力计算模型表达为

$$C=C_D \cdot f_{HV} \cdot f_P \cdot [2f_{OL}+(N-2) \cdot f_{IL}] \tag{3.1}$$

式中：C_D 为单车道设计通行能力；N 为单向车道数；f_P 为驾驶人总体特征修正系数；f_{HV} 为交通组成修正系数。

针对客货分离式通行能力，因客车与货车分车道行驶，互相影响较小，可单独计算客车道通行能力与货车道通行能力，两者之和即为该管理模式下的高速公路通行能力。具体单向通行能力计算模型表达为：

$$\left.\begin{aligned}C_{p}&=C_{D}^{p}\cdot f_{P}^{p}\cdot[2f_{OL}^{p}+(N-2)\cdot f_{IL}^{p}]\\C^{f}&=C_{D}^{f}\cdot f_{P}^{f}\cdot[2f_{OL}^{f}+(N-2)\cdot f_{IL}^{f}]\\C&=C^{p}+C^{f}\end{aligned}\right\}\tag{3.2}$$

式中：上标为 p 的是客车道相关参数，上标为 f 的是货车道相关参数。

相关研究基于 VISSIM 仿真平台对十二车道高速公路各参数进行标定，其中假定 $f_{HV}=0.65$，最终得出两种车道管理方式的通行能力对比如图 3.1 所示。

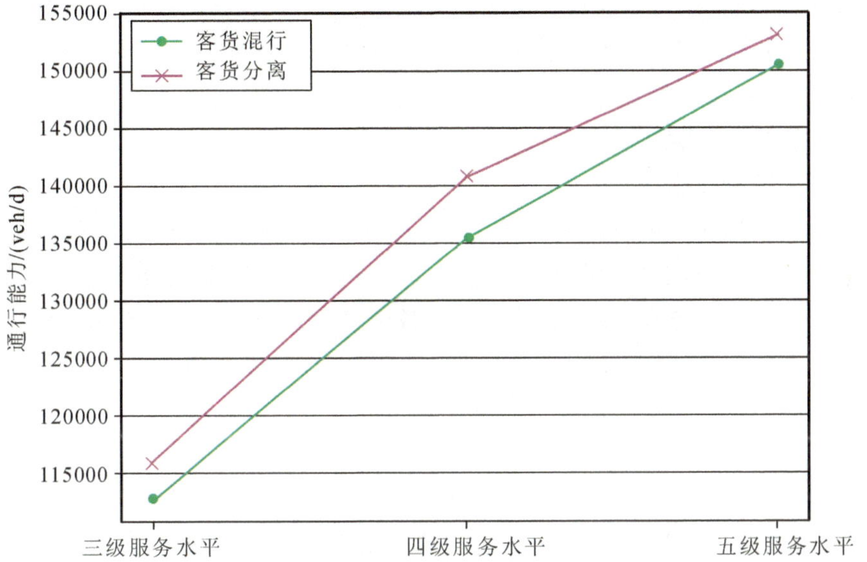

图 3.1　不同车道管理形式下通行能力对比结果

由上图可知，针对货车混入率较高的情况，实施客货分离的车道管理方式可以在一定程度上提升路段通行能力。

②降低路网事故率，保障交通安全

引发道路交通事故的原因是多方面的，但其中一个重要原因便是在路网中的大型车辆与小型车混合通行、客货混合行驶。载货汽车超载行驶、货车司机疲劳驾驶、货车车辆本身安全系数降低等原因引发的交通事故占交通事故总数的比例很大，且常常由此引发特大交通事故。实施货车专用(限制)车道管控策略，客货车流分离避免了客货车互相超车抢道的行为，极大地降低交通事故率，减少严重交通事故现象的发生。

裴玉龙等[81]学者通过对成渝高速、石太高速等高速公路与事故统计数据分析发现，高速公路事故率与行车速度标准差存在极强的数学关系，高速公路行车速度分布离散程度越高，相应的事故率越高。两者的数学关系模型为：

$$AR=9.5839e^{0.0553\Delta\upsilon}\tag{3.3}$$

式中：AR 为亿车公里事故率[次/(km · 10^{-8} veh^{-1})]，$\Delta\upsilon$ 为车速标准差(km/h)。

由上式可知，高速公路车速标准差与事故率的关系符合指数函数特征，车速标准差的增加将使事故率呈指数级增长。因此实施部分车道禁行货车的车道管理方式可有效降低高速公路事故率，对高速公路行车安全具有积极改善意义。

③延长路网使用寿命

不同的车辆对路面的损害程度和行驶要求各不相同，因此道路的设计年限与工程费用标准也不尽相同。在客货车流混合行驶的状况下，货车中的重型车辆及超载车辆较多，这将对路面造成严重的损害。当超载车辆频繁地通行路面时，低等级道路的路面将在短时期内受到破坏。这种情况不仅使陈旧道路难以承受其压力，而且新建道路也将会因此缩短其使用寿命，但是若道路建造设计中统一以大中型货车标准作为设计基础，又必然会加大建设投资成本，造成不必要的资源浪费。根据路面行驶车辆类型来对路面进行分类修建和维护，这对道路建设来说意义重大。

(2)车道功能划分原则

①与车型组成相适应

高速公路在交通区域中承担的功能、沿线社会经济发展情况影响其车型比例，进行车道功能划分时应结合该高速所服务交通的具体特征，与车型组成相匹配。车型组成主要考虑客车与货车性能差异，理想条件下车道数量恰好可以按照客、货车比例进行分配，而一般情况下客货车道比例无法与车型比例完全匹配，某些车型只能共享车道，此时应使客货车道比例与车型比例尽量接近。

②使各车道交通量分布均衡

高速公路车型复杂，不同车型所占比例差异较大，车道功能划分时通常将某几种车型进行混合，允许它们使用同一条车道。车道划分方案应尽可能均衡各车道间的交通量，使各车道的交通量和服务水平较为相近，提高道路的利用率。

③与驾驶员的行驶习惯相适应

通常状况下，速度较高的车辆有向内侧车道集中的趋势，而低速行驶的车辆则倾向于使用外侧车道，车道功能划分方案应符合驾驶员的行驶习惯。通常客车的行驶速度高于货车，因此在车道功能划分时应引导客车使用内侧车道，货车使用外侧车道。如果货车车道位于内侧，货车进出高速公路时的变道行为将对交通流产生较大影响。

④分离性能差异较大的车辆

不同车型自由流速度、加减速性能存在差异，如果性能差异较大的车辆混行，一方面速度离散性较大，车辆变道频繁，容易导致交通事故，另一方面低速车辆阻挡高速车辆，影响通行效率，因此车道功能划分时应将其分离。

⑤给予所有车辆超车机会

虽然不同车道分离了性能差异较大的车辆，但是同一车道内车辆也存在速度差异，仍然存在变道超车的需求。八车道高速公路车道数较多，车道功能划分应考虑各种车型车辆的变道需求。以往研究中部分学者仅给货车分配一条车道行驶，这种方案只适合货车比例非常小的情况，否则货车很可能占用其他车道超车，而广韶高速大货车占比较高，接近30%，因此，在制定车道功能划分方案时，应保障每种车型至少有两条相邻车道可以行驶。

(3)车道功能划分方式

常见的车道功能划分方式包括按超车道行车道划分、按车型大小划分、按客货车划分、按限制速度划分等。

①按超车道行车道划分

原《中华人民共和国高速公路交通管理办法》规定左侧第一条车道为超车道,其他车道为行车道;现行的《中华人民共和国道路交通安全法实施条例》则规定左侧为快速车道,右侧为慢速车道,车辆按照车道规定的速度行驶。设置超车道有可能降低道路空间的利用效率,且多车道高速公路在外侧车道行驶的车辆借助内侧车道超车需要连续变道,管理难度大,所以一般很少采用这种车道划分方式。

②按车型大小划分

按照车身尺寸将车辆分为小型车、中型车、大型车,根据交通量与车道数进行车道划分。这种划分方式使大小接近的车辆行驶在同一车道,可以降低大型车对交通流的影响,保障小型车行驶的安全性和舒适性。然而车型的大小并不能严格决定车辆性能,例如大型客车性能优于大型货车,如果将它们分配于同一车道,可能造成大型车车道速度离散性较大,导致大型客车频繁超车,并产生安全隐患。

③按客货车划分

考虑客货车性能差异,将内侧车道分配给客车,将外侧车道分配给货车。由于小客车为高速公路占比最大的车型,车辆性能最佳,有时单独把小客车分为一类。目前通常采用货车限制的方式,禁止货车使用内侧车道,不对小客车通行权做出限制。按客货车划分车道可以分离客车与货车,也避免多辆货车并排使用多条车道,阻挡后方车辆超车。当货车比例较多时,有可能在外侧车道形成屏障效应,会对其他车辆驶入驶出高速公路主线造成一定的困难,同时也可能影响内侧车道车辆驾驶员对路侧标志的视认。

④按限制速度划分

每条车道都有最高限速和最低限速,快速车道位于内侧,慢速车道位于外侧,驾驶员根据车速选择车道行驶。《中华人民共和国道路交通安全法实施条例》规定高速公路应标明车道的行驶速度,车辆按照限速标志要求的车速行驶。按照限制速度划分车道,可以降低同一车道内的速度离散性,然而也可能造成车辆混行,因此可与客货车分道行驶结合使用,进行分车道分车型限速。

3.1.2 广韶高速十车道路段车道功能划分

广韶高速公路是粤港澳大湾区中广州—清远—韶关—华中地区发展轴的重要支撑,是联系广州与清远、韶关等地的重要高速通道。从交通组成看,货车比例达到30%。因此,在确定广韶高速公路车道功能时,须着重考虑车型间的差异,暂制定三种有代表性的划分方案,见表3.2。

表 3.2 三种车道功能划分(交通组织)方案

<table>
<tr><td colspan="2" rowspan="2">交通组织模式</td><td colspan="5">车道通行权分配</td></tr>
<tr><td>1 车道</td><td>2 车道</td><td>3 车道</td><td>4 车道</td><td>5 车道</td></tr>
<tr><td colspan="2">方案一:客货混行</td><td>客货车</td><td>客货车</td><td>客货车</td><td>客货车</td><td>客货车</td></tr>
<tr><td rowspan="2">货车靠右管控</td><td>方案二:内外幅分隔 2+3</td><td>小客车</td><td>小客车</td><td>客货车</td><td>客货车</td><td>客货车</td></tr>
<tr><td>方案三:内外幅分隔 3+2</td><td>小客车</td><td>小客车</td><td>小客车</td><td>客货车</td><td>客货车</td></tr>
</table>

方案一为不采取车道功能划分的方案,各车道允许所有车辆行驶。对应到交通组织模式中,即为混行方案。各种车型可以随意选择车道行驶,非常灵活,道路空间利用率高。混行是大多数高速公路设计阶段考虑的车道管理方式,也是我国高速公路应用最广泛的车道管理方式。但是,这种管理方式安全缺陷比较明显,如由于各类车辆随时可能变更车道,行车干扰随交通量增长明显增大;不同车型由于构造设计差异,造成运行速度差值大,客车易超速,重载货车在长下坡路段车速不易控制,容易诱发交通事故,严重时会导致多车连环相撞;事故后救援困难等。因此,对于多车道高速公路,实际运行中,一般不建议采用该方案,该方案主要用于与采取车道功能划分的方案进行对比。

方案二和方案三在方案一的基础上,对货车进行管控,建议货车靠右行驶。原则上小客车可以使用任何一条车道,但是不鼓励其长时间使用外侧车道行驶。在这类交通组织模式中,考虑到货车是影响交通运行的重要因素,相对于小客车,货车结构大、动力性能差,在行驶中消耗更多的道路时空资源。将货车集中靠右行驶,不仅可以规避货车车辆对周围车辆驾驶员心理造成的不良影响,同时,还可以避免货车成为"移动瓶颈"阻挡小客车行驶,保证小客车行驶速度,降低路段整体延误。同时,规定货车只能选择外侧车道行驶。内侧车道设为小客车专用道可以避免大中小客车混行,保障小客车高效通行。当货车比例过高时,应采用方案二。

3.1.3 不同交通组织模式下的运行效果分析

本书采用 VISSIM 仿真软件,根据既有广韶高速公路的车流运行特征标定的仿真关键参数,对客货混行、内外幅分隔 2+3 及内外幅分隔 3+2 三种交通组织模式下的运行情况进行对比分析,以确定各交通组织模式的适用场景。

(1)仿真模型合理性验证

模型参数标定是指根据仿真对象的交通运行特征对模型中的参数进行调整,以准确模拟仿真对象的实际交通特征的过程。为了验证搭建的 VISSIM 仿真模型能否客观反映仿真对象的实际交通特征,还需要对模型参数的有效性进行验证。

国内针对 VISSIM 仿真软件的模型参数标定研究较多,其中周晨静等[82]以国内某快速路实测数据为基础,利用遗传算法等方法完成了仿真参数标定。本书的仿真试验均采用该参数标定结果,具体参数标定结果见表 3.3。

表 3.3　仿真模型参数标定结果

参数	标定值
最大前视距离	29.0 m
停车时的平均期望车辆间距	1.0 m
跟车变量	4.15 m
振动加速度	0.22 m/s^2
最小车头空距	1.65 m
前/后车最大减速度	−2.85 m/s^2
安全折减系数	0.41
协同减速度	−2.24 m/s^2

获取广韶高速公路 100 m 长的实际运营数据，选取道路交通量和车均延误作为校核指标，通过对比仿真模型输出与路段实测的校核指标准确率来反映模型参数的有效性。结果(表 3.4)表明，在道路交通量和车均延误两个方面，仿真模型输出的准确率分别为 89.7%和 91.4%，可见仿真模型能够准确反映仿真对象的实际交通运行状况。

表 3.4　仿真与实测的校核指标结果

校核指标	实测值	仿真模型输出值	准确率
道路交通量/(pcu/h)	4250	3813	89.7%
车均延误/s	2.23	2.04	91.4%

(2)微观交通流仿真模型参数标定

为降低 VISSIM 仿真软件运行与实际交通流运行状态的误差，保证仿真结果的真实性，在仿真模拟前，根据实际道路的调研情况，从代表车型、交通组成、跟驰模型、交通量、期望速度、换道行为等角度，标定关键参数。

对不同交通组织模式下的运行效果进行评价，即对比一般路段不同交通组织模式的运行效果，在 VISSIM 仿真软件中采用控制变量法，对比相同路线设计、相同驾驶行为特征、不同交通量下的交通流运行状态。

建立三种交通组织模式的路段模型，如图 3.2 所示。

依据实地调研结果，结合广韶高速公路运行特征，标定相关参数。根据广韶高速公路工可文件中广韶高速公路交通组成预测结果，各特征年小客车和特大货车占比相对较高且基本不变；小货车占比逐年上升，中货车与大货车占比逐年下降但总体占比偏低，选取设计末年交通组成作为仿真车型比例依据。

表 3.5 所示为本项目车型比例预测结果。

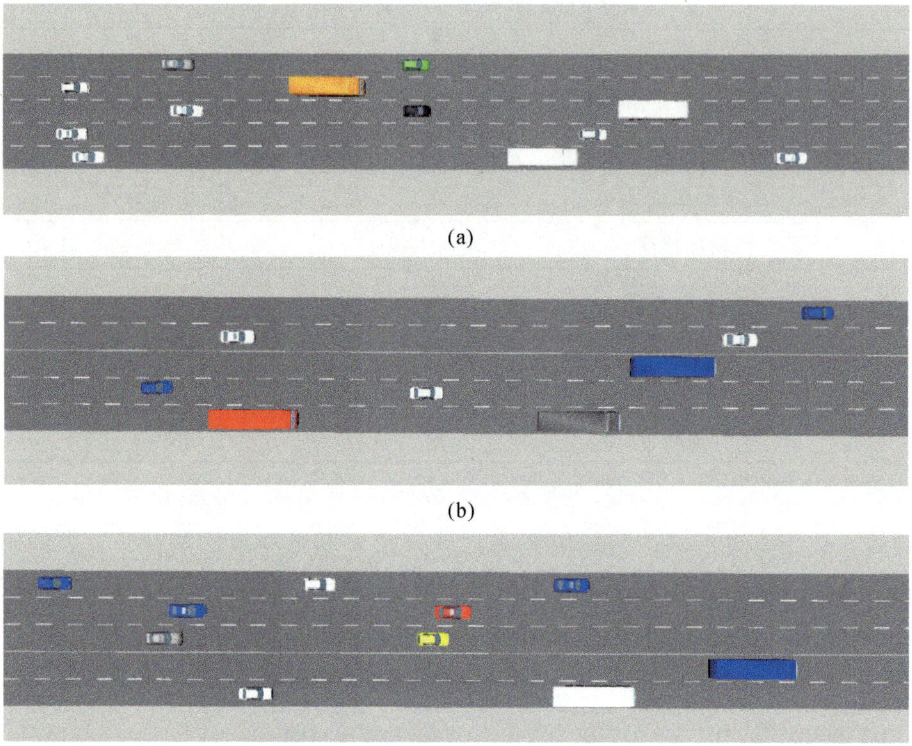

(a)

(b)

(c)

图 3.2　三种交通组织模式的路段模型

(a)混行;(b)内外幅分隔 2+3 组织;(c)内外幅分隔 3+2 组织

表 3.5　本项目车型比例预测结果(绝对数)

年份	小货	中货	大货	特大货	小客	大客	合计
2027	6.9%	3.1%	4.2%	17.9%	66.6%	1.4%	100.0%
2030	7.1%	2.9%	3.8%	18.0%	67.0%	1.3%	100.0%
2035	7.4%	2.6%	3.3%	18.1%	67.6%	1.2%	100.0%
2040	7.6%	2.3%	2.8%	18.2%	68.1%	1.1%	100.0%
2046	7.8%	2.0%	2.3%	18.3%	68.7%	0.9%	100.0%
2051	8.0%	1.8%	1.9%	18.3%	69.1%	0.9%	100.0%

根据广韶高速公路工可文件中广韶高速公路分车型交通量预测结果(以十车道为主方案的预测结果),分别选取自由流(二级服务水平)、饱和流(四级服务水平)和强制流(六级服务水平)三种不同交通量状态进行仿真。

根据既有的广韶高速公路的调研情况,广韶高速公路的驾驶行为适用于 Wiedemann99 模型,Wiedemann99 模型主要通过车头时距影响安全距离,并由此影响饱和流量。车头时距指的是在特定速度时驾驶员想要保持的间距，以秒计算。随着数值的升高，驾驶员也要提高注意力。在指定的速度 v 下，根据以下公式计算平均安全距离：

$$dx_{safe}=CC0+CC1\cdot v \tag{3.4}$$

式中：dx_{safe} 为安全距离；$CC0$ 为停车间距；$CC1$ 为车头时距。

在跟车模型中，将安全距离定义为驾驶员跟车时的最小间距。在较高的负荷情况下，该值决定了通行能力。

根据《公路路线设计规范》(JTG D20—2017)，设计速度为 100 km/h 时最大服务交通量为 2100 pcu/(h · ln)，考虑安全距离的定义，综合现场调研情况，其取值越大越偏向安全，因此本研究 $CC1$ 取值为 1.1 s。

(3)仿真结果分析与评价

①评价指标的选取

a. 安全指标

速度标准差：速度离散程度与事故率密切相关，当前后车辆之间速度差过大时，容易导致追尾事故，本书选择速度标准差作为安全评价指标，用 S 表示。

换道率：主要考虑自由换道，这里明确换道率的定义，即换道次数与总交通量的比值，用 P 表示。

交通冲突数：在 Widemann 模型中，状态为 AX 的车辆有较大的碰撞风险，与交通冲突含义接近，因此将 VISSIM 中状态为 AX 的车辆作为冲突车辆，用 N_{AX} 表示。

b. 效率指标

最大流率：最大流率与通行能力密切相关，因此可用通过道路某断面的最大流率评价交通运行效率。在 VISSIM 模型中设置极大的交通量输入，即可得到道路最大流率，用 Q_{max} 表示。

平均速度：仿真对象互通间距较近，由于交织运行和车辆自由换道，会导致车辆运行速度降低，平均运行速度可以评价车流整体运行效率，用 V_m 表示。

②常用评价方法

车道功能划分实施工程是一个复杂的系统，因此所选的指标的数量也相对较多，需要对各评价指标之间的权重进行确定，一般可通过模糊综合评价法、主成分分析法、层次分析法、数据包络分析法以及动态综合评价等[14]常用的研究方法进行对比分析，确定指标权重。

a. 主成分分析法

主成分分析法是 1933 年由 Hotelling 首先提出的，该方法利用降维的思想可以把多指标转化成少数的几个综合指标，是一种多元统计分析方法。

利用主成分分析法可以将原先所选取的评价指标变换成若干个综合指标的线性组

合，利用这种方法不仅保留了上述所选的原始变量所包含的主要信息，还能使这若干个综合指标之间彼此不相关，将原先同时具备多重属性的评价指标独立出来，更有助于将所选评价指标作为评价决策的依据。主成分分析法的原理如下：

假设样本的数量为 n，每个样本都有 p 个变量，记为 $x_j(j=1,2,\cdots,p)$；$x_{ij}(i=1,2,\cdots,n;j=1,2,\cdots,p)$表示第 i 个样本量的第 j 个变量的值。可以得到一个关于样本原始变量数值的矩阵 $\boldsymbol{X}$：

$$\boldsymbol{X}=\begin{bmatrix} x_{11} & x_{12} & \cdots & x_{1p} \\ x_{21} & x_{22} & \cdots & x_{2p} \\ x_{31} & x_{32} & \cdots & x_{3p} \\ \cdots & \cdots & \cdots & \cdots \\ x_{n1} & x_{n2} & \cdots & x_{np} \end{bmatrix} \tag{3.5}$$

主成分分析法用数学手段将这 p 个原始变量变成互相之间不相关的新的综合变量，每个综合变量都是原始变量的线性组合，将新的综合变量称为主成分，用$(i=1,2,\cdots,m)$表示，即：

$$\begin{cases} y_1=u_{11}x_1+u_{12}x_2+\cdots+u_{1p}x_p \\ y_2=u_{21}x_1+u_{22}x_2+\cdots+u_{2p}x_p \\ \qquad\cdots \\ y_m=u_{m1}x_1+u_{m2}x_2+\cdots+u_{mp}x_p \end{cases} \tag{3.6}$$

其中，$y_1,y_2,\cdots,y_m$ 是原始变量 $x_1,x_2,\cdots,x_p$ 经过变换后的 m 个主成分。

设 $\boldsymbol{Y}=\begin{bmatrix} y_1 \\ y_2 \\ \cdots \\ y_m \end{bmatrix}$，$\boldsymbol{X}=\begin{bmatrix} x_1 \\ x_2 \\ \cdots \\ x_p \end{bmatrix}$，$\boldsymbol{U}=\begin{bmatrix} u_{11} & u_{12} & \cdots & u_{1p} \\ u_{21} & u_{22} & \cdots & u_{2p} \\ u_{31} & u_{32} & \cdots & u_{3p} \\ \cdots & \cdots & \cdots & \cdots \\ u_{n1} & u_{n2} & \cdots & u_{np} \end{bmatrix}$，则式(3.6)可以表示为如下矩阵形式：

$$\boldsymbol{Y}=\boldsymbol{UX} \tag{3.7}$$

并且满足以下条件：

(a)任意的 y_i 与 $y_j(i\neq j;i,j=1,2,\cdots,m)$之间不相关。

(b)矩阵 $\boldsymbol{U}$ 的每一行都是一个单位行向量，即 $u_{i1}^2+u_{i2}^2+\cdots+u_{ip}^2=1(i=1,2,\cdots,m)$。

(c)y_1 是原始变量 $x_1,x_2,\cdots,x_p$ 的所有线性组合中的方差最大者；$y_k(k\leqslant m)$是与 $y_1,y_2,\cdots,y_{k-1}$都不相关的所有线性组合中方差最大者。

(d)$y_1,y_2,\cdots,y_m$ 与 $x_1,x_2,\cdots,x_p$ 的方差值的和相同。

主成分分析法是通过数学的手段求得上述方程组中的 $u_{ij}(i=1,2,\cdots,m;j=1,2,\cdots,$

p)，也就是求式(3.7)中的矩阵 $\boldsymbol{U}$。

通过数学方法可以证明 $\boldsymbol{U}$ 是原始变量 $x_1,x_2,\cdots,x_p$ 的相关矩阵的前 m 个较大的特征值所对应的特征向量所组成的矩阵，而 $y_1,y_2,\cdots,y_m$ 就是相应的特征根 $\lambda_j(j=1,2,\cdots,m)$。

对于复杂系统，通常选取的原始变量的个数多，如果前几个主成分 $y_1,y_2,\cdots,y_m$ 的方差之和占总方差的比重较大(通常以累积贡献率超过 85%为宜)就可以用这几个主成分代替原始变量，在剔除原始变量的相关性和减少变量个数的同时，保留了原始变量的大部分信息。

在进行主成分分析之前，应当对数据进行 kmo 检验和 bartlett 球形检验，若检验结果满足要求，则表明适合使用主成分分析法，其中 kmo 检测值建议大于 0.5，bartlett 检验的 P 值建议小于 0.05。

主成分分析法包括以下 8 个步骤：

(a)确定要分析的原始变量，收集原始数据。

(b)由于原始变量通常是对目标的不同方面的定量描述，且通常个数较多，不能直接进行比较，因此需要对原始数据进行标准化处理。

(c)求标准化数据的协方差矩阵，即：

$$\boldsymbol{R}=\begin{bmatrix} r_{11} & r_{12} & \cdots & r_{1p} \\ r_{21} & r_{22} & \cdots & r_{2p} \\ r_{31} & r_{32} & \cdots & r_{3p} \\ \cdots & \cdots & \cdots & \cdots \\ r_{p1} & r_{p2} & \cdots & r_{pp} \end{bmatrix} \tag{3.8}$$

其中，$r_{ij}(i,j=1,2,\cdots,p)$是原始变量 x_i 和 x_j 的相关系数，计算公式如下：

$$r_{ij}=\frac{\sum_{k=1}^{n}(x_{ki}-\overline{x}_i)(x_{kj}-\overline{x}_j)}{\sqrt{\sum_{k=1}^{n}(x_{ki}-\overline{x}_i)^2(x_{kj}-\overline{x}_j)^2}} \tag{3.9}$$

由上式即可得 $r_{ij}=r_{ji}$，$r_{ij}=1(i=j)$，因此该矩阵是对称矩阵。

(d)计算特征根与相应的标准正交特征向量。求出协方差矩阵的特征值，并使其按从大到小的顺序排列：

$$\lambda_1\geqslant\lambda_2\geqslant\cdots\geqslant\lambda_p\geqslant 0 \tag{3.10}$$

分别求出 λ_i 对应于特征值 $e_i(i=1,2,\cdots,p)$的特征向量，要求 $\parallel e_i \parallel=1$，即，$\sum_{j=1}^{p}e_{ij}{}^2=1$，$e_{ij}$ 表示 e_i 的第 j 个分量。

(e)计算主成分贡献率和累积贡献率。其中，主成分贡献率 α_i 和累积贡献率 $G(m)$的公式为：

$$\alpha_i = \frac{\lambda_i}{\sum_{k=1}^{p}\lambda_k}(i = 1,2,\cdots,p) \tag{3.11}$$

$$G(m) = \frac{\sum_{k=1}^{i}\lambda_k}{\sum_{k=1}^{p}\lambda_k}(i = 1,2,\cdots,p) \tag{3.12}$$

(f)确定主成分。一般取累积贡献率为70%～85%或以上所对应的前 m 个主成分即可，当累积贡献率达到85%时，可以认为所选成分足够反映原始变量的绝大部分信息，对应的 m 就是所选主成分的个数。

(g)计算主成分载荷。主成分载荷是反映主成分 $y_i(i=1,2,\cdots,m)$ 与原始变量 $x_j(j=1,2,\cdots,p)$ 之间的相互关联程度，原始变量 $x_j(j=1,2,\cdots,p)$ 在主成分 $y_i(i=1,2,\cdots,m)$ 上的载荷为 $l_{ij}(i=1,2,\cdots,m;j=1,2,\cdots,p)$：

$$l(z_j,x_j)=\sqrt{\lambda_i}e_{ij}(i,j=1,2,\cdots,p) \tag{3.13}$$

(h)计算主成分得分，根据标准化的原始数据，按照各个样本分别代入主成分的表达式，就可以得到各主成分的各个样本的新数据，即为主成分得分，形式如下：

$$\boldsymbol{Z}=\begin{bmatrix} z_{11} & z_{12} & \cdots & z_{1m} \\ z_{21} & z_{22} & \cdots & z_{2m} \\ z_{31} & z_{32} & \cdots & z_{3m} \\ \cdots & \cdots & \cdots & \cdots \\ z_{n1} & z_{n2} & \cdots & z_{nm} \end{bmatrix} \tag{3.14}$$

由于每个主成分之间没有相关性，所以用主成分作为新的评价指标可以在保留原指标的大部分信息的同时剔除原指标之间的相关性，使得指标的数量减少，适于分析多指标的复杂系统。

通过对路段的仿真，由VISSIM仿真软件可以得到仿真路段的交通流数据，如表3.6所示。

表3.6　仿真路段现状及车道功能分类后的交通流数据

方案	平均车速/(km/h)	平均延误/s	平均换道次数/次	车速离散系数(%)	冲突数
1	x_{11}	x_{12}	x_{13}	x_{14}	x_{15}
2	x_{21}	x_{22}	x_{23}	x_{24}	x_{25}
3	x_{31}	x_{32}	x_{33}	x_{34}	x_{35}
…	…	…	…	…	…
n	x_{n1}	x_{n2}	x_{n3}	x_{n4}	x_{n5}

将各类数据汇总，得出车道功能分类方案实施后道路的原始数据矩阵 $\boldsymbol{X}$：

$$\boldsymbol{X}=\begin{bmatrix} x_{11} & x_{12} & x_{13} & x_{14} & x_{15} \\ x_{21} & x_{22} & x_{23} & x_{24} & x_{25} \\ x_{31} & x_{32} & x_{33} & x_{34} & x_{35} \\ \cdots & \cdots & \cdots & \cdots & \cdots \\ x_{n1} & x_{n2} & x_{n3} & x_{n4} & x_{n5} \end{bmatrix} \tag{3.15}$$

收集得到的原始数据中有些指标是值越大越好,有些指标是值越小越好,越大越好的指标称为正指标,越小越好的指标称为逆指标。在进行主成分分析时需要对指标进行一致化处理,将所有的逆指标变成正指标。对以上各项逆指标 $x_j(j=2,3,4,5)$ 采用差式一致化转换,公式为:

$$x_{.j}=C_1-C_2x_{.j}\quad (j=2,3,4,5) \tag{3.16}$$

其中,$x_{.j}$为原始数据矩阵 $\boldsymbol{X}$ 中的第 j 列各项,C_1 为常数,C_2 为正常数。根据客货分离改造的实际情况和计算方便,可取 $C_1=0,C_2=1$。

由于收集得到的数据是量纲不一的多个指标,因此还需要对一致化后的指标进行无量纲化处理。采用标准化法对一致化后的数据进行无量纲化处理,公式为:

$$x_{.j^*}=\frac{x_{.j}-\overline{x_{.j}}}{s_{.j}}\quad (i=1,2,\cdots,n;j=1,2,3,4,5) \tag{3.17}$$

经过数据预处理后将原始数据矩阵变成了新的矩阵 $\boldsymbol{X}^*$:

$$\boldsymbol{X}^*=\begin{bmatrix} x_{11^*} & x_{12^*} & x_{13^*} & x_{14^*} & x_{15^*} \\ x_{21^*} & x_{22^*} & x_{23^*} & x_{24^*} & x_{25^*} \\ x_{31^*} & x_{32^*} & x_{33^*} & x_{34^*} & x_{35^*} \\ \cdots & \cdots & \cdots & \cdots & \cdots \\ x_{n1^*} & x_{n2^*} & x_{n3^*} & x_{n4^*} & x_{n5^*} \end{bmatrix} \tag{3.18}$$

在对原始数据进行预处理之后,可以借助 SPSS 软件对所得数据进行主成分分析。根据主成分分析法的原理,只选取特征值大于 1 的作为主成分。通过 SPSS 软件得出各主成分的主成分系数之后,建立各主成分的表达式并计算主成分权重,最后计算各方案的综合得分和排名。各方案的综合排名代表了各项改造方案的优先次序,综合排名第一的方案即为最优方案。

b. 数据包络分析法

数据包络分析(data envelopment analysis,DEA)是一种基于线性规划的用于评价同类型项目或方案工作效率的评价方法,该方法可对多投入、多产出的多个方案(或称决策单元 *DMU*)进行评价,目前已广泛用于各领域的评价。

本节采用 DEA 分析法的 CCR 经典模型,该模型对 DEA 的发展具有重要作用。下面是该模型的基本结构:

设在生产活动中的某个 *DMU* 的输入向量为 $\boldsymbol{x}=(x_1,x_2,\cdots,x_m)$，输出向量为 $\boldsymbol{y}=(y_1,y_2,\cdots,y_s)$，可以用$(x,y)$来表示该 *DMU* 的整个生产过程，设有 n 个 $DMU_j(1\leqslant j\leqslant n)$，对应的输入、输出向量为：

$$\boldsymbol{x}_j=(x_{1j},x_{2j},\cdots,x_{mj})^{\mathrm{T}}>0,j=1,2\cdots,n \tag{3.19}$$

$$\boldsymbol{y}_j=(y_{1j},y_{2j},\cdots,y_{sj})^{\mathrm{T}}>0,j=1,2\cdots,n \tag{3.20}$$

设 $\boldsymbol{x}_j$ 的权重为 υ_j，$\boldsymbol{y}_j$ 的权重为 u_j，则输入变量和输出变量的权重向量分别为：

$$\boldsymbol{\upsilon}=(\upsilon_1,\upsilon_2,\cdots,\upsilon_m)^{\mathrm{T}} \tag{3.21}$$

$$\boldsymbol{u}=(u_1,u_2,\cdots,u_s)^{\mathrm{T}} \tag{3.22}$$

则 DMU_j 的效率评价指数为：

$$h_j=\frac{\boldsymbol{\upsilon}^{\mathrm{T}}y_j}{\boldsymbol{u}^{\mathrm{T}}x_j}=\frac{\sum_{k=1}^{s}\upsilon_k y_{kj}}{\sum_{i=1}^{m}u_l x_{lj}}\quad(j=1,2,\cdots,n) \tag{3.23}$$

通常来说，h_j 越大表示能够用较少的投入获得较大的产出，即表示第 j 个 *DMU* 的效率更优。因此构造 DEA 分析法的 CCR 模型如下：

$$\mathrm{CCR}\begin{cases}\max\dfrac{\boldsymbol{u}^{\mathrm{T}}y_0}{\boldsymbol{\upsilon}x_0}\\ \mathrm{s.t.}\dfrac{\boldsymbol{u}^{\mathrm{T}}y_j}{\boldsymbol{\upsilon}^{\mathrm{T}}x_j}\leqslant 1,j=1,2,\cdots,n\\ \boldsymbol{u}\geqslant 0,\boldsymbol{\upsilon}\geqslant 0,\boldsymbol{u}\neq 0,\boldsymbol{\upsilon}\neq 0\end{cases} \tag{3.24}$$

其中，$x_0=x_{j_0}$，$y_0=y_{j_0}$，$1\leqslant j_0\leqslant n$。

假设已知不同条件下的道路改造费用和养护费用，并将其作为输入量，将不同条件下 VISSIM 交通仿真输出的平均车速、平均延误、平均换道次数、车速离散系数、冲突数等指标作为输出量，如表 3.7 所示。

表 3.7　数据包络分析法输入输出数据表

DMU	输入		输出				
方案	改造费用/万元	养护费用/万元	平均车速/(km/h)	平均延误/s	平均换道次数/次	车速离散系数(%)	冲突数
1	x_{11}	x_{12}	y_{11}	y_{12}	y_{13}	y_{14}	y_{15}
2	x_{21}	x_{22}	y_{21}	y_{22}	y_{23}	y_{24}	y_{25}
3	x_{31}	x_{32}	y_{31}	y_{32}	y_{33}	y_{34}	y_{35}
…	…	…	…	…	…	…	…
n	x_{n1}	x_{n2}	y_{n1}	y_{n2}	y_{n3}	y_{n4}	y_{n5}

由于上表中含有逆指标，需将逆指标一致化后再使用数据包络分析法对数据进行分

析，得出各种方案的效率指数，用以区分各方案之间的优劣排序。由于本研究中无法有效获取改造费用、养护费用等经济指标，因此本研究中数据包络法的适用性不足，不能满足研究需求。

c. 层次分析法

应用层次分析法（analytic hierarchy process，AHP）解决问题的思路：首先，把要解决的问题分层次系列化，即根据问题的性质和要达到的目标，将问题分解为不同的组成因素，按照因素之间的相互影响和隶属关系将其分层聚类组合，形成一个递阶的、有序的层次结构模型，然后根据人们对客观现实的判断对模型中每一层次因素的相对重要性给予定量表示，再利用数学方法确定每一层次因素相对重要性次序的权值。最后，通过综合计算各层因素相对重要性的权值，得到最底层相对于最高层的相对重要性次序的组合权值，以此作为评价和选择方案的依据。

在运用层次分析法时，如果所选的要素不合理，其含义混淆不清，或要素间的关系不正确，都会降低层次分析法的结果质量，甚至导致层次分析法决策失败。为保证递阶层次结构的合理性，需注意分解简化问题时把握主要因素，不漏不多，某一因素的同层次评价指标不宜超过 9 个；注意相比较元素之间的强度关系，相差太悬殊的要素不能放在同一层次比较。

运用 AHP 分析法解决问题一般分为四个步骤：

(a)建立层次结构模型；

(b)构造成对比较矩阵；

(c)由判断矩阵计算权重向量并做一致性检验；

(d)计算各层次元素的组合权重向量并做一致性检验。

本书所涉及的案例进行 AHP 分析时也应遵循上述四个步骤，根据相应指标结构建立层次结构模型（图 3.3）。

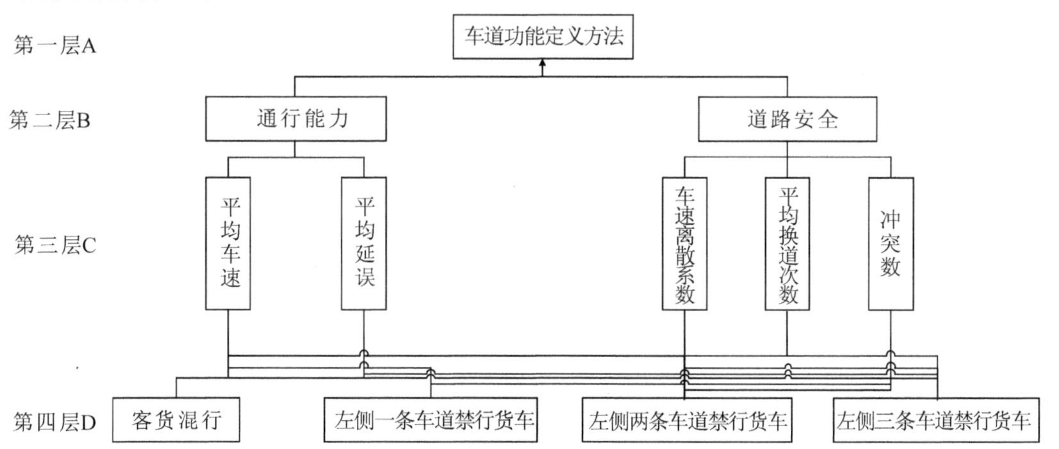

图 3.3　AHP 层次结构模型

建立层次分析模型后，上下两层要素指标间的隶属关系就被确定了，对同一层次要素，用上一级的要素为准则进行两两比较，其比较结果以 1—9 标度法表示。1 表示同等重要，3 表示稍微重要，5 表示明显重要，7 表示强烈重要，9 表示极端重要，每两者之间的中间级别用 2、4、6、8 表示。由专家结合项目实际情况，采用 1—9 标度法来构建各层因素之间的两两判断矩阵。

各层次以及各项指标之间的成对比较矩阵通过专家法来进行确定，将专家打分结果综合之后得出较为一致的专家意见形成成对比较矩阵。

第一层级：

$$\boldsymbol{A}=\begin{bmatrix} a_{11} & a_{12} \\ a_{21} & a_{22} \end{bmatrix} \tag{3.25}$$

第二层级：

$$\boldsymbol{B}_1=\begin{bmatrix} b1_{11} & b1_{12} \\ b1_{21} & b1_{22} \end{bmatrix} \tag{3.26}$$

$$\boldsymbol{B}_2=\begin{bmatrix} b2_{11} & b2_{12} & b2_{13} \\ b2_{21} & b2_{22} & b2_{23} \\ b2_{31} & b2_{32} & b2_{33} \end{bmatrix} \tag{3.27}$$

第三层级：

$$\boldsymbol{C}_1=\begin{bmatrix} c1_{11} & c1_{12} & c1_{13} & c1_{14} \\ c1_{21} & c1_{22} & c1_{23} & c1_{24} \\ c1_{31} & c1_{32} & c1_{33} & c1_{34} \\ c1_{41} & c1_{42} & c1_{43} & c1_{44} \end{bmatrix} \tag{3.28}$$

$$\boldsymbol{C}_2=\begin{bmatrix} c2_{11} & c2_{12} & c2_{13} & c2_{14} \\ c2_{21} & c2_{22} & c2_{23} & c2_{24} \\ c2_{31} & c2_{32} & c2_{33} & c2_{34} \\ c2_{41} & c2_{42} & c2_{43} & c2_{44} \end{bmatrix} \tag{3.29}$$

$$\boldsymbol{C}_3=\begin{bmatrix} c3_{11} & c3_{12} & c3_{13} & c3_{14} \\ c3_{21} & c3_{22} & c3_{23} & c3_{24} \\ c3_{31} & c3_{32} & c3_{33} & c3_{34} \\ c3_{41} & c3_{42} & c3_{43} & c3_{44} \end{bmatrix} \tag{3.30}$$

$$\boldsymbol{C}_4=\begin{bmatrix} c4_{11} & c4_{12} & c4_{13} & c4_{14} \\ c4_{21} & c4_{22} & c4_{23} & c4_{24} \\ c4_{31} & c4_{32} & c4_{33} & c4_{34} \\ c4_{41} & c4_{42} & c4_{43} & c4_{44} \end{bmatrix} \tag{3.31}$$

$$C_5=\begin{bmatrix} c5_{11} & c5_{12} & c5_{13} & c5_{14} \\ c5_{21} & c5_{22} & c5_{23} & c5_{24} \\ c5_{31} & c5_{32} & c5_{33} & c5_{34} \\ c5_{41} & c5_{42} & c5_{43} & c5_{44} \end{bmatrix} \tag{3.32}$$

通过专业的分析计算软件，对上述各矩阵进行一致性检验，并得出各方案的AHP分析法排序。

d. 模糊综合评价法

应用模糊综合评价法解决问题的思路：首先确定被评价对象的因素（指标）集合评价（等级）集；再分别确定各个因素的权重及它们的隶属度矢量，获得模糊评判矩阵；最后把模糊评判矩阵与因素相关的权矢量进行模糊运算并进行归一化，得到模糊综合评价结果。

在运用模糊综合评价法时应注意：模糊综合评价的指标不宜太多，同层次指标之间尽可能独立，权重的分配要合理，否则容易导致最大隶属度原则评判的失效；模糊运算模型的选择决定着评价指标是否在运算过程中起到实质性的作用，决定着决策者是考虑所有因素对评价结果的影响，还是突出小影响因素或主要因素对评判结果的作用；对模糊综合评价的评判结果要做出合理解释，根据最大隶属度原则法考虑评判结果集，得到的结论有时可能存在偏差，此时需要针对实际问题，分析最大隶属度原则法的不足，从而得出全面准确的评价结论。

根据项目实际情况确定评价的对象集 $\boldsymbol{S}=(S_1,S_2,\cdots,S_n)$，因素集 $\boldsymbol{U}=(B_1,B_2,\cdots,B_n)$、$\boldsymbol{u}_1=(C_1,C_2,\cdots C_k)$、…、$\boldsymbol{u}_n=(C_l,C_{l+1},\cdots C_n)$ 及评语集 $\boldsymbol{V}=$（优，中，劣），设 $\boldsymbol{W}=(90,60,30)$。

对评价因素集中的各个影响因素赋权值，建立权值集 $\boldsymbol{A}=(a_1,a_2,\cdots,a_n)$。

确定隶属关系，建立判断矩阵 $\boldsymbol{R}$。

$$\boldsymbol{R}=\begin{bmatrix} \boldsymbol{R}_1 \\ \boldsymbol{R}_2 \\ \cdots \\ \boldsymbol{R}_n \end{bmatrix}=\begin{bmatrix} r_{11} & r_{12} & \cdots & r_{1m} \\ r_{21} & r_{22} & \cdots & r_{2m} \\ \cdots & \cdots & \cdots & \cdots \\ r_{n1} & r_{n2} & \cdots & r_{nm} \end{bmatrix} \tag{3.33}$$

把单个因素的模糊评判矩阵与各个因素的权重集进行模糊运算，可得到模糊综合评判指标：

$$\boldsymbol{B}=\boldsymbol{A}\cdot\boldsymbol{R}=(a_1,a_2,\cdots,a_n)\cdot\begin{bmatrix} r_{11} & r_{12} & \cdots & r_{1m} \\ r_{21} & r_{22} & \cdots & r_{2m} \\ \cdots & \cdots & \cdots & \cdots \\ r_{n1} & r_{n2} & \cdots & r_{nm} \end{bmatrix}=[b_1,b_2,\cdots,b_m] \tag{3.34}$$

求得每个评价对象的综合分值。对评语集中不同的评语 V_j，规定各自不同的权重 W_j，得到向量 $\boldsymbol{W}=(W_1,W_2,\cdots,W_m)$，令

$$C=\boldsymbol{B}\cdot\boldsymbol{W}^{\mathrm{T}}=[b_1,b_2,\cdots,b_m]\begin{bmatrix}W_1\\W_2\\\cdots\\W_m\end{bmatrix} \tag{3.35}$$

即为各方案的评价结果。

对于评价指标体系中各指标之间权重的确定，常用的研究方法有模糊综合法、主成分分析法、层次分析法、数据包络分析模型以及动态综合评价等方法，下面对各种研究方法的优势、缺陷以及适用范围进行简单的阐述，见表3.8。

表3.8　常用研究方法的优缺点及适用范围介绍

评价方法	方法描述	优点	缺点	适用性
层次分析法	针对多层次结构的系统，比较相对量，分层次地确定各变量之间的关系，将判断矩阵的特征根所对应的特征向量作为变量的权重，综合计算出相应的总权重，对各方案进行排序	对样本可考察的因素比较全面，在各变量的相对重要度差异明显或可以准确确定相对重要度的情况下具有较高的可靠性	在权重的计算中需要对各变量的相对重要度进行确定，一般需要通过专家咨询，因此受主观因素的影响较大	适用于对具有多个层次关系的复杂系统进行分析，可用于方案的比选，成本效益决策，资源分配次序等问题
模糊综合法	引入隶属函数进行分析，一般用专家法确定权重，通过对评价对象的属性值确定其隶属度，以建立模糊综合评价矩阵，运用模糊数学工具进行综合评价	考虑到了客观事物内部关系的复杂性和价值系统的模糊性	不能解决评价指标间由于相关性而造成的信息重复的问题	适用于处理定性指标较多的综合评价问题，广泛应用于环境、经济管理、教学过程等领域的评价
主成分分析法	将具有分量相关性的原变量，通过正交变换，转化成分量不相关的新变量，以方差作为信息量的测度指标，对原变量矩阵进行降维处理，通过构造新变量的价值函数，转化成一维系统	理论简洁，通过严密的数学变换客观地进行赋权，权重值根据被评价对象的指标样本值进行确定，通过对累计贡献率的设定可以保留原始样本的绝大部分信息	指标样本值的随机性可能影响权重的稳定性	适用于分析对象的各变量之间存在相关性或变量较多难以把握变量之间关系的多元统计分析方法，广泛应用于经济、社会、科教、环保等领域中众多对象的评价和排序问题

续表 3.8

评价方法	方法描述	优点	缺点	适用性
数据包络分析法	以相对效率作为理论基础,按多指标投入和多指标产出,应用凸分析和线性规划方法对同类对象的相对有效性进行评价,基于一套标准来确定各对象的相对有效性	适于评价多输入多输出的大系统,能比较直观地找出单元薄弱环节并加以改正	相对性强,不能反映被评价对象客观的发展水平	属效率评价方法。适用于经济学中生产函数的技术、规模和产业的效益评价等有效性评价
动态综合评价	应用线性规划方法,从时序数据表挖掘信息从而计算权重,使系统整体上最大限度地突出其在不同时刻的运行状况之间的差异	具有时序特征,所赋权重的客观性强;能反映被评价对象随时间变化的动态发展情况	权重为非固定值,随评价对象的指标特征变化,不适于静态评价	适用于随时间参数变化较大的多指标系统,如地区经济动态发展状况的绩效评核等

③评价模型构建

a. 指标权重确定

本节提出的评价模型由安全指标和效率指标两类一级指标构成,各一级指标继续细分为二级指标。为保证权重指标合理性,同时采用主观赋权法和客观赋权法。其中,一级指标采用主观赋权法,二级指标采用客观赋权法,见表 3.9。

表 3.9 评价指标分级与赋权方法

一级指标	赋权方法	二级指标	赋权方法
效率指标 E	主观赋权法	最大流率 $Q_{\max}$	客观赋权法
		平均速度 V_{m}	
安全指标 SA		速度标准差 S	
		换道率 P	
		交通冲突数 N_{AX}	

对原始指标数据进行 Feature scaling(特征缩放)处理,选取最常用的 z-score 标准化处理方法,如下式所示。

$$X^* = \frac{X-\overline{X}}{\sigma} \tag{3.36}$$

式中:X^* 为标准化后的数据;X 为原始数据;$\overline{X}$ 为原数据的均值;σ 为原始数据的标准差。

一级评价指标中的效率指标和安全指标的类型不同,效率指标属于极大型指标,即越大越好；安全指标属于极小型指标，即越小越好。为了便于分析，将安全指标转换为极大型指标，进行正向化处理，如下式所示。

$$X^{\forall}=X_{\max}-X \tag{3.37}$$

式中：$X^{\forall}$ 为正向化后的数据；$X_{\max}$为原始数据的最大值；X 为原始数据值。

综合考虑交通运行安全与效率，一般认为交通安全重要性更高，但运行效率也是十分重要的指标，因此二者间的权重不应差距过大，最终研究分配给效率指标 E 和安全指标 SA 的权重分别为$\lambda_1=0.4$、$\lambda_2=0.6$。

二级评价指标采用客观赋权法中的熵值法确定权重，实现过程如下：

原指标数据标准化、正向化后，计算第 j 个指标中第 i 个方案的比重，得到数据的比重矩阵：

$$P_{ij}=\frac{X_{ij}}{\sum_{i=1}^{m}X_{ij}} \tag{3.38}$$

定义第 j 个指标的熵值

$$e_j=-\frac{1}{\ln m}\sum_{i=1}^{m}P_{ij}\ln P_{ij} \tag{3.39}$$

定义第 j 个指标的差异程度

$$d_j=1-e_j \tag{3.40}$$

得到第 j 个指标的权重

$$w_j=\frac{d_j}{\sum_{j=1}^{n}d_j} \tag{3.41}$$

由于有两个一级指标，因此需要区分两个一级指标下的各二级指标的权重，将属于效率的指标的权重记为 w'，属于安全指标的权重记为 w''，其他参数也用上撇号进行区分。

b. 评价模型

得到第 i 个方案的运行效率、运行安全一级指标评价结果分别如下：

$$E=\sum_{j=1}^{n}w'_{ij}P'_{ij} \tag{3.42}$$

$$SA=\sum_{j=1}^{n}w''_{ij}P''_{ij} \tag{3-43}$$

代入由主观赋权法得到的一级指标权重，计算出 i 方案的综合评价结果：

$$z=\lambda_1\cdot E+\lambda_2\cdot SA \tag{3.44}$$

c. 评价结果

使用建立的 VISSIM 模型对本节提出的 3 组交通组织方案进行仿真，每组方案的仿真次数设置为 10，仿真时长为 4200 s，其中前 600 s 为预热时间，通过设置评估文件获得所需的评价指标，仿真结果如表 3.10 所示。

表 3.10 仿真结果

评价指标	平均速度	最大流率	速度标准差	换道率	交通冲突数
客货混行	90.2	9247	11.4	0.24	99
内外幅分隔 2+3	90.4	9473	12	0.27	86
内外幅分隔 3+2	90.3	9158	11.4	0.26	116

原始数据经过标准化和正向化预处理后，可按照上文所述熵值法的步骤获取各指标权重并计算各个方案的评价结果。首先计算各方案的比重 P_{ij}，并建立方案的比重矩阵 $\boldsymbol{P}$，然后计算各评价指标的熵值，由熵值得到各指标的差异性系数，计算得到各指标的权重如表 3.11 所示。

表 3.11 评价指标权重

一级指标	二级指标	权重
效率指标 E	最大流率 $Q_{\max}$	0.5
	平均速度 V_{m}	0.5
安全指标 SA	速度标准差 S	0.34
	换道率 P	0.48
	交通冲突数 N_{AX}	0.18

由指标权重及比重矩阵 $\boldsymbol{P}$ 可计算得出各交通组织方案的评价结果，如表 3.12 所示。

表 3.12 交通组织方案评价结果

评价指标	效率一级指标评分	安全一级指标评分	总评分
客货混行	0.286	0.484	0.405
内外幅分隔 2+3	0.761	0.680	0.713
内外幅分隔 3+2	0.560	0.717	0.654

从评价结果上来看，客货混行交通组织方案在安全与效率方面均表现较差，总评分最低；内外幅分隔 2+3 交通组织方案属于均衡型，在效率和安全表现上良好，总评分最高；内外幅分隔 3+2 交通组织方案更侧重安全，在效率方面表现一般。从这三个较优方案来看，内外幅分隔 2+3 交通组织方案能将安全和效率指标均维持在合理范围，获得比较理想的设计效果。

(4)内外分幅内侧车道可通行小货车交通组织模式分析

调研国内数条典型路段各车型的速度分布，结果如图 3.4 所示。

由图 3.4 可知小货车速度分布区间较广(60～100 km/h)，其与小客车在内侧车道混行将造成内侧车道行驶速度差非常大，严重干扰交通运行，对内侧车道整体的运输效率及安全性造成不好的影响，且国内高速公路上货车基本为满载或超载行驶，车辆动力性能进一步削弱，若要保证行驶速度均衡，不宜将小货车与小客车置于同一断面行驶。

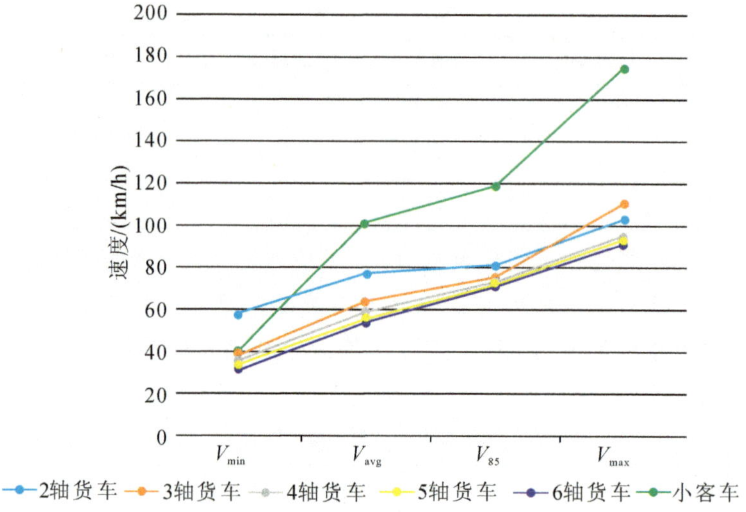

图 3.4　典型路段下各车型速度分布

选取 VISSIM 评估项“车辆-路网评估结果”中的平均延误(单车全路段行驶平均延误)、平均速度作为评价指标,分析小货车在内侧通行时(交通组织模式为内二外三)的交通状况,如图 3.5 及图 3.6 所示。

从仿真结果可知,当内侧只通行小客车时,路段的延误和平均速度指标均优于内侧车道可通行小货车情况,因此,交通组织模式建议采用内外分幅 2+3 模式,内侧两车道行驶小客车,外侧三车道客货混行。但是,当道路养护或维修时,内侧车道也可临时通行大货车。

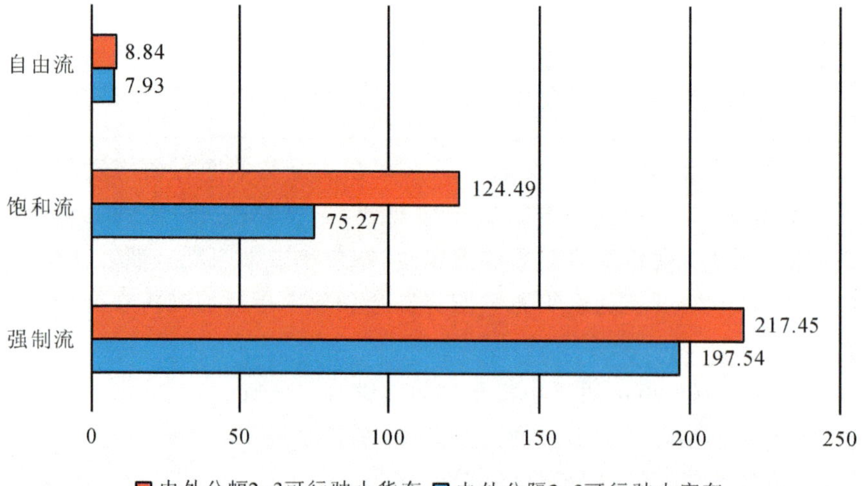

图 3.5　仿真路段平均延误(单位:s)

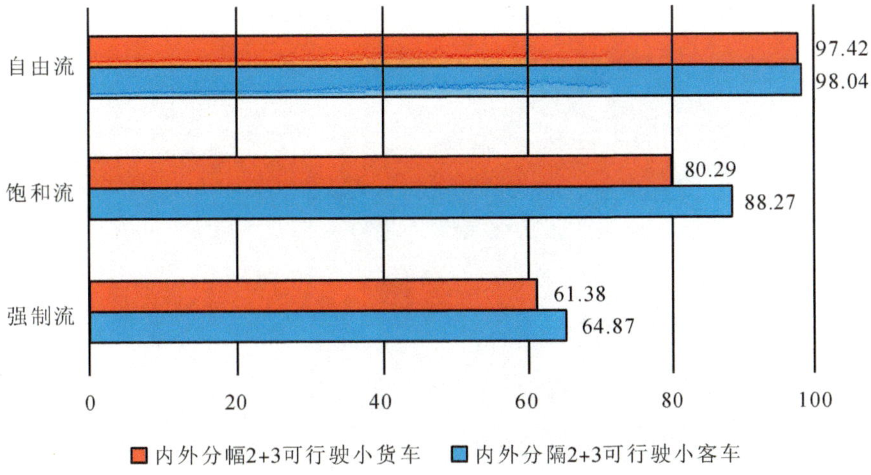

图 3.6　仿真路段平均速度(单位:km/h)

3.2　典型场景验证分析

3.2.1　仿真路段选取

本次仿真目的为大流量互通区交通组织模式的分析验证,结合广韶高速公路交通量预测结果与互通立交布设情况,选取典型仿真验证场景如下:

(1)仿真路段范围为广韶高速上行良田互通到太和互通段;

(2)仿真路段及连接器按照现有初步设计文件设置;

(3)仿真路段高峰小时交通量按设计末年预测交通量输入;

(4)包含互通立交 3 个,间距约为:良田互通—3.2 km—金盆互通—6.4 km—太和互通。

图 3.7 所示为仿真路段示意。

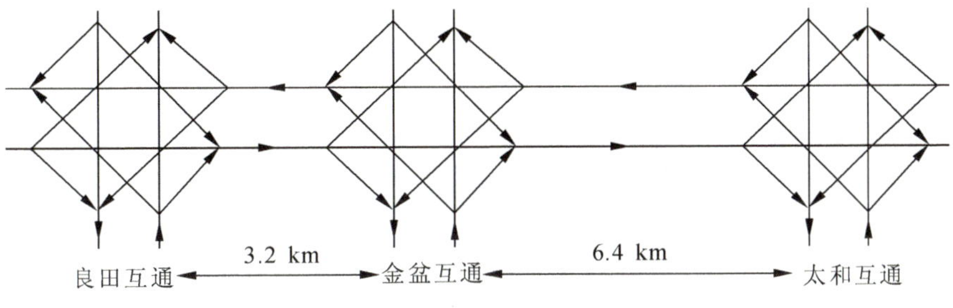

图 3.7　仿真路段示意

根据广韶高速公路相关设计方案,搭建微观交通流仿真路网,按“内外幅分隔 2＋3”模式下对应 2040 年、2046 年、2051 年的主线及转向交通量的预测交通量,仿真各典型年交通流运行状态。图 3.8 所示为内外幅分隔 2+3 互通出口。

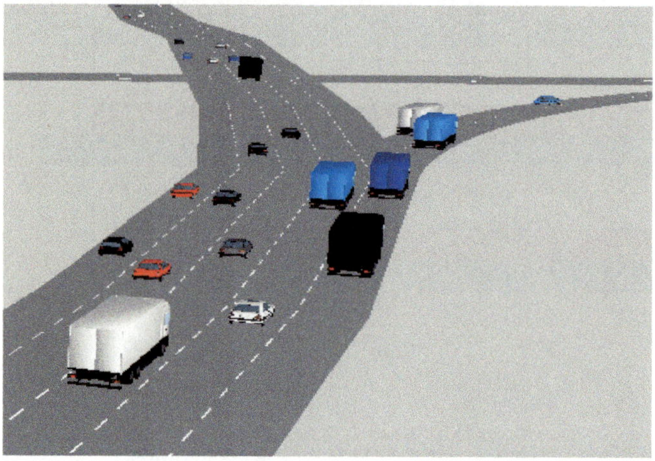

图 3.8 内外幅分隔 2+3 互通出口

3.2.2 仿真结果分析

选取 VISSIM 评估项“车辆-路网评估结果”中的平均速度和延误作为评价指标，从分车道运行的角度评估“内外幅分隔 2+3”模式下路段整体和典型断面的平均速度。涉及的典型断面包括：良田出口匝道渐变段起点、金盆出口匝道渐变段起点、太和出口匝道渐变段起点。

(1)路段整体运行状态分析

①内外侧车道预期行驶速度均为 100 km/h

由仿真结果(图 3.9、图 3.10)可知，在内外幅分隔 2+3 交通组织模式下，内侧两车道的运行速度高于外侧三车道，随着道路交通量的增加，设计末年(2051年)的平均速度低于 2040 年、2046 年，路段整体运行状态良好，交通流趋向稳定，不易出现因车辆换道导致的排队现象。

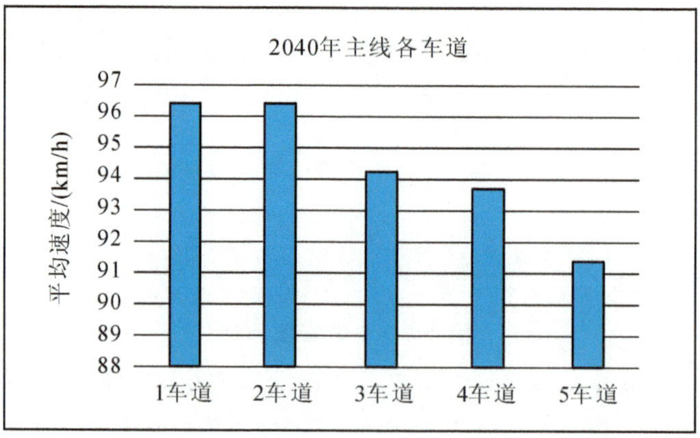

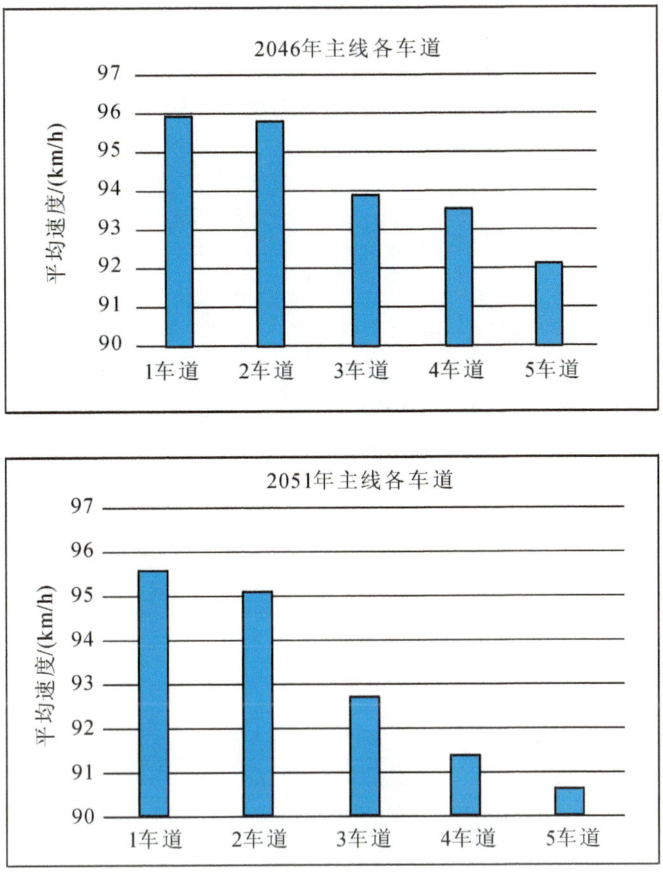

图 3.9　路段整体分车道平均速度

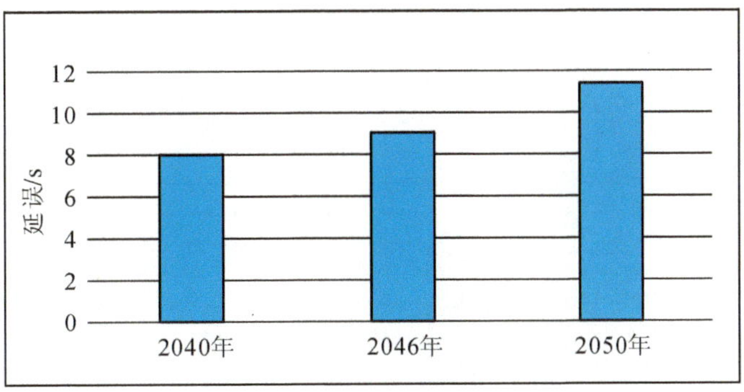

图 3.10　路段整体延误分析

②内侧车道预期运行速度为 120 km/h，外侧车道预期运行速度为 100 km/h

由仿真结果(图 3.11、图 3.12)可知，在内外幅分隔 2+3 交通组织模式下，内侧两车道的运行速度高于外侧三车道，随着道路交通量的增加，设计末年(2051 年)的平均速度低于 2040 年、2046 年，路段整体运行状态良好，交通流趋向稳定，不易出现因车辆换道导致的排队现象，且内侧车道的运行速度指标和延误指标均优于整体断面预期运行速度为 100 km/h 的情况。

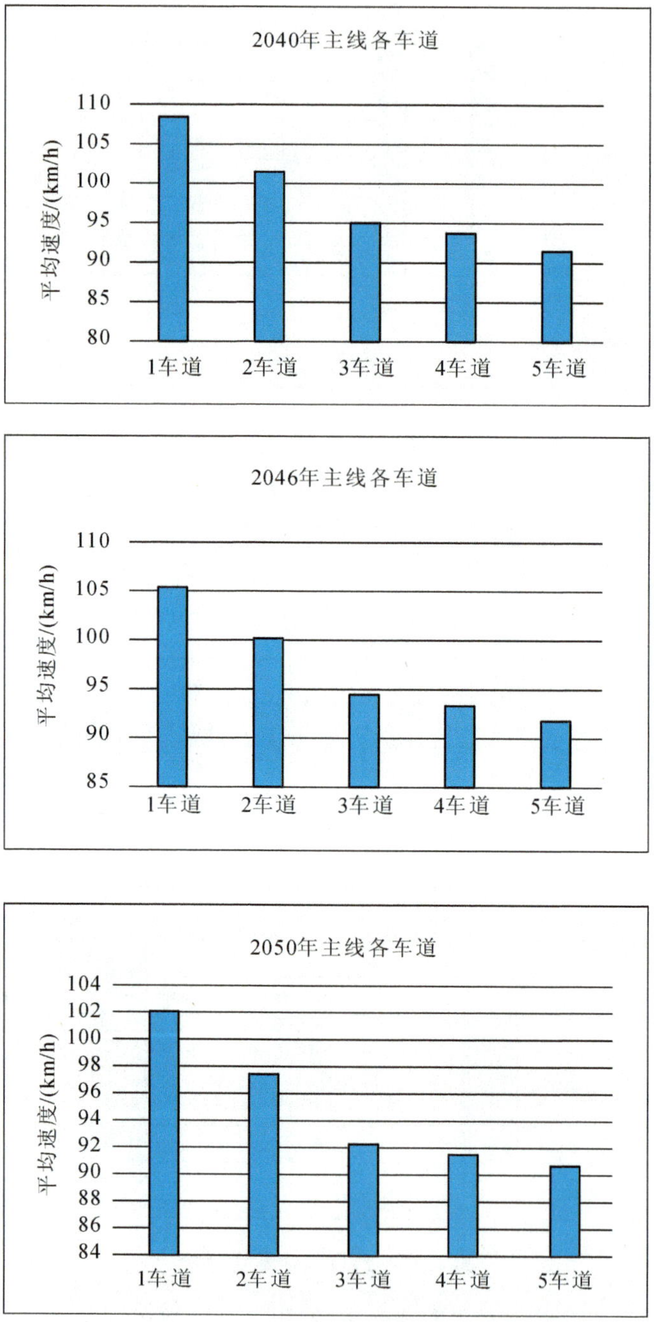

图 3.11　路段整体分车道平均速度

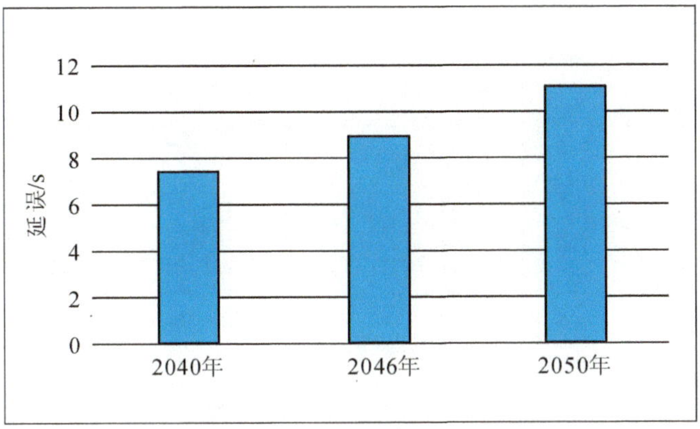

图 3.12　路段整体延误分析

当内侧车道按 120 km/h 速度运行时，内外侧车道存在速度差，因此在内外侧车道交织区前应进行限速，避免在换道时由于内外侧速度差过大而造成交通事故。

(2)断面运行状态分析

以仿真路段三个互通出口匝道前断面为典型断面，分析在“内外幅分隔 2＋3”交通组织模式下，交通组织区的车流运行状态。各断面在三个典型年下的车道平均速度如图 3.13至图 3.15 所示。

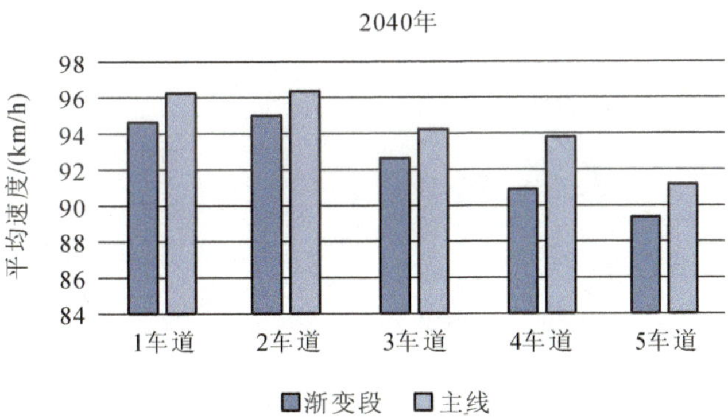

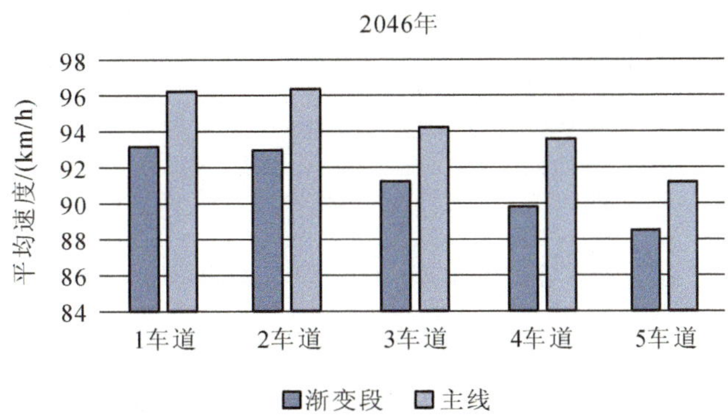

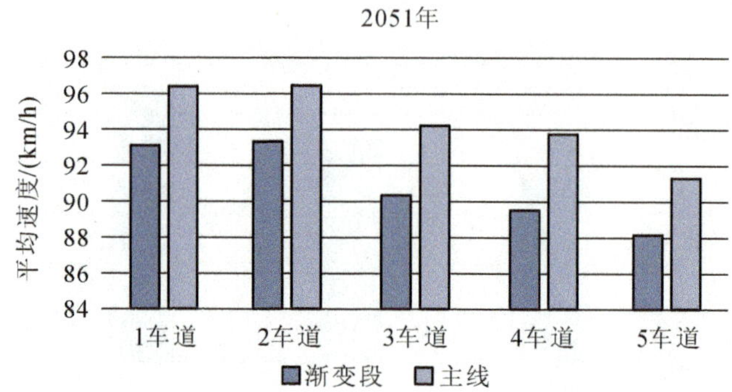

图 3.13　良田出口匝道渐变段起点各车道平均速度

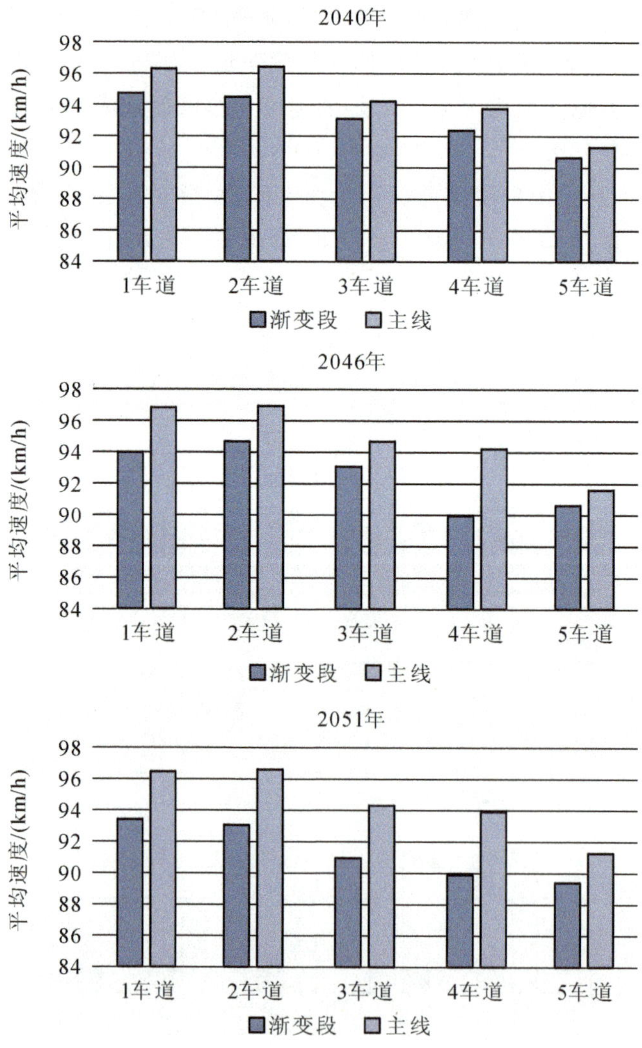

图 3.14　金盆出口匝道渐变段起点各车道平均速度

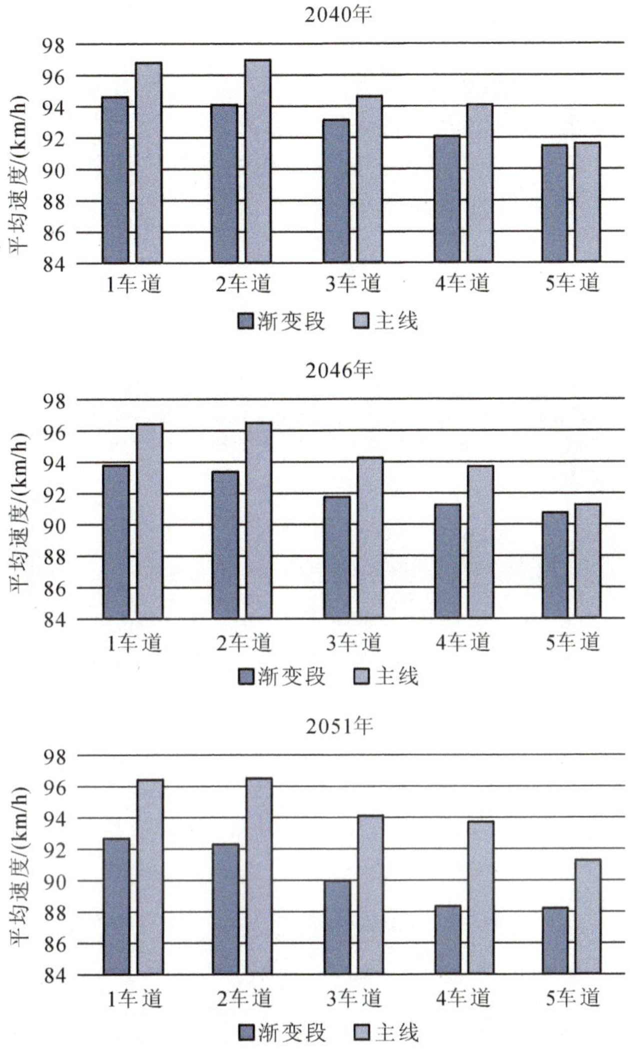

图 3.15　太和出口匝道渐变段起点各车道平均速度

从交通组织区典型断面各车道平均速度的输出结果可以看出，在内外幅分隔 2＋3 交通组织模式下，交通组织区的平均速度均低于正常路段的平均速度，但差值在 5 km/h 以内，满足安全通行的需求，契合广韶高速公路改扩建项目的出行需求。

3.3　整体式双向十车道高速公路通行能力算法优化

3.3.1　多车道高速公路交通特性

本小节对国内已经运营的八车道路段交通流进行分析，获得流量分布、交通组成特点、速度分布、车头时距等交通流特征参数，为通行能力和影响因素的确定提供基础计算参数，也为交通仿真模型的标定和验证提供数据支撑。

(1)分车道分车型管理(图 3.16)

在国内多车道高速公路运营中，受客货车性能差异大限制，大部分实行分车道限速及客货分离的运营管理方式，内侧车道在高速公路中基本上为专用的小客车道，行驶速度高，车辆组成单一，是通行能力研究中较为理想的条件。而外侧车道货车比例高，组成单一，是货车通行能力研究的理想条件。

图 3.16　分车道分车型管理

对于中间车道，客货车交通组成复杂，现行标准规范已经规定了通行能力相关技术指标，与沪武高速公路(图 3.17)具体运行特性相结合，即可确定中间混行车道通行能力与适应交通量指标。

图 3.17　沪武高速公路

(2)交通量分布特性

各车型的车道分布观测结果如图 3.18 所示。

从各车型的车道分布可见，小客车交通量主要分布在第 1、2 车道，3、4 车道也有少量分布。由于内侧两车道禁止货车通行，因此 2 车道除小客车外大部分为大客车；3、4 车道主要为大中型货车。由于沪宁高速出入口密集，因此部分小客车在 3、4 车道上也有少量的分布。

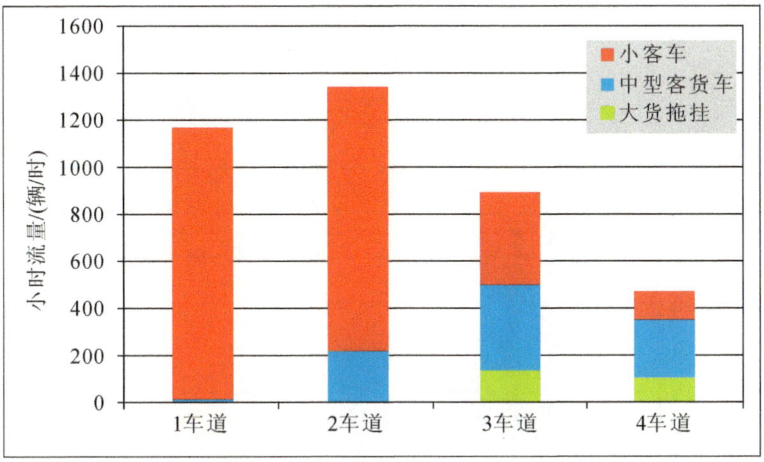

图 3.18 各车型的车道分布观测结果

(3)速度分布特性

图 3.19 所示为各车道速度分布观测结果。

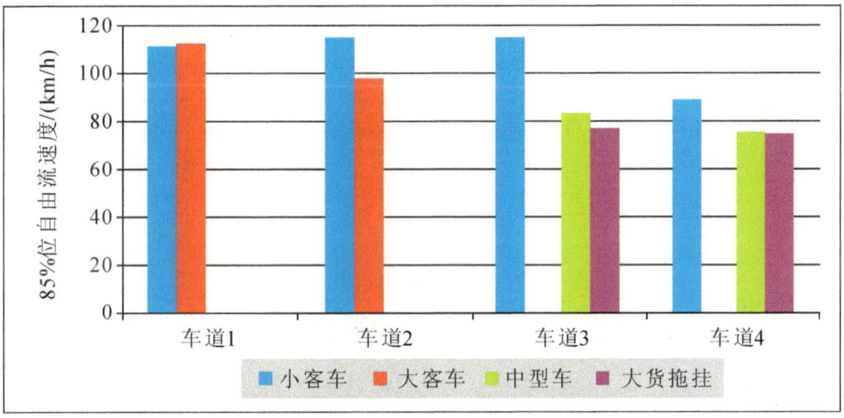

图 3.19 各车道速度分布观测结果

从以上结果可见，各车型期望速度分布均匀。小客车速度最高，其次是大客车、中型车、大货拖挂。小客车与大货拖挂之间的速度差别较大，3 车道内速度差平均达到了 30 km/h，4 车道内速度差较小。中型车与大货拖挂之间的差别不大。各车型平均值与最大值基本处于高速公路 60～120 km/h 限速区间内。车道从内到外，速度值依次降低。

(4)车头时距分布特性

道路交通流的速度、密度、流量是随机变量，但在车辆相互跟驰且稳定的状态下，交通流参数之间还是存在着较稳定的相互关系。其中跟驰理论就是通过分析车辆逐一跟驰的规律，来了解单车道车辆的运行特性。在通行能力理论分析过程中，往往以时间度量的车头时距为基础，推导出通行能力的理论分析模型。因此掌握车辆的车头时距特性是通行能力分析的基础。

八车道高速公路各车道各车型的车头时距分布特性如图 3.20 至图 3.23 以及表3.13 所示。

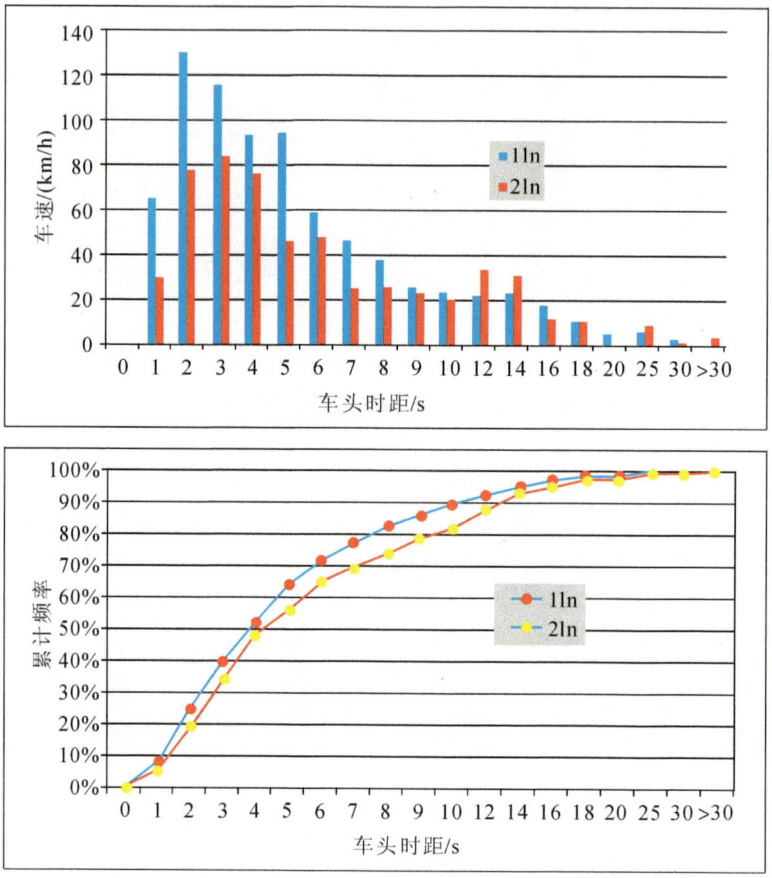

图 3.20　小客车车头时距分布(1、2 车道)

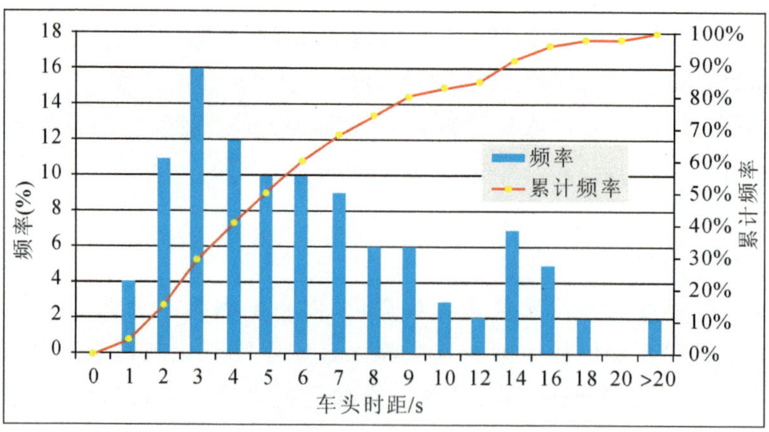

图 3.21　大客车车头时距分布(1、2 车道)

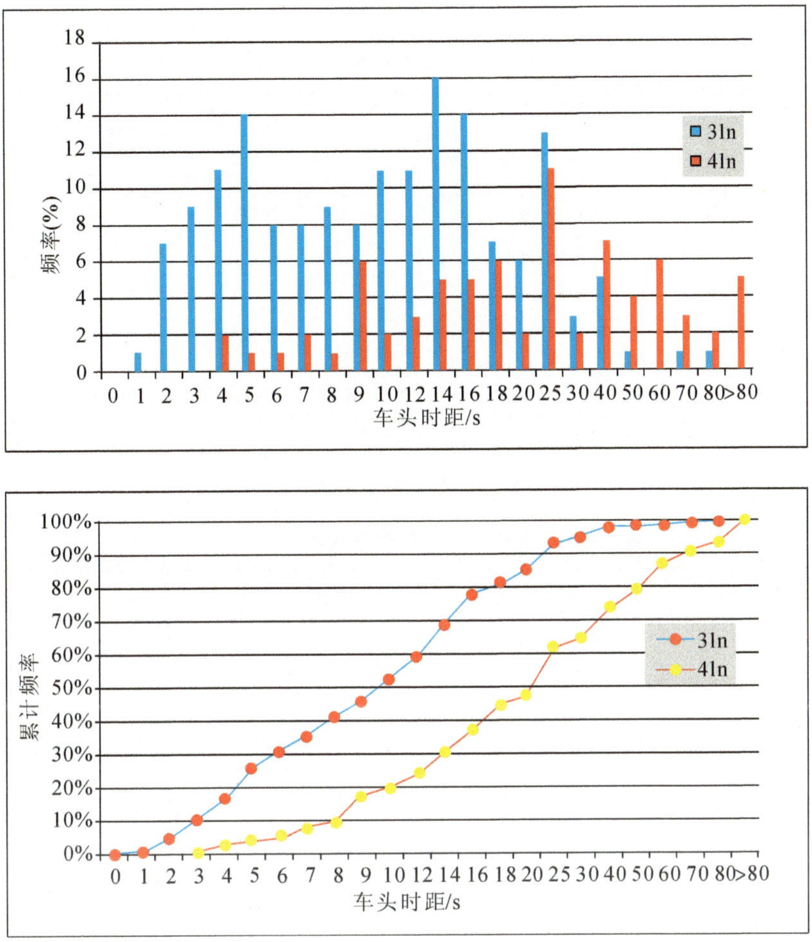

图 3.22 中型车车头时距分布(3、4 车道)

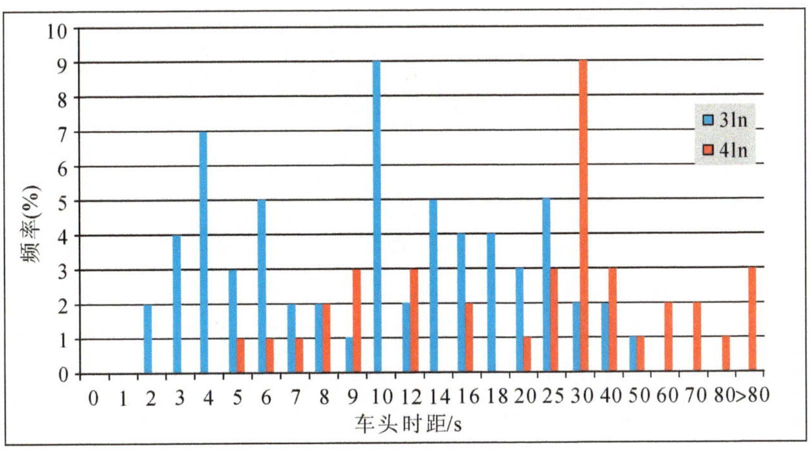

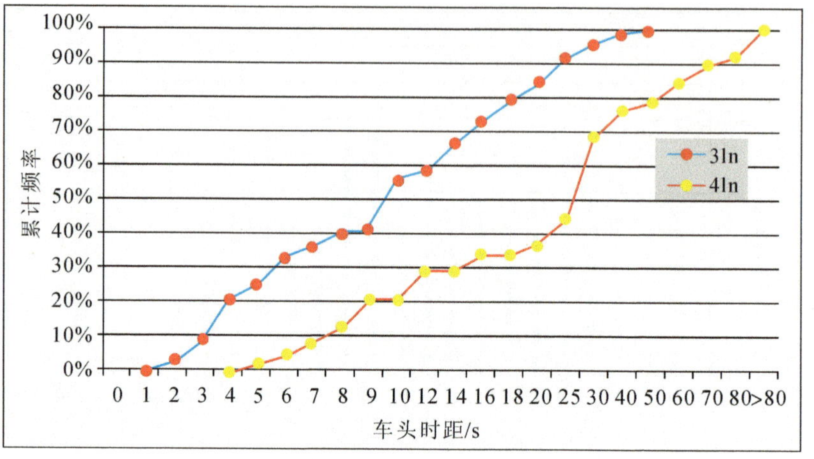

图 3.23　大货车车头时距分布(3、4 车道)

表 3.13　基本路段各车型车头时距特征值表

车型	车道	15%位车头时距/s	50%位车头时距/s	85%位车头时距/s
小客	1	1.38	3.81	8.63
	2	1.68	4.25	11.05
大客	2	2.02	4.82	12.07
中型	3	3.61	9.48	19.98
	4	8.78	20.35	57.48
大货	3	3.49	9.24	20.78
	4	8.05	27.96	63.73

从以上结果可见,由于交通量较小,车辆处于自由流状态。

①对于客车,车头时距分布较均匀。小客车在 2 车道比 1 车道车头时距稍大。一方面是 2 车道流量稍低的缘故,另一方面是其在 2 车道时受同车道内中型车和 3 车道货车干扰导致车头时距更大。大客车车头时距比小客车大,与车辆本身性能及驾驶员特性相关。

②对于货车,车头时距分布较离散。同车道内中型车与大货车车头时距差距较小,3、4 车道相比,4 车道车头时距更大,一方面是由于 4 车道交通量较小,另一方面是 4 车道大货车比例相对较高的缘故。

③各车头时距指标均表现出小客、大客、中型车和大货车依次升高的趋势。

综上可见,内侧两车道小客车车头时距特性一致,表明其车辆性能与驾驶员特性趋于一致,而外侧两车道货车车头时距差别较大,表明货车性能与驾驶员特性差别明显。综合各车道交通运行特性的一致性,可将内侧客车道与外侧货车道单独进行通行能力分析研究。

3.3.2　广韶高速断面布设形式

多车道高速公路本身在运营组织方式方面有着特殊性，为了适应运营效率和行车安全等方面的不同要求，多车道高速公路可以采用不同的横断面布置与组织形式，针对本项目来说主要包括整体式、分离式。

(1)整体式断面

传统的四车道、六车道高速公路通常采用整体式断面，目前已建八车道高速公路也多为整体式断面，一般在路侧用地受到限制时采用该种断面布设方式。为了减少因速度差造成的安全问题，多车道高速公路采用整体式断面时通常配合一定的车道管理措施。针对单向五车道高速公路，交通组织形式一般采用客货混行，或者设置标线、标志牌等软隔离方式进行客货分离。图 3.24 和图 3.25 所示分别为整体式断面示意及整体式十车道路基标准横断面示意。

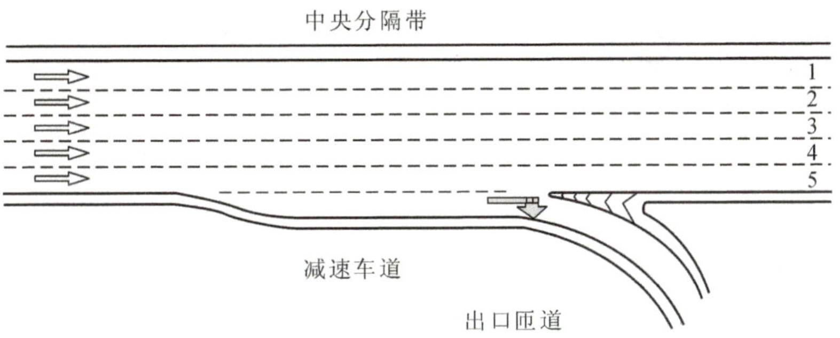

图 3.24　整体式断面示意

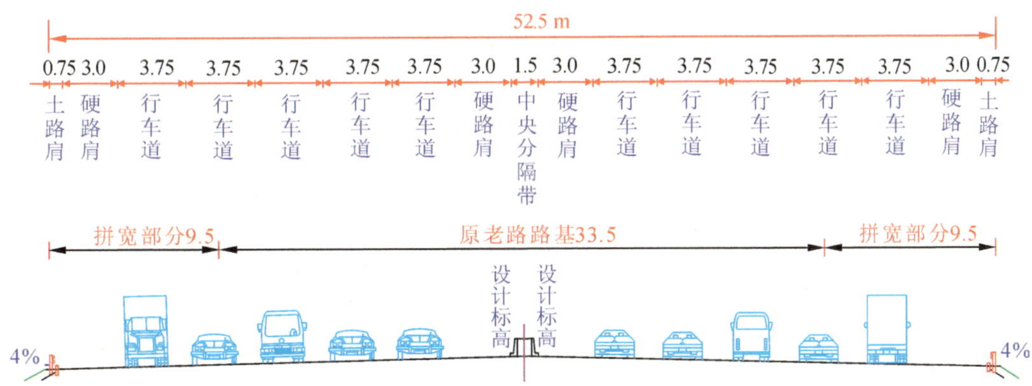

图 3.25　整体式十车道路基标准横断面示意

(2)分离式断面

受隧道、特殊结构桥梁的限制，部分扩建路段无法采用整体式断面时，则采用同向分离式断面，途经互通立交时，进出匝道改由外侧车道连接。图 3.26 和图 3.27 所示分别为分离式断面示意及分离式十二车道路基标准横断面示意。

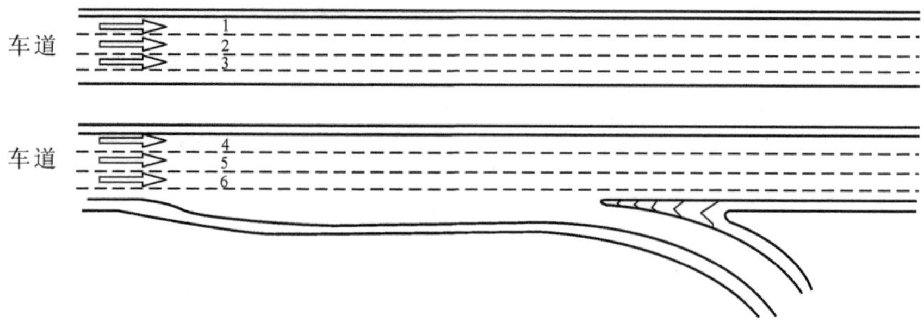

图 3.26　分离式断面示意

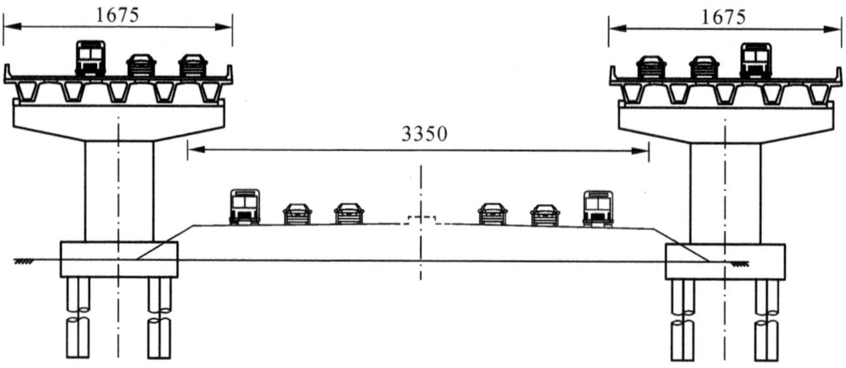

图 3.27　分离式十二车道路基标准横断面示意(单位:cm)

3.3.3　整体式通行能力计算

根据《公路工程技术标准》(JTG B01—2014),高速公路车道数计算按照路段的实际通行能力进行计算,需考虑交通组成修正系数、车道数修正系数和驾驶员总体特征修正系数。

根据《公路工程技术标准》(JTG B01—2014),高速公路在三级服务水平、不同行驶速度状态下,一条车道的最大服务交通量见表 3.14。

表 3.14　高速公路路段服务水平分级

服务水平等级	v/C	设计速度/(km/h)		
		120	100	80
		最大服务交通量/[pcu/(h · ln)]		
一	$v/C \leqslant 0.35$	750	730	700
二	$0.35 < v/C \leqslant 0.55$	1200	1150	1100
三	$0.55 < v/C \leqslant 0.75$	1650	1600	1500
四	$0.75 < v/C \leqslant 0.90$	1980	1850	1800

续表 3.14

服务水平等级	v/C	设计速度/(km/h)		
		120	100	80
		最大服务交通量/[pcu/(h·ln)]		
五	$0.90<v/C\leqslant1.00$	2200	2100	2000
六	$v/C>1$	0～2200	0～2100	0～2000

注：v/C 为基准条件下最大服务交通量与基准通行能力之比。基准通行能力是五级服务水平条件下对应的最大小时交通量。

《公路工程技术标准》(JTG B01—2014)中规定高速公路设计服务水平不应低于三级，设计速度为 100 km/h 时三级服务水平下的设计通行能力为 1600 pcu/(h·ln)。《公路路线设计规范》(JTG D20—2017)中对于高速公路单条车道的通行能力计算公式如下：

$$C_D=MSF_i\times f_{HV}\times f_P\times f_f \tag{3.45}$$

式中：C_D 为单车道设计通行能力[veh/(h·ln)]；MSF_i 为设计服务水平下的最大交通量[pcu/(h·ln)]；f_{HV} 为交通组成修正系数；f_P 为驾驶人员总体特征修正系数；f_f 为路侧干扰系数，高速公路取 1.0。

考虑到实际情况中多车道高速公路内外侧车道间的换道现象较为普遍，换道将对车辆运行产生干扰，导致车道通行能力下降，需增加车道修正系数。考虑高速公路内外侧车道通行特征的差异，研究采用 f_{OL} 表示外侧车道修正系数。而通常内侧车道行驶车速更高，车辆行驶自由度增大，为了保证行驶安全，车辆以更大的车头时距行驶，因此多车道高速公路的内侧车道的交通量应该有所折减，用 f_{IL} 表示内侧车道修正系数。经过以上分析，影响整体式多车道高速公路实际通行能力的主要参数有交通组成修正系数 f_{HV}、外侧车道修正系数 f_{OL} 和内侧车道修正系数 f_{IL}，该模式下的单向通行能力计算模型可表达为：

$$C=C_D\times f_{HV}\times f_P\times[2f_{OL}+(N-2)\times f_{IL}] \tag{3.46}$$

式中：N 为单向车道数。

由于实际道路通行能力是多种影响因子共同作用的混合结果，在条件允许的状态下，采用实测数据标定修正系数是最准确的。提取不同状态下的交通流三参数：交通量 Q(veh/h)、行车速度 v(km/h)、车流密度 K(veh/km)。交通流三参数之间满足的基本关系式为 $Q=vK$，关系图如图 3.28 所示。对应通行能力的计算需求，图中能够反映通行能力的指标包括：极大流量 Q_m、临界速度 v_m、畅行速度 v_f。其中，在理想的道路条件下，极大流量 Q_m 即为通行能力。

根据广韶高速公路实际情况，得到小客车基准通行能力为 2196 pcu/h，临界速度为 75.3 km/h。在 VISSIM 仿真软件的 Wiedemann99 跟车模型中，取停车间距 2.20 m，车头时距 1.1 s，通过 VISSIM 仿真标定得到 f_{OL} 与 f_{IL} 的标定值如表 3.15 所示。

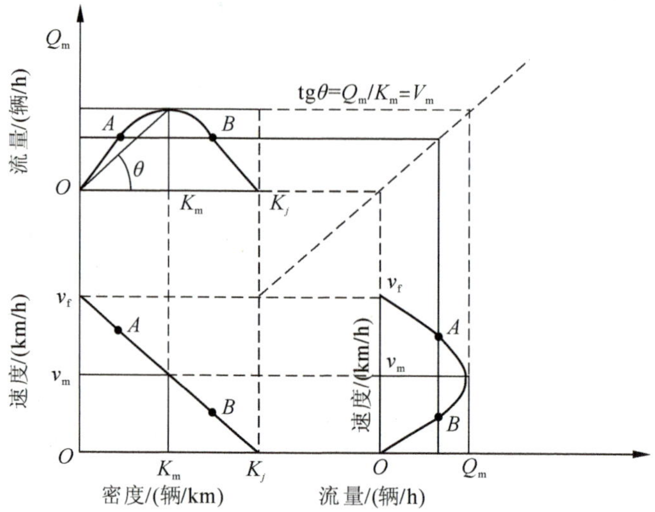

图 3.28 交通流三参数间关系图

表 3.15 f_{OL}与 f_{IL}的标定值

标定参数	单向车道数					
	2	3	4	5	6	7
f_{OL}	1.000	0.935	0.861	0.835	0.829	0.827
f_{IL}	1.000	0.957	0.874	0.879	0.878	0.877

高速公路土路肩宽 0.75 m，硬路肩宽 3 m，行车道宽 3.75 m，路缘带 0.75 m，中央分隔带 3 m。

交通组成大中型车占 10%，特大型车占 20%。$f_{HV}=0.63$，$f_P=1.0$。服务水平采用三级时 C_D 取值为 1600 pcu/h，四级服务水平时 C_D 取值为 1850 pcu/h。若采用十车道布置，计算通行能力如下：

$$
\begin{aligned}
C &= C_D\times f_{HV}\times f_P\times[2f_{OL}+(N-2)\times f_{IL}]\\
&=1600\times1.0\times0.63\times1.0\times[2\times0.835+(5-2)\times0.881]\\
&=4360\ \text{pcu/h}
\end{aligned}
$$

十车道整体式横断面，三级服务水平下单向通行能力约为 4360 pcu/h，四级服务水平下单向通行能力约为 5030 pcu/h。图 3.29 所示为高速公路十车道整体式横断面仿真。

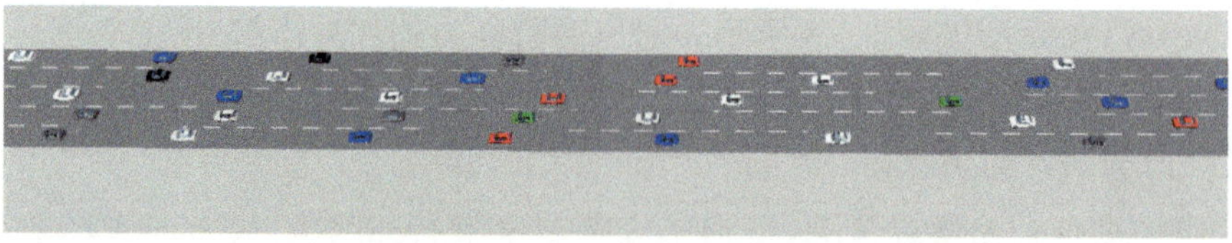

图 3.29 高速公路十车道整体式横断面仿真

十二车道整体式横断面，三级服务水平下单向通行能力约为 5250 pcu/h，四级服务水平下单向通行能力约为 6060 pcu/h。

若整体式横断面采用客货分离形式，则车道布置为内侧三车道和外侧两车道，内侧车道允许为小客车或客车专用道，外侧车道为客货混行车道。

客货分离式通行能力计算公式如下：

$$C=C_{D}^{N}\times f_{P}^{N}\times[2f_{OL}^{N}+(N-2)f_{IL}^{N}]+C_{D}^{W}\times f_{HV}\times f_{P}^{W}\times[2f_{OL}^{W}+(N-2)f_{IL}^{W}] \quad (3.47)$$

整体式十车道内侧三车道全为小客车，$f_{HV}=1.0$，通行能力为 4510 pcu/h，外侧二车道客货混行，客货比 2∶3，$f_{HV}=0.39$，通行能力为 1010 pcu/h。采用客货分离式，整体式十车道单向通行能力约为 5520 pcu/h。内侧车速为 120 km/h 时，单向通行能力约为 5660 pcu/h。

整体式十车道内侧二车道全为小客车，$f_{HV}=1.0$，通行能力为 2820 pcu/h，外侧三车道客货混行，客货比 3∶2，$f_{HV}=0.49$，通行能力为 2000 pcu/h。采用客货分离式，整体式十车道单向通行能力约为 4820 pcu/h。内侧车速为 120 km/h 时，单向通行能力约为 4910 pcu/h。

3.3.4　分离式通行能力计算

分离式高速公路断面一般针对的是车道数较多的高速公路，此时道路用地比较充裕，足够设置分离式高速公路断面。分离式高速公路断面主要是为了将高速公路的客车和货车分流，或者是将区间交通和过境交通分流。广韶高速公路升平枢纽到黄花湖段右幅为 3+3 断面。

分离式断面中新建道路与老路间互不影响，针对十二车道，其交通组织模式为内侧三车道小客车通行，外侧三车道通行客货车。十二车道分离式布置，单向通行能力如表 3.16所示。

表 3.16　分离式断面单向通行能力

断面形式	三级通行能力/(pcu/h)	四级通行能力/(pcu/h)
分离式 100 km/h+100 km/h	6510	7520
分离式 120 km/h+100 km/h	6650	8055

3.3.5　通行能力研究结论

根据整体式与分离式断面的通行能力计算得到单向设计小时通行能力，远景年的全路段日设计通行能力计算公式为：

$$AADT=\frac{DDHV}{K\cdot D} \quad (3.48)$$

式中：$DDHV$ 为单向设计小时交通量(pcu/h)；$AADT$ 为远景年的全路段日设计通行能力(pcu/d)；K 为设计小时交通量系数(%)，取 0.062；D 为方向不均匀系数，根据交通调查结果，取值为 0.51。

根据广韶高速公路项目工程实际情况，整体式与分离式断面的形式主要采用整体式十车道和分离式十二车道，其通行能力如表3.17所示。

表3.17　不同断面形式下日通行能力

断面形式	单向通行能力（三级）/(pcu/h)	日通行能力（三级）/(pcu/d)	单向通行能力（四级）/(pcu/h)	日通行能力（四级）/(pcu/d)
整体式（十车道混行）	4360	137887	5030	159076
整体式（内三＋外二）(100 km/h＋100 km/h)	5520	174573	6382	201834
整体式（内三＋外二）(120 km/h＋100 km/h)	5660	179000	6720	212532
整体式（内二＋外三）(100 km/h＋100 km/h)	4820	152435	5573	176249
整体式（内二＋外三）(120 km/h＋100 km/h)	4910	155282	5830	184377
分离式十二车道(100 km/h＋100 km/h)	6510	205882	7520	237824
分离式十二车道(120 km/h＋100 km/h)	6650	210309	8055	254585

根据广韶高速公路未来年预测交通量及交通分布情况，项目末年（2051年）的货车日平均交通量约为68753 pcu/d，根据交通组成，计算出整体式（内三＋外二）外侧车道日通行能力为63884 pcu/d，无法满足货车通行需求，整体式（内二＋外三）外侧车道日通行能力为70421 pcu/d，能满足货车通行需求，因此建议采用整体式（内二＋外三）的交通组织模式。

3.4　本章小结

交通组织模式与通行能力研究是多车道超宽断面高速公路规划及设计的基础，本章对比不同交通组织模式下的交通流运行状态，对车流通行的微观发生与吸引进行精细化分析，提出适合广韶高速各区段的交通组织模式。同时，提出不同交通组织模式下多车道超宽断面高速公路的通行能力计算方法。

(1)在交通组织模式分析中，基于车道功能划分要求，提出适用于整体式双向十车道高速公路的典型交通组织模式，采用微观交通流仿真的方法，对比各种交通组织模式的实施效果，明确不同交通组织模式的适用场景。在此基础上，结合广韶高速公路的出行需求，综合考虑广韶高速公路的功能定位，并挖掘广韶高速公路整体、各互通、各断面的长短途出行需求，推荐本项目整体上采用内外幅分隔的交通组织模式，结合实际需求，开展交通流仿真，结果显示在内外幅分隔 2＋3 组织模式下，路段通行状态良好，能够满足出行需求。

(2)引入车道级修正系数，细化不同交通组织模式下的通行能力计算方法，并结合道路实测数据和仿真数据，标定车道级修正系数，计算不同交通组织模式下的广韶高速通行能力，并评价其服务水平。经计算，在内外幅分隔 2＋3 组织模式下，在设计末年，项目整体能够满足三级服务水平。

4 基于交通组织的多车道超宽断面高速公路横断面关键技术指标

4.1 行车道宽度

高速公路车道宽度必须有能满足超车或并列行驶所必需的余宽。车道宽度为车辆的宽度加上超车或并列行驶所需的余宽。超车或并列行驶所需余宽,因车辆之间速度差和交通量而不同,要想确定一个完全合理的数值是比较困难的,在最早的车道宽度研究中只好按半经验方法确定,并且一直沿用至今。在组成公路横断面的要素当中,车道宽度对通行能力或行驶舒适性的影响很大。车道宽度因行驶速度而变,而且对通行能力影响很大,应按设计速度、代表车型和交通量合理选择。车道宽度的规定,由于在上述因素的基础上考虑了大型车辆的混合率等要素,因而有一定程度的伸缩性。调研发现,各个国家不同等级公路的车道宽度不尽相同,但相差不大,归纳起来车道宽度主要为:高速公路 3.50～3.75 m,干线公路 3.00～3.75 m,地方道路 2.75～3.65 m。

我国《公路路线设计规范》(JTG D20—2017)第 6.2.1 条规定:八车道及以上公路在内侧车道(内侧第 1、2 车道)仅限小客车通行时,其车道宽度可采用 3.5 m;以通行中、小型客运车辆为主且设计速度为 80 km/h 及以上的公路,经论证车道宽度可采用 3.5 m。对十车道及以上高速公路车道宽度没有明确规定。

根据上章研究结论,广韶高速公路推荐采用内外幅分离 2+3 交通组织模式,内侧两车道仅通行小客车,车道宽度除考虑本车道车辆组成外,还应该考虑相邻车道并行或者超车辆的干扰。本章通过分析、总结我国高速公路相邻车道相互影响情况,探究各种运行速度下的行车道宽度值,并针对广韶高速公路改扩建工程横断面设计情况提出合理建议。

4.1.1 车辆相邻过程中的轨迹位置偏移分析

公路是交通流运动的多通道载体,经常会出现各通道饱和的状况,因此驾驶员在行驶过程中除受所处道路标线的影响之外,还会不断受到相邻车道并行或超车车辆的干扰。处于良好道路条件上行驶的驾驶员在车辆并行或者超车过程中,会根据自身的驾驶习惯、经验,感知自身车辆与相邻车辆所处的车道位置后得出安全距离。

本书认为并行车辆是两相邻车辆车速差为零或接近于为零的情况,超车行为是相邻车辆车速差较大的情况,因此把两种情况称作车辆相邻。在车辆相邻的过程中,应该将大型车与小型车同时进行考虑,小型车的速度快,摆动空间较大,行车轨迹更具随意性,而大型车本身宽度较宽，因此观测车辆相邻时建议考虑小型车与大型车相邻、小型车与小型车相邻及大型车与大型车相邻三种情况作为研究车道宽度的基础。在车辆相邻的过程中存在速度慢的一方和速度快的一方，根据相关研究，相对车速相同时，绝对车速较高的两辆车在超车过程中彼此产生的瞬态气动干扰更大，且速度快的一方因超车需要更大的侧向安全间距必须被动地侧向横移以拉开与相邻车辆的位置，故在本书中将快速车辆称为主动车辆，慢速车辆称为被动车辆。

对相邻距离，本节应用 Pipes 的车辆跟驰模型，表示如下：

$$d_{\min}=L_n[v_{n-1}(t)/4.47]+L_n \tag{4.1}$$

式中：$d_{\min}$表示两车的最小车头间距(m)；L_n 表示车长(m)；$v_{n-1}(t)$表示前车速度(m/s)。

当相邻车道的车辆之间的纵向距离小于这个距离时，可以认为两辆车处于相邻状态。

项目组在国内某条公路上进行了试验观测，选取了三个断面，通过无人机航拍获取选择断面(俯视图见图 4.1)的交通流视频数据，并通过视频分析技术记录每辆车经过断面的位置和距离行车道或路肩边缘的距离，同时得到车辆的运行速度，并绘制出不同车辆的轨迹摆动示意图(图 4.2)。

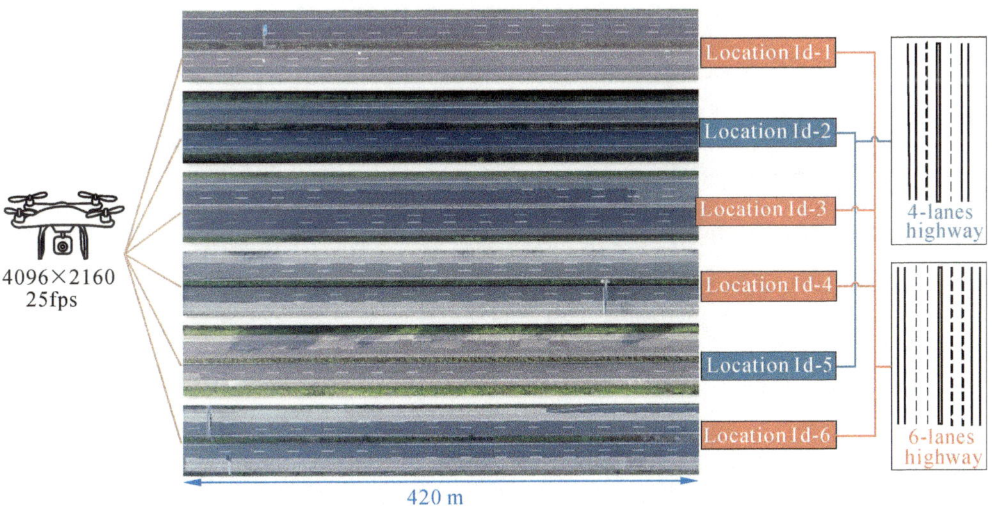

图 4.1 高速公路直线路段航拍俯视图

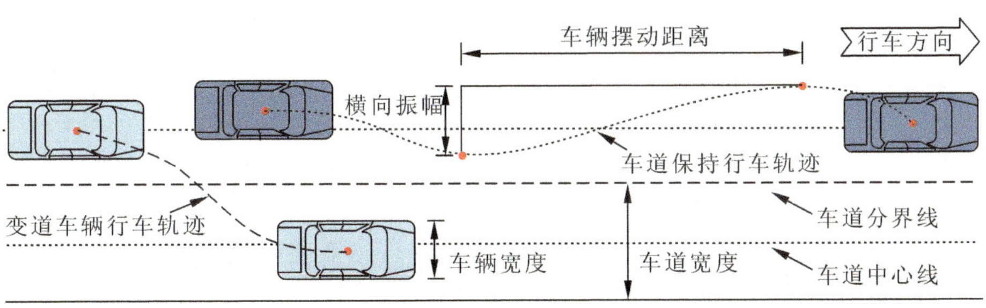

图 4.2 车辆轨迹摆动示意图

(1)小型车与小型车相邻的情况下车辆横向间距

从所采集的数据中抽取小型车与小型车相邻的数据进行处理，通过计算可知车辆横向间距近似服从正态分布(图 4.3)，此样本的横向间距均值为 143.3 cm，标准差为43.1 cm。

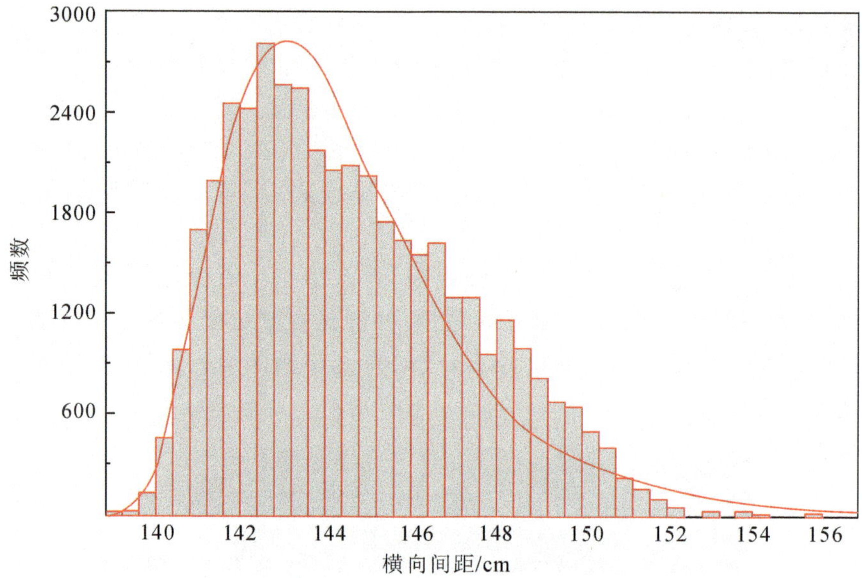

图 4.3　小型车与小型车相邻的情况下车辆横向间距分布图

分析不同速度差下车辆相邻过程中的横向间距均值与运行速度差，得到散点图，经过回归得到车辆超车过程中其横向间距与速度差之间的关系为：

$$D=0.138(v_1-v_2)+134.7 \tag{4.2}$$

式中：D 表示车辆间距(cm)；v_1 表示主动车辆速度(km/h)；v_2 表示被动车辆速度(km/h)。

通过分析可知，在小型车的行驶过程中，速度相近时，大部分车辆驾驶员会保持2 m左右的侧向安全宽度行驶，同时由于小型车宽度较小，富余宽度较大，超车空间相对较大，超车时随车速差的递增横向摆动距离也在增大。

(2)小型车与大型车相邻的情况下车辆横向间距

从所采集的数据中抽取小型车与大型车相邻的数据进行处理，通过计算可知车辆相邻横向间距近似服从正态分布(图 4.4)，此样本的横向间距均值为 133.6 cm，标准差为36.1 cm。

对比小型车与大型车相邻过程中车辆横向间距与速度差得到散点图，并经过回归得到车辆横向间距与速度差之间的关系：

$$D=0.396(v_1-v_2)+143.3 \tag{4.3}$$

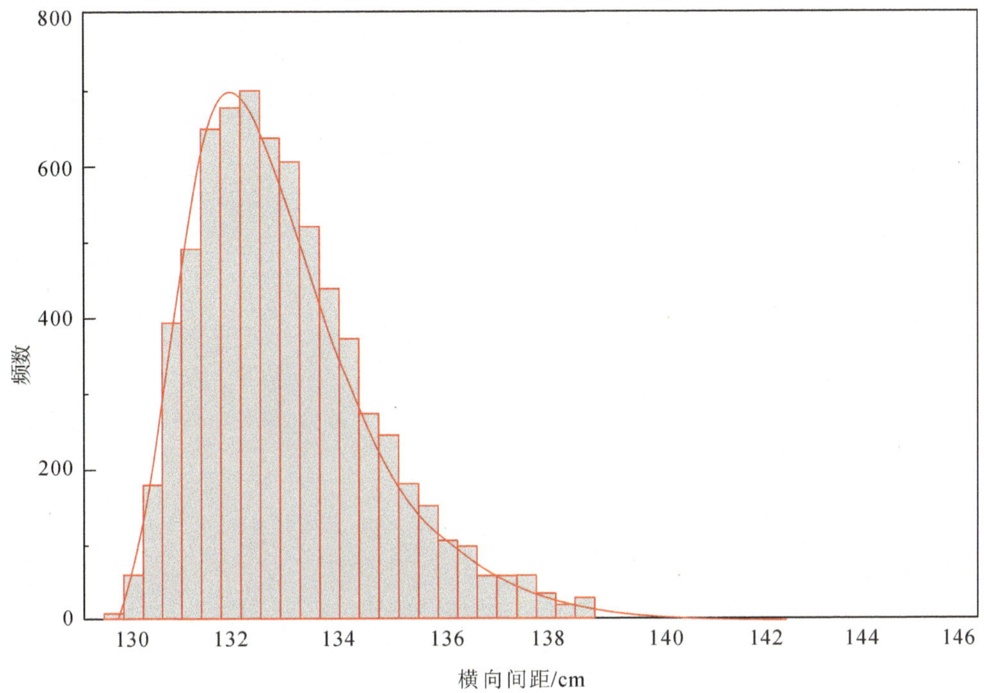

图 4.4　小型车与大型车相邻的情况下车辆横向间距分布图

通过分析可知，在小型车和大型车相邻的过程中，无论是并行还是超车，由于车体高度和宽度上的差距，大型车都会对小型车驾驶员造成心理压抑，因此无论速度差是多少，小型车都会尽量靠边与大型车保持较远的侧向安全距离，所以随着速度差的增加，车辆间距增加并不是很明显。

(3)大型车与大型车相邻的情况下车辆横向间距

从所采集的数据中抽取大型车与大型车相邻的数据进行处理，通过计算可知车辆相邻横向间距近似服从正态分布(图 4.5)，此样本的横向间距均值为 131.2 cm，标准差为 27.5 cm。

对比大型车与大型车相邻时的不同横向间距与速度差得到散点图，并经过回归得到车辆横向间距与速度差之间的关系：

$$D=0.169(v_1-v_2)+114.6 \tag{4.4}$$

(4)车辆相邻所需侧向安全宽度取值

相邻车辆之间保持的横向间距是被动车辆驾驶员基于本车和相邻车辆的运行状况感知根据自身安全的需要横移车辆得到的，所以可认为是驾驶员横向感知后所需要的侧向安全宽度。通过以上三种情况的分析，得到了不同车型相邻时车辆侧向安全宽度与速度差的车辆横向间距关系式[式(4.2)至式(4.4)]。

通过对车辆横向间距关系式的对比可以看出，速度差与车辆相邻时侧向安全宽度有

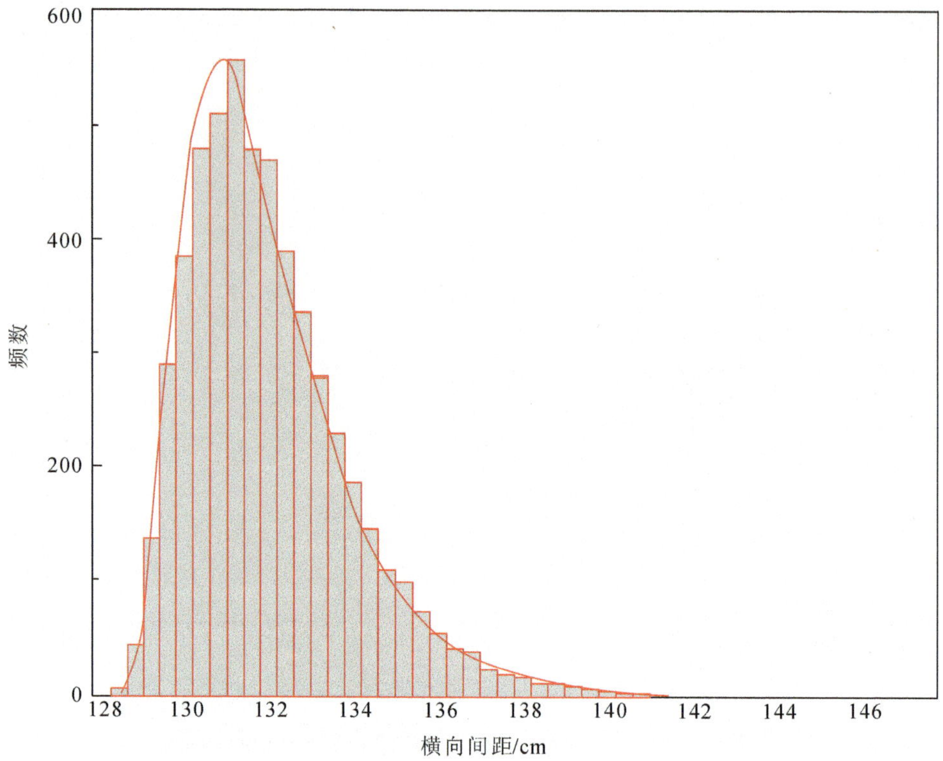

图 4.5　大型车与大型车相邻的情况下车辆横向间距分布图

较好的相关性，速度差越大，车辆之间需要越宽的间距，即驾驶员需要的侧向安全宽度越大，特别是在高速行驶时，这样的表现更为明显。三个关系式的斜率均为正数，车辆相邻时侧向安全宽度与速度差正相关，速度差越大驾驶员需求的安全横向距离越大。基于以上研究得到如下结果：

小型车与小型车相邻时所需的侧向安全宽度如表 4.1 所示。

表 4.1　小型车与小型车相邻时驾驶员所需侧向安全宽度取值　　单位：m

v_2/(km/h)	v_1/(km/h)					
	120	110	100	90	80	70
110	1.36					
100	1.38	1.36				
90	1.39	1.38	1.36			
80	1.4	1.39	1.38	1.36		
70	1.42	1.40	1.89	1.38	1.36	
60	1.43	1.42	1.40	1.39	1.38	1.36

小型车与大型车相邻时所需的侧向安全宽度如表 4.2 所示。

表 4.2　小型车与大型车相邻时驾驶员所需侧向安全宽度取值　　单位：m

v_2/(km/h)	v_1/(km/h)					
	120	110	100	90	80	70
90	1.55	1.51	1.47			
80	1.59	1.55	1.51	1.47		
70	1.64	1.59	1.55	1.51	1.47	
60	1.67	1.64	1.59	1.55	1.51	1.47

大型车与大型车相邻时所需的侧向安全宽度如表 4.3 所示。

表 4.3　大型车与大型车相邻时驾驶员所需侧向安全宽度取值　　单位：m

v_2/(km/h)	v_1/(km/h)		
	90	80	70
80	1.26		
70	1.28	1.26	
60	1.28	1.28	1.26

4.1.2　行车道宽度

在车辆相邻过程中，被动车辆的驾驶员可能会根据道路实施状况按个人习惯在车道内侧行驶，而主动超车或并行车辆的驾驶员则必须根据驾驶经验估计自身车辆与相邻车辆的速度差，并结合自身车辆的宽度和相邻车辆的类型和所处位置判断自身车辆与相邻车辆之间的安全横向间距。同时主动车辆驾驶员还需根据车道另一侧道路标线位置感知自身车辆距道路标线之间的侧向安全宽度，以保证不会被另一侧相邻车道上行驶的车辆所影响。图 4.6 所示为行车道宽度示意。

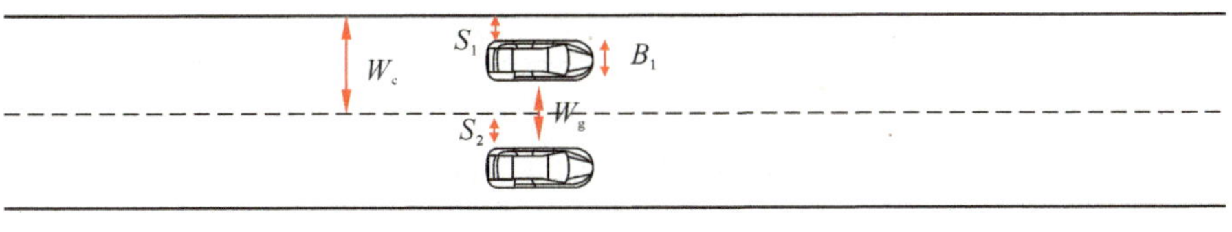

图 4.6　行车道宽度示意

根据以上分析建立行车道宽度计算公式如下：

$$W_c = W_g - S_2 + B_1 + S_1 \tag{4.5}$$

式中：W_g 表示车辆相邻时驾驶员根据速度差和车辆类型所确定的横向感知侧向安全宽度(cm)；B_1 表示主动车辆轮间距宽度(cm)；S_1 表示主动车辆行驶过程中受左侧标线影响的侧向距离(cm)，可通过驾驶模拟手段获取最适值；S_2 表示被动车辆行驶过程中受左侧标线影响的侧向距离(cm)，通过实测获取真实值。

被动车辆在行驶过程中主要按照个人习惯在车道内侧行驶，主动车辆的驾驶行为不应对被动车辆造成影响，因此，项目组认为 S_2 值可以实际反映出驾驶人员的实际驾驶习惯，S_2 值主要受车道左侧标线影响。对所有车辆在各自车道中的车辆轨迹进行统计得到了各车型受标线影响的车辆轨迹分布规律，如表 4.4 所示。

表 4.4　受标线影响的车辆轨迹分布 S_2 值

车型	车辆外侧边缘距左侧标线距离平均值/cm
小型车	96.1
大型车	77.7

另外，车辆相邻过程中，影响主动车辆驾驶员横向感知的主要因素是相邻车辆，因此主要考虑横向感知侧向安全宽度，但也不能忽略外侧道路标线对驾驶员的影响。项目组通过驾驶模拟实验手段，分析小型车-小型车、小型车-大型车、大型车-大型车等不同车型相邻、不同速度差情况下的主动车辆距车道左侧标线值的可接受值，通过多人模拟驾驶行为及对不同标线距离下的驾驶员心率变化分析，得出如下结论：

小型车与小型车相邻时所需的 S_1 值如表 4.5 所示。

表 4.5　小型车与小型车相邻时驾驶员所需 S_1 值　单位：m

v_2(km/h)	v_1(km/h)					
	120	110	100	90	80	70
110	0.89					
100	0.90	0.88				
90	0.91	0.88	0.86			
80	0.93	0.89	0.86	0.84		
70	0.94	0.91	0.38	0.85	0.83	
60	0.94	0.92	0.89	0.86	0.83	0.81

小型车与大型车相邻时所需的 S_1 值如表 4.6 所示。

表 4.6　小型车与大型车相邻时驾驶员所需 S_1 值　单位：m

v_2(km/h)	v_1(km/h)					
	120	110	100	90	80	70
90	0.78	0.82	0.86			
80	0.75	0.80	0.84	0.88		
70	0.72	0.77	0.81	0.86	0.89	
60	0.71	0.74	0.79	0.82	0.86	0.90

大型车与大型车相邻时所需的 S_1 值如表 4.7 所示。

表 4.7　大型车与大型车相邻时驾驶员所需 S_1 值　单位:m

v_2(km/h)	v_1(km/h)		
	90	80	70
80	0.52		
70	0.52	0.52	
60	0.59	0.58	0.58

根据行车道宽度模型计算得到不同情况下车道的宽度取值,如表 4.8、表 4.9、表 4.10所示。

表 4.8　小型车与小型车相邻时行车道宽度取值　单位:m

v_2(km/h)	v_1(km/h)					
	120	110	100	90	80	70
110	3.14					
100	3.17	3.13				
90	3.19	3.15	3.11			
80	3.22	3.17	3.13	3.09		
70	3.25	3.20	3.16	3.12	3.08	
60	3.26	3.23	3.18	3.14	3.10	3.06

表 4.9　小型车与大型车相邻时行车道宽度取值　单位:m

v_2(km/h)	v_1(km/h)					
	120	110	100	90	80	70
90	3.30	3.30	3.30			
80	3.31	3.32	3.32	3.32		
70	3.33	3.33	3.33	3.34	3.33	
60	3.35	3.35	3.35	3.34	3.34	3.34

表 4.10　大型车与大型车相邻时行车道宽度取值　单位:m

v_2(km/h)	v_1(km/h)		
	90	80	70
80	3.55		
70	3.62	3.60	
60	3.69	3.68	3.66

采用上述指标时,应考虑路段车辆运行速度的范围,以路段所有车型车辆运行速度的最大值和最小值作为选择依据。通过以上分析可以看出,当高速公路上仅为小型车通

行时，较窄的行车道能使车辆行驶轨迹更加规范，行车道宽度宜采用 3.3 m。当以小型车为主、大型车混行时，行车道宽度宜采用 3.4 m，与我国规定的设计速度小于等于 60 km/h 时的车道宽度 3.5 m 接近；当以大型车为主时，对于四车道与六车道的公路建议行车道宽度采用 3.70 m，与我国规定的设计速度大于等于 80 km/h 时的车道宽度 3.75 m 接近。

针对广韶高速公路改扩建工程，若第一、二车道全部行驶小客车（小型车）时，根据现行标准规范要求，这两个车道可全部采用 3.5 m 的车道宽度，若第二车道上行驶车辆包括大客车（大型车）时，车道宽度仍然采用 3.75 m。广韶高速公路扩建后外侧车道（三、四、五车道），以大型车通行为主，且仍然为各种车型的混合流行驶状态，因此建议外侧车道宽度仍然采用 3.75 m。

综上提出广韶高速公路改扩建项目行车道宽度设置原则：对应内外幅（2＋3）交通组织模式，第一、二车道全部行驶小客车时，可全部采用 3.5 m 的行车道宽度，其他车道应采用 3.75 m 宽度。同时，若内侧两车道采用 3.5 m 宽度，需进行严格的车道管控。

4.2 左侧硬路肩设置必要性分析及宽度选择

《公路工程技术标准》(JTG B01—2014)第 4.0.5 条规定：八车道及以上的高速公路，有条件应设置左侧硬路肩。由于多车道高速公路内侧车道上行驶的车辆以小型车为主，要求左侧硬路肩的宽度不应小于 2.5 m。

4.2.1 左侧硬路肩功能

硬路肩是指与行车道相邻并具有一定强度路面结构的路肩部分，它可承受汽车荷载的作用力。我国高速公路将右侧硬路肩称为应急车道、紧急停车带或救援通道等，主要作用是为行车提供有效停车视距，供故障车辆紧急停车、救援车辆通行等。左侧硬路肩是指位于行车道左侧的硬路肩，可提高公路行车的安全性和舒适性。我国已建成高速公路的整体式路基均设置了宽度为 0.5～0.75 m 的左侧路缘带，一定程度上替代了左侧硬路肩的功能。

(1)改善行车视距

近年建设的高速公路项目，中分带停车视距是一个被反复提及的问题。早期的四车道高速公路，尤其是山区高速公路，多数弯道未考虑中分带停车视距，由此引发的追尾事故屡见不鲜。改扩建为多车道高速公路后，设置左侧硬路肩可有效增加内侧车道车辆与中分带的横净距，配合标志标线，起到良好的视线诱导作用。

平曲线内为满足停车视距需要增加的横净距按下式计算：

$$h=R_S[1-\cos(S/R_S)]-h_0 \tag{4.6}$$

式中：h 为需增加的横净距(m)；R_S 为视点轨迹线半径(m)；S 为停车视距(m)；h_0 为视点与护栏立面的横向距离(m)。

广韶高速公路改扩建设计速度推荐采用 100 km/h，小客车运营速度(内侧车道)按照 120 km/h 控制，小客车停车视距取 210 m，计算得不同圆曲线半径下内侧车道满足停车视距所需增加的横净距，见表 4.11。

表 4.11　不同圆曲线半径下内侧车道满足停车视距所需增加的横净距

圆曲线半径/m	横净距 h/m	圆曲线半径/m	横净距 h/m
710	5.231	1800	0.557
1000	2.996	2000	0.252
1500	1.168	2200	0.002

若设置宽度为 2.5～3 m 的左侧硬路肩，可满足平面圆曲线半径为一般最小值及以上路段的中分带停车视距要求，这对于大部分高速公路改扩建项目意义非凡。此外，我国大部分高速公路改扩建项目都面临老路平纵指标不合适的问题，一方面是由于高速公路建设时采用的规范标准不同、造价控制等因素造成平纵指标偏低；另一方面是因为改扩建时，老路平纵面无法满足更高的设计指标。事实表明，高速公路改扩建项目原位拓宽最为经济，在保证不动老路平面的前提下，设置左侧硬路肩可基本解决平面视距不足的问题。

(2)为故障车辆提供紧急停车服务

多车道高速公路外侧车道一般为货车道，内侧车道为小客车专用车道，右侧硬路肩作为应急车道或紧急停车带使用。根据《中华人民共和国道路交通安全法》[83] 第 52 条、第 68 条，除车辆遇到故障需临时检修且难以移动时可停在紧急停车带外，正常车辆禁止在紧急停车带停车。

发生故障时，外侧货车可快速安全地停在右侧硬路肩上，但内侧车道的小客车需连续变道至道路最右侧方能停车。车辆横移一条车道的时间 t 一般为 3.0 s，车辆横移时行驶的距离 $L=(v/3.6)t$(v 为行车速度)。内侧小客车发生故障时需横移 3 条车道，费时约 10 s，行驶约 330 m 才能到达右侧硬路肩。上述计算只是理想状态下的分析，实际所需时间和距离更长，因为小客车速度较高，驾驶员需首先减速，并专心观察前后方车辆，等待合适时机快速变换车道，反复上述操作直至目标车道，这对驾驶员的驾驶水平和心理素质都是极大考验。故障车辆在长距离内以较低速度连续变换车道，发生事故的概率将大大增加，尤其极易引发外侧正常行驶的货车连续追尾、倾覆等恶性事故。

设置左侧硬路肩基本可避免这类问题，较宽的左侧硬路肩允许故障车辆停车，避免对其他车道的交通产生干扰，减少安全隐患。

(3)为行车提供容错空间

高速公路内侧车道邻近中分带护栏，加上路缘石、对向车灯的干扰，无形中给内侧车道的驾驶员带来紧张感和压抑感，增加了车辆与中分带碰撞的概率。统计表明，高速公路路侧事故占事故总数的 50%以上，其中与中分带有关的事故占 22%～25%。2004 年全国共发生 54 起死亡 10 人以上的特大交通事故，其中 9 起与中分带有关，死亡 125 人，可见，中分带较易引发恶性事故。同时车辆在行驶中难免发生一些无法预知的紧急情况，从驾驶人角度看，由于长时间高速行车，身体疲劳，在高频振动及周边重复视觉的催眠作用下易产生错觉，导致错误判断车距而发生追尾；少数驾驶员还存在驾车漫不经心、看手机、左顾右盼等极易引发事故的行为。从车辆角度看，行驶中爆胎、前方违章停车、邻近车辆突然变道等也会带来事故风险。

因此，设计时除要满足规范要求外，还应结合高速公路运营现状，考虑一定的容错设计。通过设置左侧硬路肩可为失控车辆提供缓冲空间，降低事故发生率，因此应作为高速公路设计时重点考虑的要素。

(4)提供检修养护的安全空间

高速公路中分带的养护主要包括管线检修、垃圾清理及绿化植被修剪和浇水等，是危险系数极高的作业项目。在交通量较大的高速公路，车辆失控冲进养护作业区的事故时有发生。西安绕城高速公路 2016—2018 年共发生 3 起与中分带养护作业有关的交通事故，致 4 人死亡。此类事故虽然发生率不高，但其本是可避免的。根据养护规范，养护维修作业控制区由警告区、上游过渡区、缓冲区、工作区、下游过渡区及终止区组成，作业时在作业路段上游过渡区起点设置锥形警示墩标志，有条件的设置防闯入预警设备。但这类防护仅限于理想状态，如前文所述，高速公路路况瞬息万变，行驶中的车和人总会出现不可预见的非正常状况，现有的养护作业保护方式无法从根本上避免事故发生。而设置左侧硬路肩可为养护作业提供安全的操作空间，不影响高速交通流的同时，增大养护人员与车流之间的安全距离，大幅降低事故发生概率。

(5)其他功能

①设置较宽的左侧硬路肩可提高道路通行能力。当车辆间横净距较小时，驾驶员需通过增大车辆横向距离、降低车速等方式保证行车安全。左侧硬路肩可提供有效的侧向空间，提高道路通行能力。在紧急状态时，左侧硬路肩也可作为紧急救援通道。

②高速公路执法管理一般在右侧硬路肩进行，而设置左侧硬路肩可为执法车辆提供更便利的执法空间，保证对左侧车辆进行执法的人员和车辆的安全。

③左侧硬路肩可临时摆放路面清理物，如积雪、检修工具、事故残留物等。

4.2.2　左侧硬路肩设置必要性分析

目前已通车的八车道高速公路均未考虑设置左侧硬路肩，如京港澳高速公路河北段、沈大高速公路辽宁段、沪宁高速公路上海真如—南京马群段、京津高速公路、杭甬高速公路等。左侧硬路肩与右侧硬路肩的作用并不完全相同，设置左侧硬路肩最主要的作用是为内侧车道上高速行驶的车辆提供侧向净空和容错空间，避免恶性交通事故发生。

我国对改扩建成八车道或者八车道以上的公路设置左侧硬路肩的规定具有非强制实施性。其根本原因在于目前没有相关研究成果作为理论支撑，各项目对自身是否需要设置左侧硬路肩有不同认识，存在较大争议。随着车道数的增加，是否设置左侧硬路肩的问题不可回避，因此，广韶高速公路改扩建是否设置左侧硬路肩的论证研究势在必行。

为明确现阶段多车道超宽断面高速公路改扩建是否设置左侧硬路肩问题，通过广泛调研国内外关于左侧硬路肩的标准规范要求及相似高速公路工程的相关建设经验，总结国内外对于是否设置左侧硬路肩的论证思路。同时，分别从应急救援便利性、通行效率、驾驶负荷、交通冲突、工程造价等方面分析设置左侧硬路肩与不设置左侧硬路肩的积极影响和不利影响。

(1)对通行效率的影响

内侧车道发生交通事故时，左侧硬路肩的不同设置形式将对通行效率产生不同的影响，具体分析如下。

①不设左侧硬路肩

如图 4.7 所示，不设置左侧硬路肩的情况下，车道 1、2 上的车辆发生故障只能停在所在车道，等待救援车辆救援。车辆在双向十车道的高速公路上畅通行驶时，速度为 120 km/h，每条车道的通行能力为 1980 pcu/h（四级服务水平），高峰时车流量为 8918 pcu/h(单向)，车辆驾驶员在看见故障车辆摆放的指示牌后减速至 22 km/h，并转移至另一车道。考虑救援车辆的出车时间以及行驶到达时间，一般为 35 min，吊装时间为 7 min，则在这段时间内故障车辆所在车道必须封闭，排队长度约为 0.7 km，排队车辆数为 811 pcu，救援时间过后车流量降为 8171 pcu/h，各车道通行能力恢复，疏散车辆数为 1529 pcu，则排队消散时间为 0.5 h，阻塞时间为 1.2 h，与广深高速处理该类型事故的实际时间相吻合。

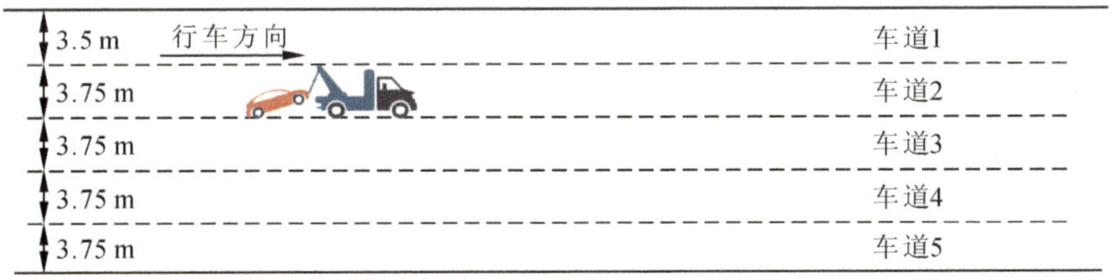

图 4.7　不设左侧硬路肩+右侧硬路肩示意

②设置左侧硬路肩

当高速公路上靠近左侧车道的车辆发生故障无法行驶时，且第一时间交警赶来的情况下，明确事故责任划分后，为了不影响道路交通组织，驾驶员可在交警指导下将车移动至左侧硬路肩。据统计，交警在得到消息并赶来的平均时间为 10min。

以广东省某高速公路为例，改扩建为十车道后，车辆在双向十车道的高速公路上畅通行驶，速度为 120 km/h，每条车道的通行能力为 1980 pcu/h，高峰时车流量为 8918 pcu/h(单向)，车辆驾驶员在看见故障车辆摆放的指示牌后减速至 22 km/h。移动车辆角度一般为 60°。*AB* 段距离为 6.625 m，*BC* 段距离为 11.47 m，则移动车辆距离

(AC 段)为 13.25 m。高速公路车道 5 宽度为 3.5 m,其余车道宽度为 3.75 m,左侧硬路肩宽度为 2.5 m,如图 4.8 所示。

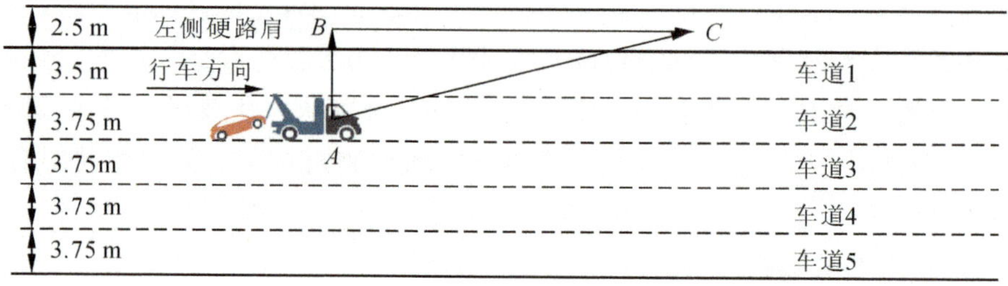

图 4.8 车道 2 故障车辆移至左侧硬路肩示意

车道 2 上的车辆发生故障无法自行移动,等待交警到来之前所在车道应处于封闭状态,则在该段时间内排队长度为 0.17 km,排队车辆数为 193 pcu,封闭时间段后流量为 8698 pcu/h,交警赶到后将车辆移至左侧硬路肩,此时封闭 1、2 车道,移动车辆至左侧硬路肩时间为 44 s,此时流量仍为 8698 pcu/h,则排队长度为 0.06 km,排队车辆数为 35 pcu,封闭时间过后五条车道的通行能力恢复正常,疏散车辆为 1002 pcu,排队消散时间为 0.22 h,阻塞时间为 0.40 h。

当车道 1 上的车辆发生故障时,在等待交警到来以及移至左侧硬路肩的过程中封闭车道 1,AB 段距离为 3 m,BC 段距离为 5 m,AC 段距离为 6 m(图 4.9),移至左侧硬路肩所用时间为 20 s,故封闭车道时间为 10.3 min,排队长度为 0.17 km,排队车辆为 199 pcu,此时流量为 8698 pcu/h,疏散车辆数为 1002 pcu,排队消散时间为 0.2 h,阻塞时间为 0.36 h。

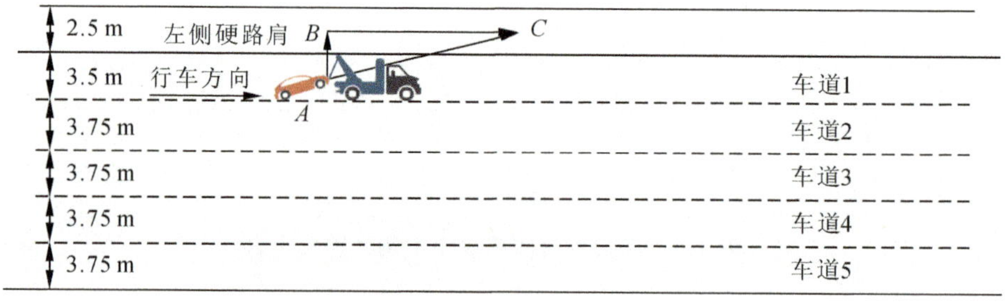

图 4.9 车道 1 故障车辆移至左侧硬路肩示意

设置左侧硬路肩对交通影响分析结果见表 4.12。

表 4.12 设置左侧硬路肩对交通影响分析结果

封闭车道	封闭时间/min	排队长度/m	阻塞时间/h
1、2	10.7	230	0.40
1	10.3	170	0.36

内侧车道发生交通事故时，不同的左侧硬路肩设置形式对通行效率影响分析结果如表 4.13 所示。

表 4.13 不同的左侧硬路肩设置形式对通行效率影响分析结果

影响项	设置左侧硬路肩		不设左侧硬路肩
	封闭 1 车道	封闭 1、2 车道	
排队长度/m	170	230	700
阻塞时间/h	0.36	0.40	1.20

综上分析，在通行效率影响方面，当内侧两车道上的车辆发生故障时，不设左侧硬路肩对交通影响较大，阻塞时间可以超过 1 个小时，严重影响高速公路的通行能力；同等条件下，设置左侧硬路肩可大幅缩短车辆排队长度及阻塞时间。因此，在考虑交通影响方面，多车道高速公路在有条件时应该设置左侧硬路肩供故障车辆快速转移。

(2)对驾驶负荷的影响

根据实验目的及实验设计使用模拟驾驶软件 UC-win/Road 对场景进行建模编辑，实验场景为不同路侧设置形式的两种场景，示意图如图 4.10 和图 4.11 所示。

图 4.10 设置左侧硬路肩示意图

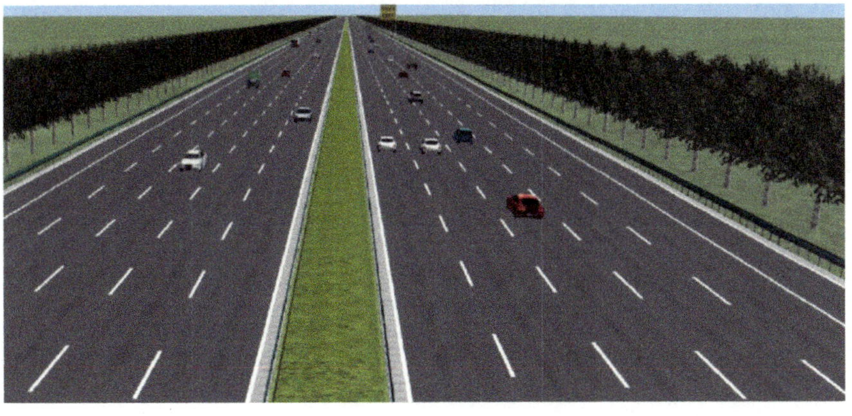

图 4.11 左侧无硬路肩示意图

①实验仪器和设备

项目组使用的场景建模软件是日本 FORUM 8 公司的 UC-win/Road 13.0，它是用于道路规划设计的三维虚拟现实软件，可为交通工程各阶段工作的设计人员实现场景再现功能。UC-win/Road 包含地形输入、道路定义、道路形成、交通流生成、编辑、输出和虚拟现实(VR)模拟等功能。在利用 UC-win/Road 13.0 软件进行模拟驾驶实验时可使用 Log 功能记录模拟驾驶过程中需要保存的数据，如车辆速度、加速度、车道位置等参数。

基于真实汽车驾驶座舱开发的驾驶模拟器用于进行模拟驾驶实验并采集数据。为了使驾驶人获取更佳的沉浸式驾驶体验，建立了 180 度环形视野的驾驶模拟平台。基于日本 FORUM8 公司 UC-win/Road 的客户端集群功能，使用 8 台电脑通过局域网互联，将多投影平面进行融合，形成了 8 通道驾驶模拟平台，极大地提高了场景渲染程度和运行效率，使得场景更加真实和流畅，实现了高度仿真的驾驶环境，如图 4.12 所示。一台主机负责运行 UC-win/Road 场景客户端，并实现对集群显示客户端的控制；使用 5 台投影仪融合形成 180 度环形屏幕，每两个屏幕之间融合带的宽度为 128 像素，每个投影仪单独由一台主机运行集群显示客户端，通过调整画面的融合角度进行场景画面融合，显示驾驶人前方的场景；另外，使用 2 台主机运行集群显示客户端控制左右后视镜的模拟场景画面。借助开发的 SDK 插件编写 CAN 总线数据采集模块，集成模拟驾驶功能插件，采用 Delphi 语言编程实现场景内的车辆操控，最后利用 UC-win/Road 软件的 Log 功能记录数据。

图 4.12 驾驶模拟平台

②实验对象

为了确保实验过程的真实性，尽量避免由于驾驶人较少的驾驶经验、驾驶习惯差异等原因对实验数据产生较大影响的情况，本实验对被试驾驶人进行了筛选。共招募 24 名驾驶人进行模拟驾驶实验。其中，8 名为职业驾驶人(代驾及出租车司机)，16 名为非职业驾驶人。

③实验流程

根据实验目的以及实验场景设置，每位驾驶人按照以下流程开展模拟驾驶实验，如图 4.13 所示。

在实验过程中要求驾驶人尽可能保持以最高限速 120 km/h 的速度稳定行驶，实验场景中在每个过渡段都会放置 120 km/h 限速标志提醒被试者。实验中路段全程约为 16 km，每人每次驾驶时间约为 10 min，实验时，驾驶员需从每个场景的匝道驶入，最后再由匝道驶出。实验中根据实验设计设置两种不同的路侧布置形式，之间相隔 2～3 km，由普通路段连接，在遇到紧急情况时，驾驶员自主选择避险绕行。在通过每个场景后还需进行主观问卷调查。

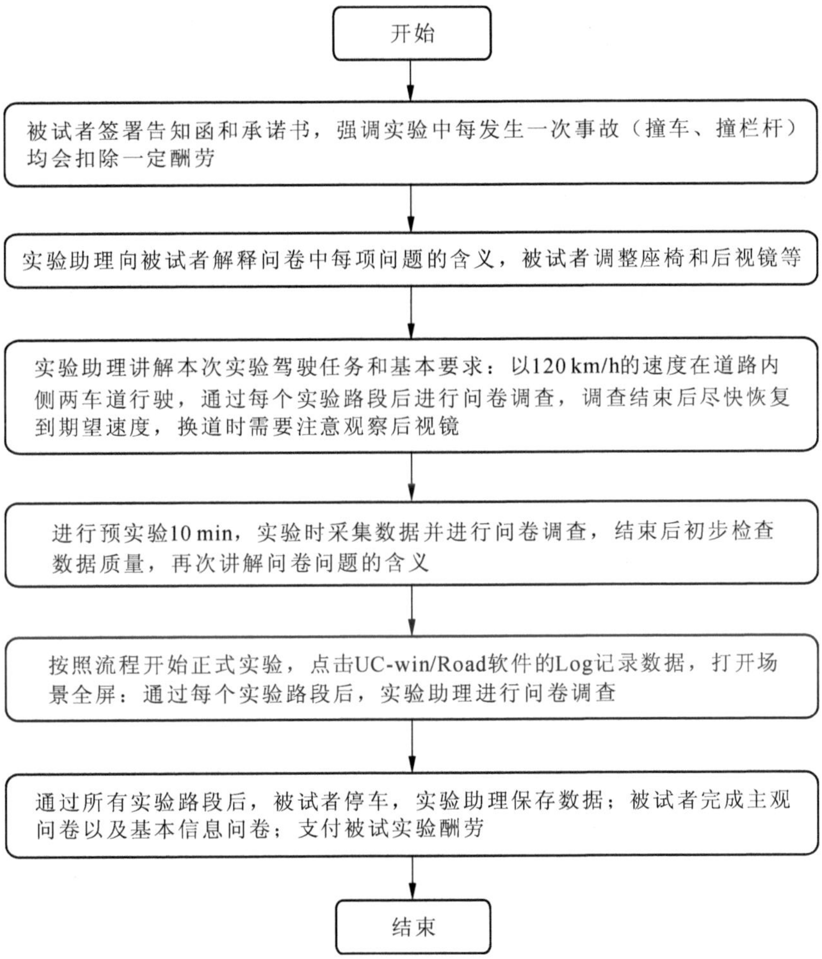

图 4.13 实验流程

实验测试时间漫长，且周围没有丰富的景物等，容易导致驾驶人在实验后出现疲劳感，对实验数据产生一定的影响，所以在开始测试前要对参与实验的驾驶人加以说明，介绍驾驶模拟器的使用和实验流程，并告知公路等级和设计速度，让其有一定的心理准备，在整个测试时间内尽量保持正常心态。

④不同路测(左侧)设置下的驾驶负荷

为了分析不同路侧(左侧)设置下对驾驶人舒适性的影响，采取主观驾驶负荷测量方法进行分析。驾驶负荷代表了驾驶员对外部环境的实时感知，是其驾驶任务强度的直接体现，也反映了其驾驶过程中舒适程度的高低。

使用 NASA-TLX 量表进行驾驶人驾驶负荷的评价。NASA-TLX 主观评定量表是多维的脑力负荷评价量表，共涉及六个负荷维度，分别是脑力需求、体力需求、时间需求、绩效水平、努力程度和受挫程度。采用 10 分量表表示各维度的强弱，1 分表示最低、10 分表示最高。

在模拟驾驶过程中，每完成一例驾驶片段，都通过问卷采集驾驶人在典型区域的主观驾驶负荷。针对不同左侧设置方式，分别算出脑力需求、体力需求、时间需求、绩效水平、努力程度和受挫程度，最终可算出综合驾驶负荷。

在遇到前方停车时，统计不同路侧(左侧)设置场景下的主观驾驶负荷结果(表 4.14)发现：在不设任何路侧形式下，综合驾驶负荷为 8.22，综合驾驶负荷高；设置 3m 硬路肩情况下，综合驾驶负荷为 6.87，综合驾驶负荷水平相对较低。总的来说，在遇到两个车道被占用的情形下，驾驶人处理这种紧急情形的驾驶负荷都较高，而有路侧空间时，驾驶负荷有较大程度下降。

表 4.14 不同路侧(左侧)设置下的主观驾驶负荷结果

条目	不设左侧硬路肩	设置左侧硬路肩
脑力需求	8.5	6.6
体力需求	7.1	6.6
时间需求	8.5	8.1
满意程度	1.6	3.5
努力程度	8.1	6.2
厌烦程度	7.0	4.5
综合	8.22	6.87

通过驾驶模拟实验，研究左侧硬路肩设置对驾驶感受的影响程度，共招募 24 名被试者进行模拟驾驶实验。结果表明在设置了左侧硬路肩的情形下，驾驶负荷能得到较大缓解。

(3)对施工保通的影响

广韶高速现状交通量较大，为最大程度降低改扩建施工对交通造成的影响，需要实施双向六车道保通。整体式加宽(十车道)路段断面新拼接部分不足以布设六车道，需要借用旧路。

不设置左侧硬路肩，改扩建施工时的双向六车道保通(图 4.14)，仅能满足(3.25m×2+3.50m)×2 的行车道宽度要求。

设置左侧硬路肩，改扩建施工时的双向六车道保通(图 4.15)，可满足(3.50m×2+3.75m)×2 的行车道宽度要求。

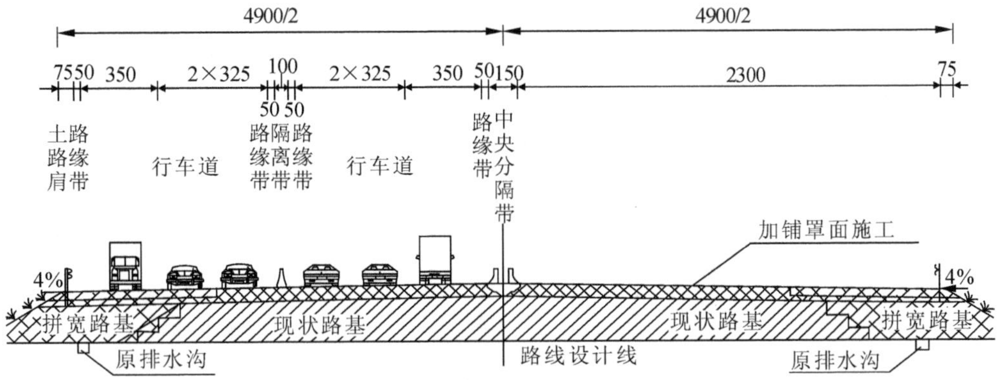

图 4.14　不设左侧硬路肩，双向六车道保通方案

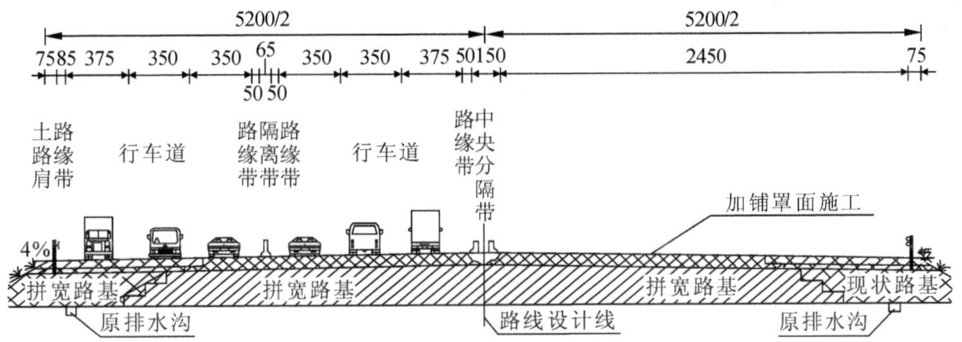

图 4.15　设置左侧硬路肩，双向六车道保通方案

(4)对工程规模的影响

对全线采用 49 m 断面及 54 m 断面进行比较分析，如表 4.15 所示。设置左侧硬路肩后每公里将新增造价 0.14 亿元左右。

表 4.15　工程规模对比

项目	54 m 断面	49 m 断面	差值
占用土地/亩	12076	11604.48	471.52
拆迁建筑物/m^2	164397.20	149452	14945.20
土石方/1000 m^3	10775.94	8791.89	1984.05
平均每公里土方/1000 m^3	150.12	122.48	27.64
软基处理面积/m^2	429380.93	408634.35	20746.58
主线路面面积/m^2	4030.82	3447.66	583.17
桥面面积/m^2	182736.48	149543.68	33192.80
造价/万元	1411392.380	1309987.037	101405.343
每公里造价/万元	19662.20473	18249.51989	1412.68400

(5)控制因素对设置左侧硬路肩的影响

是否设置左侧硬路肩直接影响高速公路横断面宽度，广韶高速公路沿线控制因素较多，需要对横断面宽度受限程度进行分析，广韶高速 SJA1、SJA2 两个标段沿线建设条件差异较大，采用分段论述方式梳理控制因素，具体如下。

①佛冈至机场北路段(K2078＋000－K2130＋000)

路段长度约 52 公里，沿线的主要控制因素为佛冈互通、旦架哨隧道、升平枢纽互通、碧桂园小区、汤塘互通、瓦窑服务区、鳌头互通以及沿线高边坡。

佛冈互通段地势较为平坦，无重要控制因素，具备设置左侧硬路肩条件。

旦架哨隧道段采用两侧分离新建三车道隧道，原隧道维持不变，设置左侧硬路肩后，可将原隧道左侧行车道改为硬路肩，可实现双向十车道通行。

碧桂园小区段设置左侧硬路肩，占用了少许商业用地，但对建筑物不产生影响。

汤塘互通匝道上跨主线，扩建后净空不足，故需拆除原有匝道后进行还建，是否设置左侧硬路肩对互通方案基本无影响，对造价等基本无影响。

瓦窑服务区为两侧布置，无论是否设置左侧硬路肩，均需要对贯通车道进行改造。

鳌头互通匝道下穿主线，是否设置左侧硬路肩，对方案无影响。

②机场北至太和枢纽段(K2130＋000—终点 K2150＋382)

路段长度约 20.382 公里，重要控制因素为机场北互通、北兴互通、钟落潭互通、新增良田互通、金盆枢纽互通、太和枢纽互通、地铁 14 号线、新白广铁路、沿线高压线、天然气管线。

机场北互通因匝道上跨主线，改扩建后净空不足，均需要拆除还建，增设左侧硬路肩与否，对互通方案、规模基本无影响。

北兴互通匝道下穿主线，是否设置左侧硬路肩，对方案、规模基本无影响。

机场北互通至北兴互通净间距不满足规范要求，需采用辅助车道进行贯通，但对是否设置左侧硬路肩无影响。

钟落潭互通为半苜蓿叶互通，设置左侧硬路肩与否，对方案、工程规模基本无影响。

地铁 14 号线上跨，为本项目预留 49 m 扩建断面，但可通过压缩右侧硬路肩，实现左侧硬路肩贯通。

通过以上控制因素分析，广韶高速公路沿线无重要控制因素，故具备设置左侧硬路肩条件。

(6)结论

根据多车道高速公路是否需要设置左侧硬路肩的影响因素，结合项目沿线经济发达、高度城市化，且沿途路网、河网密集，多条公路、轨道、市政道路、管线等与本项目交叉或并行，产业园、房屋建筑、军事用地、环境敏感点较多等特点，分析各类控制因素对项目改扩建断面宽度的制约强度。进一步结合施工保通要求、通行效率、工程造价等方面的影响，完成广韶高速公路改扩建工程对左侧硬路肩的需求分析。综合考虑多种因素作用下，广韶高速公路改扩建宜设置左侧硬路肩。

4.2.3 国外高速公路左侧硬路肩宽度

参考国外高速公路左侧路肩宽度指标，结合我国高速公路左侧硬路肩的各种实际功能需要，综合确定左侧路肩的合理宽度。

(1)美国

美国国土面积大，土地资源丰富，美国 AASHTO《公路与城市道路几何设计》中对高速公路路肩有以下描述：在高速公路全线的左右两侧均应设置连续铺砌的路肩。右路肩的有效铺砌宽度至少应为 3 m，而在载重车交通量超过 250 辆/h 时，右路肩宽度应为 3.61 m。四车道高速公路的中央分隔带(或左侧)路肩宽通常为 1.2～2.41 m，至少应铺砌 1.2 m，其余宽度也应做适当的铺装。对于六车道或更多车道的高速公路，其中央分隔带路肩有效铺砌宽度也应为 3 m，而在载重汽车设计小时交通量超过 250 辆/h 处最好为 3.6 m。

美国高速公路设置左侧硬路肩的情况还是非常普遍的，左侧硬路肩和行车道之间通常以黄色实线分割。美国相关标准规定，高速公路两侧都必须设置路肩。左侧硬路肩主要功能是救援，一般情况下不允许停车，只有特殊情况下才可停车。同时为防止在左侧硬路肩上行车或超车的情况发生，在路缘带设置振动带以提示驾驶员。

美国对于左侧硬路肩宽度的选取较灵活，对于市区段的高速公路，如设有 HOV 车道(共乘车道，通行拼座车和公交巴士的快速车道)的高速公路，HOV 车道与普通车道采用特殊标线分离，一般不设置较宽的左侧硬路肩；对于城市近郊的高速公路(如环城高速公路)，其多为六车道以上，设置宽度为 3 m 以上的左侧硬路肩，并以黄色标线划分，禁止在左侧硬路肩行车或停车；对于州际六车道及六车道高速公路，应设置宽度为 18 m 左右的中间带，设置宽度不小于 3.05 m 的左侧硬路肩。较宽的中间带，辅以 3 m 以上左侧硬路肩，能充分减少对向车道噪音和车灯眩光带来的影响，给驾驶人提供较自由舒适的行车感受，宽容度较高。此外，不仅高速公路，甚至一般公路都设置两侧硬路肩，如美国 95 号干线公路(拉斯维加斯—尤马段)为双向四车道断面，设置了 2.5 m 左侧硬路肩。

(2)日本

日本土地资源有限，高速公路路肩的宽度设置十分严格，一般是根据路肩的功能和实际需要确定路肩的宽度，保证大部分车辆行驶安全的情况下，左侧硬路肩取较低宽度值，左侧硬路肩宽度不能满足车辆停车需要的情况下，采取设置紧急停车带的方式，日本高速公路对右路肩(相当于我国的左路肩)也有宽度要求，但并不是为了停车的需要，而是为了提供侧向安全距离。

日本对高速公路硬路肩的设置和我国比较相似，在《日本高速公路设计要领》(以下简称《要领》)中对路肩的标准宽度也作出了规定，其硬路肩宽度分为两种情况：一种是不设置紧急停车带时的硬路肩宽度；一种是设置紧急停车带的硬路肩宽度。《要领》中将硬路肩宽度分为四类：完全停车时为 3.00 m 和 2.50 m；部分停车时为 1.75 m 和 1.25 m。

日本交通是采用左行规则，因此日本的左路肩相当于我国的右路肩，日本右侧路肩最高等级宽度为 1.75 m，最低等级宽度为 0.75 m。

(3)法国

法国《公路几何设计手册》[84]规定：中间带宽度由中分带和左侧路缘带组成，经济条件允许的情况下，20%的路段建议中间带宽度大于等于 5 m；左侧路缘带宽度通常为 1 m，可作为道路的路肩使用，主要是考虑到允许行车路线发生偏差而设置的。

4.2.4 事故车辆临时停靠需要宽度

内侧第一车道一般通行小客车，根据《公路工程技术标准》(JTG B01—2014)，小客车设计车辆外廓尺寸总宽为 1.8 m，通常 2.5 m 宽的左侧硬路肩基本可以满足小客车的停车需要。但是内侧第一车道同时也是车辆行驶速度最高的车道，设置左侧硬路肩后第一车道宽度也由 3.75 m 缩小到 3.50 m，这样停靠在左侧硬路肩上的车辆开门出入时的危险性就较大。停车出入所需的宽度可以参照停车场的要求，按《车库建筑设计规范》(JGJ100—2015)[85]规定，供停车用的 2.5 m 宽度显得偏小了。尽管管理上可以明令禁止在左侧路肩内进行更换轮胎等车辆维修作业，但也不排除一些驾驶员不遵守该规定，在不占用行车道的前提下，2.5 m 的左侧路肩是无法完成更换轮胎等车辆维修作业的，最终建议给出了 2.9～3.2m 的左侧路肩宽度值。

因此，考虑事故车辆临时停靠，以及部分不遵守规定的车辆更换轮胎的情况，对最内侧车道宽度为 3.5 m 的行车道而言，左侧硬路肩 2.5 m 的宽度略显紧张，推荐设置 3.0 m 宽的路肩。

4.2.5 中间带养护作业需要宽度

占用车道的施工作业交通组织方式和占用路肩的交通组织方式在标志设置和安全保障等方面的要求有较大的差别。相比较而言，占用路肩养护施工的事故隐患较小，安全性高。一般在不设左侧路肩的高速公路进行中央分隔带绿化、修剪植被、浇水、清扫等作业时，会占用最内侧车道，而对于设置了左侧路肩的高速公路则可以避免这种情况出现，更有利于交通安全。欧洲一些国家，如德国和法国在修建新的道路时就考虑到未来养护的需要，事先预留一定的路肩宽度，在养护期间用作临时车道。此外，参考《公路路线设计规范》(JTG D20—2017)中第 6.2.1 条关于车道宽度的规定，为保证浇水等部分移动式(速度低于 20 km/h)施工作业不影响相邻车道的正常运行，其左侧路肩宽度不应低于 2.5 m。在中央分隔带护栏维修和更换时，较宽的左侧路肩也有利于材料和器具的堆放，为施工人员提供安全操作空间。

4.2.6 救援车辆临时停车需要宽度

图 4.16 利用左侧路肩处理事故

此外，一旦发生突发事件导致交通中断时，左侧路肩可以作为应急车道(图 4.16)，因此其宽度应满足救援车辆临时通行的要求，救援车辆不仅包括警车、救护车等小型车，还包括消防车、拖车、吊车等大型特种车辆，为满足这些大型车辆基本通行的要求，硬路肩应能保证救援车辆以 40～60 km/h 的速度安全通行，根据《公路路线设计规范》(JTG D20—2017)对不同设计速度的行车道宽度规定，满足这一要求的行车道宽度值最小应为 3.5 m。当发生大型货车和拖挂车的重大交通事故时，清场需要更长的时间，因此较宽的路肩标准，有利于最大限度地降低事故对正常车流的影响。

4.2.7 安全出入左侧硬路肩需要宽度

驶入驶出，特别是驶出左侧硬路肩，车辆需加速至较高的速度后，才能安全地驶入内侧第一车道。考虑到等待进入车道的车辆需要在左侧硬路肩高速行驶，参考《公路路线设计规范》(JTG D20—2017)规定左侧硬路肩宽度至少为 3.0 m，以超过 3.5 m 为宜。

4.2.8 其他方面需要宽度

考虑改善视距时，宜根据高速公路的具体停车视距的要求，在可能出现视距不良的路段，绘出视距包络图，然后对硬路肩的宽度进行适当加宽，以满足这一要求。满足这一要求的硬路肩宽度最小为 0.5 m。

考虑提高通行能力时，美国《道路通行能力手册》认为“行车道左侧向宽度大于或等于 0.6 m，则可以达到理论的通行能力，宽度大于上述值的车道宽度和行车道左侧向宽度并不会增加实际的通行能力，只可能使速度提高”。根据国内外的研究，满足这一要求的硬路肩宽度最小为 0.6 m。

考虑远期改扩建需要时，硬路肩宽度宜大于一个行车道宽度。一般最小值为3.75 m。

考虑能给驶出行车道的车辆提供一定宽度的容错空间，使之能恢复正常行驶时，可以配合路肩振动带通过振动提醒驶出行车道的驾驶员，不至于车辆一旦行驶出行车道，就出现无法挽回的局面。满足这一要求（驶出车辆为小型车时）的硬路肩最小宽度为2.5 m。

4.2.9 左侧硬路肩宽度建议值

对上述分析进行汇总，结果如表 4.16 所示。

表 4.16 考虑不同功能时左侧硬路肩最小宽度汇总

功能	一般最小宽度/m	适用情况
事故车辆临时停靠	3.00	一般情况
紧急救援	3.50	硬路肩满足一般救援车辆行驶时
维修养护、移动施工作业	3.00	可满足养护车辆慢速行驶
安全出入	3.50	交通量较大
提供容错空间、恢复行驶	2.50	一般情况
提高通行能力	0.60	一般情况
改善视距	0.50	视具体环境、道路线形而定
远期改扩建	3.75	扩建时硬路肩改建成一个行车道时
保障通行效率	0.75	一般情况
保障驾驶舒适性	1.50	一般情况

比较不同功能需求下的左侧硬路肩宽度可以看出，考虑到远期改扩建时所需要的宽度最大，其次是硬路肩作为紧急救援通道和事故车辆安全进出时需要的宽度。

过宽的左侧路肩容易被误认为是行车道；现阶段进行改扩建的高速公路车道数设计至少能满足建成后 20 年的交通需求，因此在改扩建阶段考虑为 20 年之后道路改扩建而预留车道。

综合考虑上述因素，推荐广韶高速公路改扩建工程左侧路肩宽度取 3.00 m，具体见表 4.17。

表 4.17 不同设计速度下左侧硬路肩宽度建议值

设计速度/(km/h)		120	100
左侧硬路肩宽度/m	一般值	3.00	2.00
	最小值	3.00	2.50

4.3　设置左侧硬路肩的中央分隔带宽度

4.3.1　中央分隔带基本功能及宽度组成

中央分隔带的功能有多种，主要有以下 5 种：①对向隔离，防止车辆驶入对向行车道导致交通安全事故；②防眩，避免受对向车辆灯光影响；③绿化景观，改善公路交通环境；④预留宽度，为远期公路拓宽预留用地；⑤设置标识标牌等相关设施，预埋通信管线等。

根据《公路工程技术标准》(JTG B01—2014)第 4.0.4 条，中央分隔带宽度应从对向隔离、安全防护的主要功能出发，综合考虑中央分隔带护栏的防护形式和防护能力。从该条文说明可以得出以下结论：①中央分隔带最主要、最基本的功能就是对向隔离和安全防护，可通过设置护栏来满足对向隔离和安全防护的功能；②对向隔离、安全防护功能可通过设置护栏来实现，中央分隔带的宽度主要取决于护栏的形式和宽度；③高速公路和干线型一级公路的中央分隔带护栏应着重考虑安全防护功能，具有相应的防撞等级，集散型一级公路护栏仅需满足中间物理隔离功能即可。

根据《公路工程技术标准》(JTG B01—2014)，高速公路设计速度有 80 km/h、100 km/h、120 km/h 共 3 种。该标准对高速公路整体式路基建筑限界的规定见图 4.17。其中，当设计速度采用 120 km/h 时，余宽 C 值为 0.5 m，左侧路缘带宽度 S_1 值为 0.75 m；当设计速度采用 100 km/h 时，C 值为 0.25 m，S_1 值为 0.75 m；当设计速度采用 80 km/h 时，C 值为 0.25 m，S_1 值为 0.5 m。

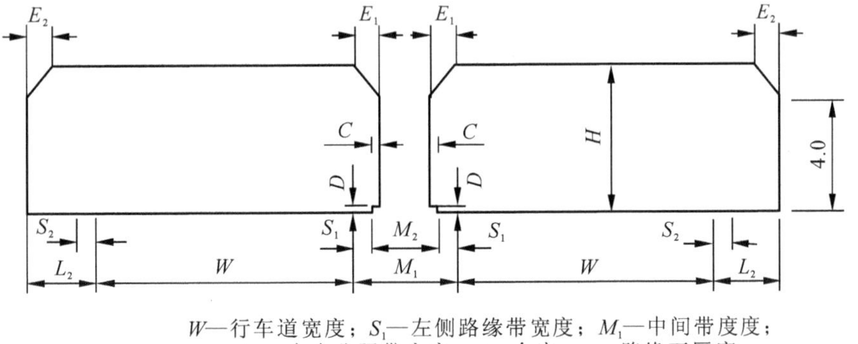

W—行车道宽度；S_1—左侧路缘带宽度；M_1—中间带度度；
M_2—中央分隔带宽度；C—余宽；D—路缘石厚度

图 4.17　整体式高速公路建筑限界(单位：m)

设置左侧硬路肩时，中间带一般不需要设置路缘带，且不需要考虑 C 值要求，只需要满足中间带设置各种设施所需要的最小宽度。

在高速公路、作为干线的一级公路整体式断面的中央分隔带护栏形式选择和宽度确定时，应着重考虑护栏的防护功能需要，选择可有效防止车辆失控冲过中央分隔带的护栏形式及对应的中央分隔带宽度。高速公路整体式路基中央分隔带护栏通常采用分设型波形梁护栏或混凝土护栏，也可采用整体型混凝土护栏；桥梁中央分隔带护栏通常采用分设型混凝土护栏，上部整体式桥梁也可采用整体型混凝土护栏。护栏防护等级根据设计速度及事故严重程度等级选用，根据现行《公路交通安全设施设计规范》(JTG D81—2017)，高速公路整体式路基及整体式桥梁分设型中央分隔带护栏可选用 Am、SBm、SAm、SSm 级。当设计速度为 80 km/h、100 km/h 时，上部分离式桥梁中央分隔带护栏可选用 SBm、SAm 级；当设计速度为 120 km/h 时，可选用 SSm 级。采用整体型中央分隔带护栏发生事故等级为高，护栏根据设计速度需选用 SAm 级或 SBm 级。以下结合《公路交通安全设施设计细则》(JTG/T D81—2017)中给出的不同护栏型式对中央分隔带宽度进行分析。

4.3.2 分设型波形护栏对中央分隔带宽度的需求

《公路交通安全设施设计细则》(JTG/T D81—2017)中给出的部分防护等级的中央分隔带分设型波形梁护栏横断面布置如图 4.18 所示。假设防护护栏宽度为 B，左、右侧护栏最小间距为 S，则中央分隔带最小宽度为 $M_2=2B+S+2C$，在广韶高速公路改扩建工程设置左侧硬路肩的前提下，不需要考虑 C 值，则中央分隔带最小宽度为 $M_2=2B+S$。各防护等级波形梁护栏所需中央分隔带最小宽度值见表 4.18。

一般情况下，高速公路分设型中央分隔带护栏最高选用 SAm 级已经能够满足防护要求，依据表 4.18，并综合考虑中央分隔带内的管线、交通标志结构立柱及绿化设施等，中央分隔带宽度宜取 1.5 m。

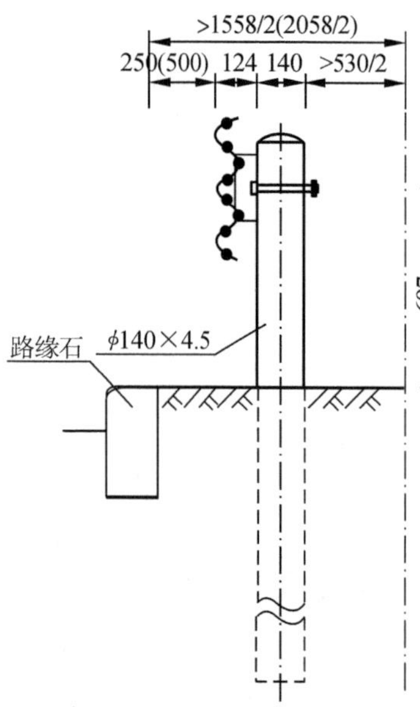

(a)

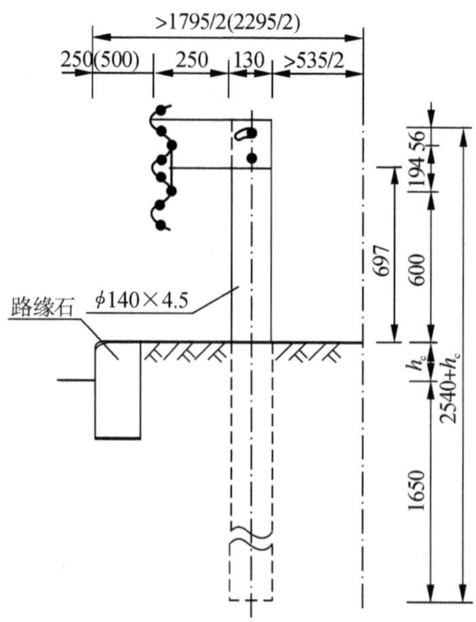

(b)

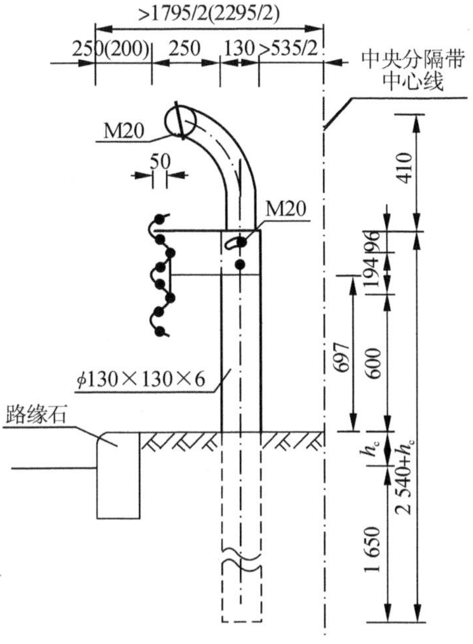

(c)

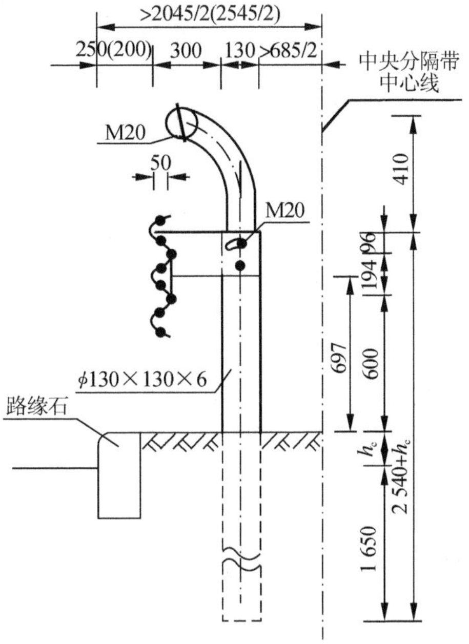

(d)

图 4.18 中央分隔带分设型波形梁护栏横断面布置图(单位:mm)

(a)三(Am)级;(b)四(SBm)级;(c)五(SAm)级;(d)六(SSm)级

表 4.18 中央分隔带分设型波形梁护栏横断面尺寸及中央分隔带最小宽度

护栏等级	防护栏宽度 B/m	护栏最小间距 S/m	中央分隔带最小宽度 M_2/m
Am	0.264	0.530	1.058
SBm	0.380	0.535	1.295
SAm	0.380	0.535	1.295
SSm	0.430	0.685	1.545

4.3.3 分设型混凝土护栏对中央分隔带宽度的需求

中央分隔带混凝土护栏可采用整体型或分设型(分离式),按构造可分为 F 形、单坡形两种。分设型中央分隔带混凝土护栏的断面形状与对应的路侧混凝土护栏相同,根据《公路交通安全设施设计细则》(JTG/T D81—2017),分设型混凝土护栏顶部间距不应小于 40 cm。以 F 形混凝土护栏(图 4.19)为例,中央分隔带所需最小宽度为 $M_2=2B+(0.4-2B_1)+2C$。在广韶高速公路改扩建工程设置左侧硬路肩的前提下,不需要考虑 C 值,则中央分隔带最小宽度为 $M_2=2B+(0.4-2B_1)$。常用各防护等级分设型混凝土护栏(F 形)构造尺寸及对应的中央分隔带所需最小宽度见表 4.19。

依据表 4.19,综合考虑中央分隔带内的管线、交通标志结构立柱及绿化设施等,采用分设型混凝土护栏同波形梁护栏一样,中央分隔带宽度宜取 1.5 m。

表 4.19 中央分隔带分设型混凝土护栏构造尺寸及中央分隔带最小宽度

护栏等级	H/m	H_1/m	B/m	B_1/m	B_2/m	中央分隔带最小宽度 M_2/m
Am	0.81	0.555	0.464	0.081	0.058	1.166
SBm	0.90	0.645	0.483	0.090	0.068	1.186
SAm	1.00	0.745	0.503	0.100	0.078	1.206
SSm	1.10	0.845	0.525	0.110	0.089	1.230

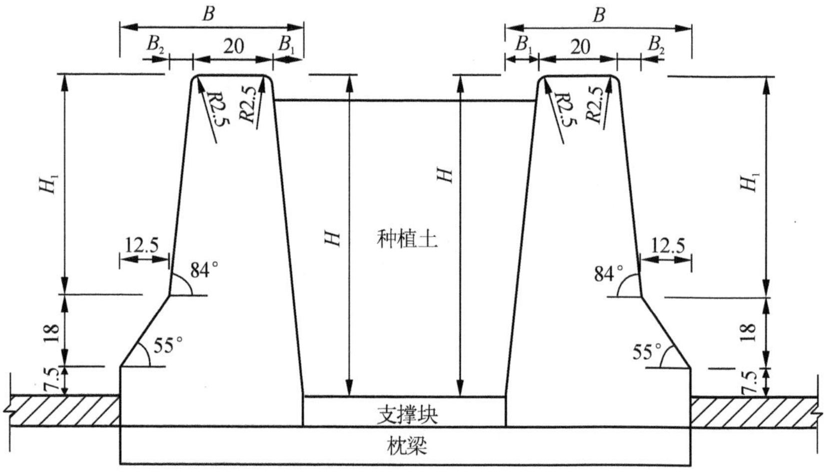

图 4.19 中央分隔带分设型混凝土护栏构造图(单位:cm)

4.3.4 设置桥墩时对中央分隔带宽度的需求

广韶高速公路改扩建中央分隔带的护栏采用的是新泽西护栏,且既有 9 处分离式立交桥都需要拆除重建,其中至少有 7 处需在中央分隔带落墩,互通匝道约 4 处需在中央分隔带落墩,墩径最小为 1.0～1.2 m。

中央分隔带内有上跨桥梁桥墩等设施时,护栏间距不仅需满足布置桥墩等设施的宽度要求,如无特殊防撞设计,还应考虑护栏受碰撞后的变形量,护栏面距其防护的障碍物的距离应大于护栏最大横向动态位移外延值 W 或车辆最大动态外倾当量值 VI_n,如图 4.20所示。

当公路主要行驶车型为大型车辆时,应选择车辆最大动态外倾当量值,则中央分隔带所需最小宽度为 $M_2=2VI_n+d$(d 为桥墩直径或墩厚);当公路主要行驶车型非大型车辆时,可选择护栏最大横向动态位移外延值,则中央分隔带所需最小宽度为 $M_2=2W+d$。以 SSm 级波形梁护栏为例,大型客车 $VI_n=2.24$ m,$W=1.76$ m,则两种情况下所需中央分隔带最小宽度分别为 4.48 m$+d$ 和 3.52 m$+d$。由此可见,中分带设置桥墩需要防护时,采用波形梁护栏需要较宽的中央分隔带宽度。

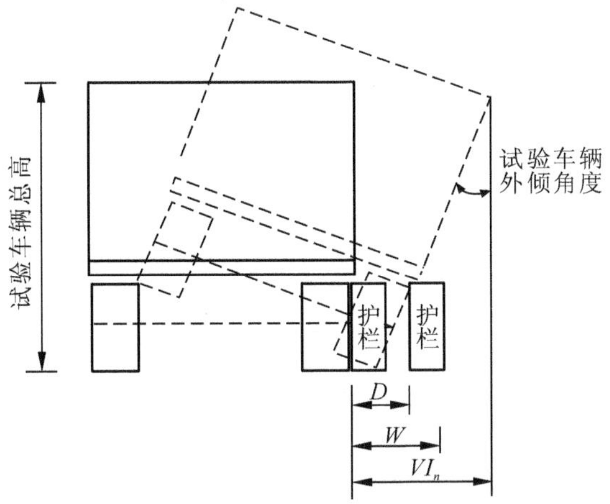

4.20　护栏最大横向动态变形值 D、最大横向动态位移外延值 W 和车辆最大动态外倾值 VI_n

以 SSm 级混凝土护栏为例，因混凝土护栏为刚性护栏，变形值可忽略不计，则 W 值等于护栏宽度 B 值（SS 级混凝土护栏 $B=0.525$ m）；VI_n 规范未给出，经咨询，SS 级混凝土护栏 VI_n 约为 1.1 m。当上跨桥在高速公路中央分隔带设置桥墩时，一般情况下采用 25 m 或 30 m 跨径桥梁可满足需要，其中间墩无论采用圆柱墩或矩形墩，墩径或墩厚最小范围为 0.8～1.0 m。

如对护栏等无特殊设计，假设 $d=0.8$ m：当采用 W 值控制时，中央分隔带所需最小宽度为 $M_2=2B+d$，同时混凝土护栏与桥墩间预留空隙按最小 1 cm 控制，此时中央分隔带宽度最小可取 2.0 m；当采用 VI_n 值控制时，中央分隔带所需最小宽度为 $M_2=2VI_n+d$，假设 $VI_n=1.1$ m，此时中央分隔带宽度最小为 2.5 m。

4.3.5　改扩建后中央分隔带设计方案

针对本项目整体式十车道路段，工程可行性报告推荐设置左侧硬路肩的横断面布设方案，设置左侧硬路肩时，中间带一般不需要设置路缘带，且不需要考虑 C 值要求，只需要满足中间带设置各种设施需要的最小宽度。同时，中央分隔带还需考虑项目沿线的 ETC 门架及标志标牌架设等需要。

经分析，对于广韶高速公路改扩建工程中央分隔带的上跨桥落墩问题，可以采用一跨过路的形式或者将护栏向两边（外侧）移动等方式解决。对于 ETC 门架及标志标牌架设问题，可以采用外移护栏等形式解决，因此，广韶高速公路改扩建工程推荐采用 1.5 m 的中央分隔带宽度。

（1）1.5 m 中央分隔带设计存在问题

①对管道人井的影响

需要注意的是，护栏底部净宽仅 49.4 cm，空间相对有限，在管道人井、基础设施设置方面存在一定影响。根据《公路通信及电力管道设计规范》（JTG/T 3383-01—2020），人井内部最小净距为1.5 m(长)×1.2 m(宽)×1.8 m(高),现有中央分隔带不具备设置人井条件。

②对门架标志基础的影响

本项目标准断面半幅宽度为26.25 m,设置辅助车道半幅宽度为30 m,跨径较大,所以中央分隔带基础尺寸为5 m(长)×1.5 m(宽)×3 m(高),法兰盘规格为1 m×1 m,立柱直径为377 mm。护栏宽度为49.4 cm,与法兰盘尺寸冲突,需要将法兰盘设置于护栏顶。

③对天桥中央分隔带落墩的影响

天桥桥墩最小宽度为1.2 m,中央分隔带护栏宽度为1.5 m,桥墩与护栏存在冲突。

(2)解决方案

①人井方案

中央分隔带内设置通信人井主要是为对纵向设置的主干通信管道与横向设置的过路管道提供衔接的空间。

根据当前管理需求和本项目实际情况,通信主干管道采用12孔ϕ40/33的硅芯管,设置于中央分隔带内,过路管道采用顶管方案,各顶管处中央分隔带内需设置人井,约1km设置1处,部分路段加密设置。

解决思路:中央分隔带管道和人井均设置于护栏下方。

中央分隔带管道(12孔ϕ40/33的硅芯管)设置于护栏枕梁下方,采用混凝土包封避免受压变形,包封尺寸不小于8 cm。管线埋设方案如图4.21所示。

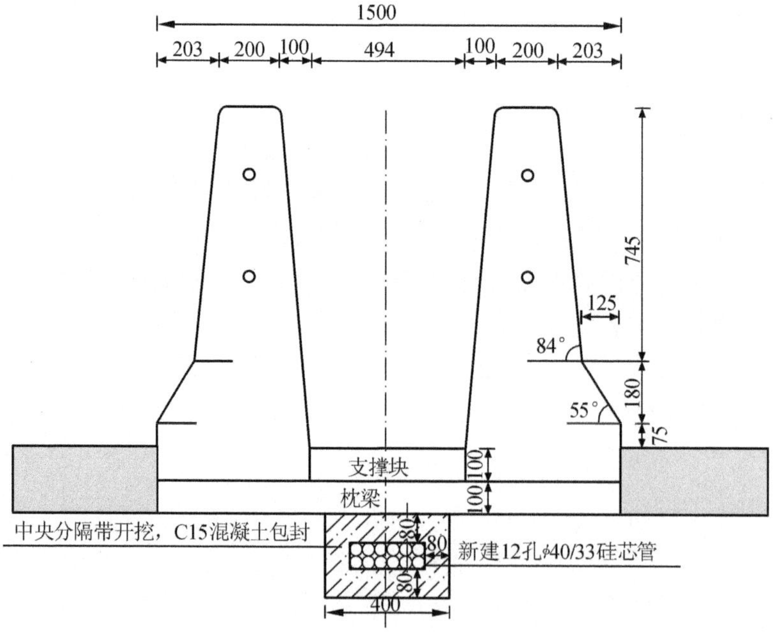

图4.21 中央分隔带管线埋设方案(单位:mm)

中央分隔带人井设置于护栏下方，人井上覆紧贴在护栏下部的枕梁，人井井盖采用细长型方形井盖（当前方案中尺寸为 39 cm×120 cm），人井上覆开口处护栏底部预留空间。图 4.22 和图 4.23 所示分别为中央分隔带通信管线人井平面图及 A—A 断面图。

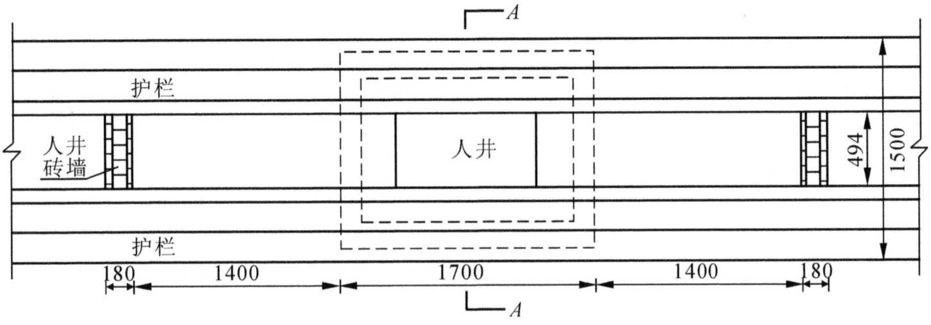

图 4.22　中央分隔带通信管线人井平面图

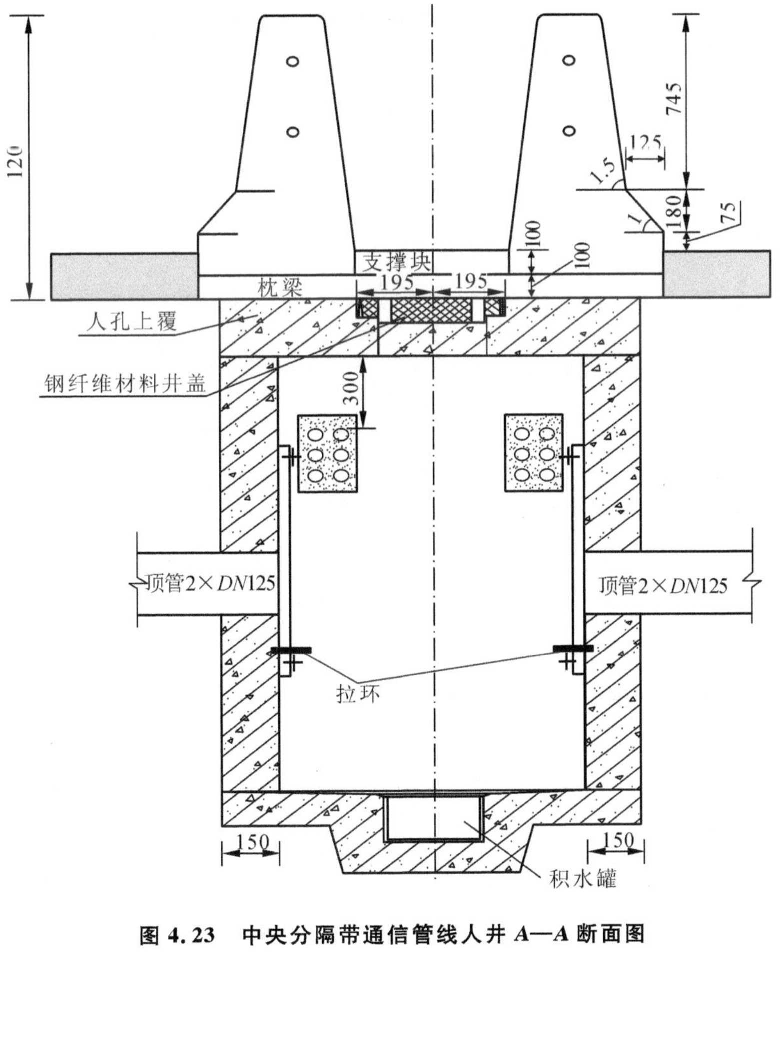

图 4.23　中央分隔带通信管线人井 A—A 断面图

该方案优点为:①人孔可采用标准尺寸,满足规范要求,便于现场操作;②管道埋设于地面下,过中央分隔带开口不需要专门处置。缺点为:①通信管道及人井需要在护栏实施之前施工完成,工期较紧;②管道埋设于护栏下方,后期维护复杂;③人井井盖宽度为 39 cm,进出不便。

②门架基础方案

解决思路:标志基础与护栏分开设置,标志基础放置于护栏底部,如图 4.24 所示。

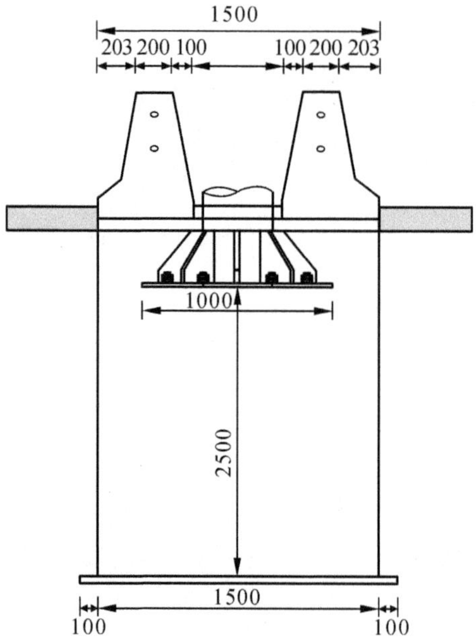

图 4.24 门架基础方案示意(单位:mm)

该方案优点为:标志基础可以设置于护栏底部,两侧混凝土护栏可以起到防护作用,增加了外倾值。缺点为:法兰埋置于护栏基础下,施工不方便。

③天桥中央分隔带落墩方案

本项目既有的高速上跨天桥均在中央分隔带落墩,扩建后需在中央分隔带落墩的有 18 处,桥墩最小宽度为 1.2 m,中央分隔带护栏宽度为 1.5 m。

解决思路:落墩处中央分隔带宽度 1.5 m 不变,调整桥墩外侧护栏形式及尺寸。因落墩后剩余宽度不足,势必会造成护栏防护能力不足,所以桥墩处考虑进行外包混凝土处理,为了有效减小车辆外倾,护栏迎撞面采用直壁式设计,同时护栏高度需大于大型客车重心高度以及大货车货箱底板高度。设计方案及平面渐变示意分别如图 4.25 和图 4.26所示。

该方案优点为:可以保证护栏迎撞面的连续,具备较好的车辆导向功能。缺点为:桥墩外侧剩余空间较小,仅能采用外包混凝土直壁形式,并将中央分隔带桥墩浇筑为整体,车辆撞击对桥墩结构存在一定的影响,后续需加强桥墩结构的防撞设计。

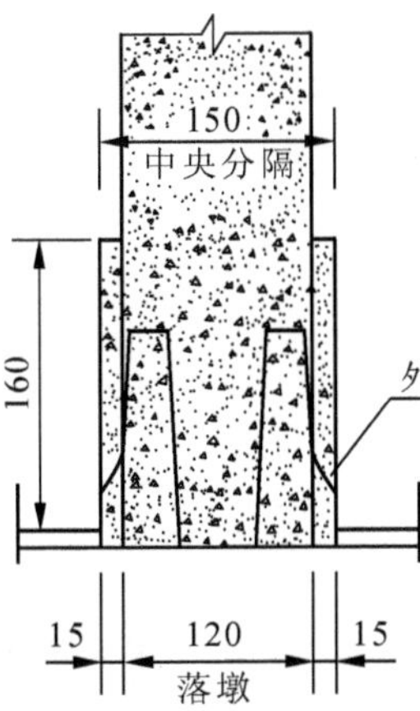

图 4.25　天桥中央分隔带落墩设计方案(单位:mm)

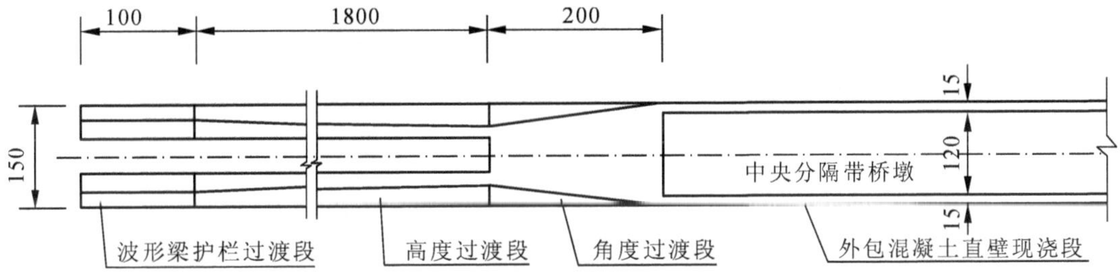

图 4.26　中央分隔带落墩护栏平面渐变示意(单位:cm)

综上所述,1.5 m 中央分隔带施工难度较大,但总体可以满足土建交付安装及机电设计要求。

4.4　高速公路内外分幅实施方法

多车道高速公路分幅管控是指在同向多车道断面采用物理分隔或软分隔的形式,使其内外幅车道承担不同功能、满足不同通行需求。内外分幅软分隔常采用设置同向分隔带标线或设置交通标志牌等方式进行车道功能区分和交通管控。

4.4.1　设置物理分隔设施

物理分隔方式的主要特点在于其管控的强制性,车辆无法在分隔路段完成换道操作,可以做到内外幅车辆的完全分离。国内高速公路实施物理分隔的工程案例较少,主要应用在事故频繁的高危路段,并且需要控制车辆以较低的行驶速度运行,以避免物理隔离设施对高速行车带来的安全风险。

夏蓉高速和溪段因存在 14 km 的长下坡,交通事故频发,为减少交通事故,该路段于 2014 年 7 月底通过双车道物理隔离分车型限速的方式实施车道管控(图 4.27)。在龙岩往潭州方向、乌石山隧道入口至建安隧道入口实行“客货车分车道行驶”,采取普通物理隔离措施,建安隧道出口至坡底采取单片式混凝土护栏生根物理隔离措施,小客车左道通行,限速 80 km/h,货车右道通行,限速 40 km/h。

图 4.27 夏蓉高速和溪段双车道物理隔离分车型限速管控布置

4.4.2 设置同向分隔带标线

同向分隔带标线主要是引导具有不同通行需求的车辆行驶在适合的车道上、减少临近车道变道行为影响,从而提高道路整体通行效率,总体上主要是考虑多车道超宽断面行车安全需求。

分别建立 0 m、0.25 m、0.5 m、1.5 m 分隔线宽度的三维 BIM 仿真模型,基于驾驶模拟平台模拟驾驶员的心/生理数据、车辆行驶数据,通过驾驶员心/生理变化和车辆运动参数变化反映不同宽度分隔线的影响效果。经分析得到如表 4.20 所示结果。

表 4.20 驾驶模拟试验数据分析结果

对比项目	分隔带 0 m 单线	分隔带 0.25 m 双线	分隔带 0.5 m 双线	分隔带 1.5 m 双线
行驶速度	速度中,107.86 km/h	速度中,108.76 km/h	速度高,112.99 km/h	速度高,114.77 km/h
横向偏移	大,向左偏移 0.42 m	一般,向左偏移 0.35 m	小,向左偏移 0.22 m	小,向左偏移 0.21 m
平均心率	高,85.44	一般,79.42	低,76.94	低,75.25
驾驶人主观感受	92%有紧张感	51%有紧张感	21%有紧张感	3%有紧张感
综合评价	较差	普通	较舒适	舒适

注:资料来源于广深高速公路改扩建专题《多车道超宽断面高速公路设计指标与安全管控关键技术研究》。

如表 4.20 所示,当设置分隔带时,内侧第二车道车辆横向偏移、驾驶人心/生理特性、驾驶主观感受等方面均优于不设置分隔带。分隔带能够向驾驶人提供安全、舒适的横向驾驶环境，总体行车舒适性较优；同时，综合评价表明分隔带宽度增加将带来更舒适的驾驶体验。但上述研究是建立在内幅车道宽度均为 3.5 m 的实验场景基础上，没有进行内幅车道宽度 3.75m 情况下不设置分隔带的驾驶模拟对比实验。

国内已建十车道工程案例较少，本次调研主要以水官高速为主。在考虑将大小车辆分离行驶的前提下，结合交通量的分布情况，水官高速采用了左 3＋右 2、中间设置0.5 m 分隔带的交通组织模式，分隔带采用双黄色震荡标线软隔离，在互通出入口前后分别设置虚实线和实虚线，供车辆驶入内侧或外侧，同时配以分车道分车型限速指示标志及全线监控设施，严格分离小型车与大型车，如图 4.28 所示。

图 4.28 水官高速双黄线内外分隔设置

从双黄线分布上看，内虚外实段位于互通式立交出口前，仅允许内幅三车道向外幅两车道换道。其设置长度主要与转向交通量相关，长度为 2 km 或 1 km，设置于 2 km 出口预告标志或 1 km 出口预告标志到行动点告示标志之间；内实外虚段位于互通式立交入口后，仅允许外幅两车道向内幅三车道换道，其设置长度一般为 400 m，部分路段因交通事故频发有所加长，最长为 670 m，设置于主线入口速度限制标志后；双虚线位于出入主线收费站前后，方便驾驶人选择合适的车道进行行驶，其长度从 222 m 至 1042 m 不等；双实线位于一般路段禁止内幅三车道与外幅两车道之间车辆换道，其长度从 270 m 至 2540 m 不等。

经了解，鉴于当时无十车道相关技术标准，人们对于分隔设置的方式争议比较大，后经交通运输部专家组讨论认为：双黄线的强制性效果更好、警示作用更强。因此，采用双黄实线进行内外幅分隔。从运营情况来看，水官高速采用左 3 右 2＋双黄线分隔的交通组织模式后车辆分布相对较平衡，同时水官高速公路实现全路段无缝电子监控，增加了区间测速、车道识别，对交通违章和事故的处理更加快速，近 10 年运营下来总体效果比较理想。

4.4.3 设置交通标志牌

设置交通标志牌实现高速公路客货车辆分道行驶是国内最常用的方法，以往高速公路分车道指示牌多以运行车速划分快车道和慢车道，且限速标示设置在绿色底板上，为信息指示标志。根据交通运输部印发的行业规范《公路限速标志设计规范》(JTG/T 3381-02—2020)[87]，修改后的分车道指示牌以车型、车种组合划分小客车道和客货车道。

我国采用交通标志牌进行分道管控的案例较多，其中包括胶州湾高速公路、连霍高速公路、四川高速公路、京张高速公路及全福高速公路等。其中，京张高速公路是北京、天津地区通往西北各省的交通要道，主要承载的是货车交通量，自从实施超载限制制度之后造成通行缓慢甚至交通短期瘫痪的问题。为了解决此问题，有关管理机构采取了措施，在京张高速公路东花园收费站以东路段将高速公路超车道设置为小型车、客车专用通道，利用标志牌进行分道限制标志，以提示过往车辆行驶，运行效果良好。

2019 年 9 月底新疆乌奎高速完成“四改八”改扩建施工并全线通车，采用分车道限速、分车型限速的行驶车道管控方式(图 4.29)，单向四车道的高速公路左侧 1、2 车道为小客车道，3、4 车道为客货车道，最右侧车道为应急车道，通过设置交通标志牌标明每条车道可通行车型和行驶速度区间。

图 4.29 新疆乌奎高速分车道、分车型交通标志牌设置

4.4.4 内外分幅实施建议

总结既有工程案例应用现状，三种高速公路内外分幅实施方法均有较成功的应用案例，且各自适用不同的工程特点。

相比软分隔形式，物理分隔实施起来更复杂，面临的安全问题也更多，需要投入更多的诱导设施，同时需要控制车辆以较低的行驶速度运行。广韶高速公路线形条件好，交通安全水平高，改扩建推荐采用设计速度 100 km/h，内侧车道运行速度 120 km/h，因此，设置物理分隔设施无法满足广韶高速公路的实际需求。

设置同向分隔带标线是工程投入最低的一种方式，但需要合理设置内外幅转换段的实虚标线位置及长度，对于沿线互通布设较密的高速公路，其容易引起车流交织紊乱及错过转换位置等运营风险,实际管控难度极大。广韶高速公路沿线互通立交及服务区等设施布设较密,间距为 5.9 km/处,因此不适合设置同向分隔带标线。

设置交通标志牌是工程中应用最多的一种方式,既能适应广韶高速公路内外分幅、分车型的交组模式,在交通管控方面又具有一定的灵活性,因此,广韶高速公路改扩建工程内外分幅宜采用设置交通标志牌的实施方法。

4.5 基于排水计算的超宽断面高速公路路拱

本节主要从改善排水的角度对十车道涉及的路拱形式和横坡值进行分析。

4.5.1 路面排水

公路排水设计过程中,选用新型路面结构是提高沥青路面排水能力的重要措施[88]。从道路设计角度分析,设置道路纵坡与横坡的主要目的是提高路面的排水性能。在思考如何提高公路的路面排水能力时,首先要从道路积水问题的成因入手,在公路的设计阶段就应考虑道路几何设计对路面排水能力的影响,从而有效、全面地提高道路的排水能力。因此探究公路几何设计与路面排水关系,通过优化公路几何设计,与道路排水设施构成一个功能完善且完整的道路排水系统,才能充分发挥高速公路便捷、舒适的优点,有效延长高速公路的运营寿命。

将积存在沥青路面和路肩表面的水排走,保证路面干燥以及道路的行车安全是道路排水的主要任务。道路的排水设计应遵循以下原则:

(1)为避免公路路面出现积水,影响行车安全,降水应沿道路横坡向两侧汇流;

(2)在路线纵坡坡度较小、降水量不大、排水不会损毁道路边坡坡面的情况下,可以利用横向漫流的方法使路面积水通过路堤边坡排出;

(3)若道路路堤边坡高度较高且坡面未做防护,或者已做防护的坡面可能受到道路排水冲刷,可以利用设置在路肩外延的拦水带使路面表面积水通过泄水口和急流槽排离道路路堤。

在路面汇水量不大、路堤水流流速较低、水流路径较短、线路纵坡合成坡度较小、道路路堤边坡抗冲刷能力强的前提下,路面排水倾向于先考虑路面横向漫流的排水方式。目前,许多在建等级较高的公路对坡面采取了防护措施,但不同类型的坡面防护对坡面耐冲刷能力的提升是不同的。在道路排水设计中,可以通过路面横向漫流的方式使积水排离路面,但如果采用此种排水方法,必须根据坡面的水流速度进行道路边坡防护类型的选取。

若道路表面积水在流向道路边坡坡面时的流速过大,边坡坡面就会被水流冲刷。为防止坡面的冲刷破坏,可以将道路表面积水汇集在道路拦水带内,利用道路两旁的泄水口和急流槽将道路积水集中排出路堤范围,避免采用大规模坡面防护工程。

如果在道路两旁设置拦水带，道路表面积水会在拦水带范围内大量积聚。受到路面平整度以及道路纵坡度影响，一旦路面积水难以排出，积水区路段的路面长期处于水位线以下，从而导致沥青混合料长期处于饱水状态，大幅增加该路段路面水损坏的概率。当该路段道路排水不通畅时，还会导致积水漫过路肩侵入行车道路面，对行车安全产生不利影响。因此，对于高等级公路，在设计过程中考虑降雨强度时，过水断面内的积水水位线只能覆盖路肩宽度。

4.5.2 多车道超宽断面高速公路路拱形式和横坡值

在道路的横断面设计中，主要是通过调整道路的路拱横坡坡度以及路肩坡度去提高道路的排水能力。路肩在道路横断面设计中是一个重要的部分，路面上汇集的雨水主要通过路肩排离道路。道路横断面中对路肩的设计主要是对坡度的设计，积水是否能迅速排离道路，主要受到路肩坡度和方向的影响。对于道路直线路段的路肩，其路肩横坡方向应向道路外侧倾斜。对于道路圆曲线路段的路肩，路肩的横坡坡度须做到以下几点：路肩上的积水应尽量向路外排；路肩与行车道的连接处不应出现凹槽；路肩与行车道的坡度差不能过大。

在公路横断面设计中，将道路横断面设计为中间高两侧低，有助于横断面方向的路面排水。道路路拱的横坡坡度应根据沥青路面类型以及当地的自然环境因素选择，多雨地区路面横坡坡度应选用较高的值。超宽断面高速公路路拱形式和横坡值的确定主要从两个方面考虑：一方面，设计合理的横坡能有效排除路面水，超高路段可以全部或部分抵消向心引力，增加行车安全；另一方面，横坡值太大可能引发一些安全行车问题，如雨雪大风等恶劣天气条件下的车辆滑移，横坡值大于2%时驾驶员紧张度会增加等。

通常情况下，路拱根据线形可分为直线形路拱和抛物线形路拱两种，抛物线形路拱的造型流畅，道路中央过渡平缓且坡度较小，沿抛物线道路两侧横坡坡度逐渐增大，与直线相比具有平顺度高的优点。尤其是在年降雨量较多的地区，一般道路横坡坡度的排水能力适应不了多车道的公路路面排水的要求，在道路横坡坡度增大会影响行车平顺性的前提下，可以通过增设路拱线的手段减少流水行程，从而进一步增强沥青路面排水能力。

超宽断面高速公路一般路段的路拱横坡形式一般分为单幅单向路拱、单幅双向路拱和单幅折线型路拱，并合理增设其他路面排水设施。单幅单向路拱为我国大多数高速公路采用的形式，在两侧加宽为主的改扩建项目中应用较多；单幅双向路拱减小了汇水面积和坡面汇流长度，在单侧加宽项目如安徽芜合高速公路改扩建中有一定应用；折线型路拱增大了外侧车道和右侧硬路肩横坡值，在广西柳南高速公路改扩建项目中有应用，国内应用较少。多车道高速公路与四、六车道高速公路相比，横向宽度增加较多（设计速度 120 km/h，若设置 3 m 左侧硬路肩，十车道路基横断面宽度超过 50 m，扩建后双向十车道路基标准横断面如图 4.30 所示），而我国高速公路改扩建普遍采用单幅单向路拱（两侧加宽为主），特别是十车道高速公路，由于断面较宽，需进行针对性分析。

图 4.30 双向十车道路基标准横断面

本项目地区雨量充沛，对高速公路排水要求较高，路拱形式与横坡方案论证如下：

(1)单幅双路拱形式(图 4.31)

单幅的外侧两车道上的路面积水经横向漫流至右侧硬路肩后排出路面；中间带两侧设置纵向葫芦形排水槽，并隔一定间距设置集水井和横向排水管，内侧三车道上的雨水流至葫芦形排水槽，再汇至集水井通过横向排水管集中排出路面范围。在设计时，中央分隔带采用凸形，分隔带内种植灌木，为防止水通过中央分隔带填土渗入路面基层和路基，排水设计在中央分隔带底部及侧面铺以复合土工膜作为隔离层。有的高速公路在中央分隔带底部还设置纵向碎石渗沟，渗沟内底部纵向设双壁波纹打孔透水管一根，四周填砂砾，每 80 m 左右两侧交错布设一道横向排水管，横向排水管出口接于边坡急流槽内；挖方路段在挖方起终点填挖交界处的填方路基内布设一道横向排水管，将水引出路基[89]。

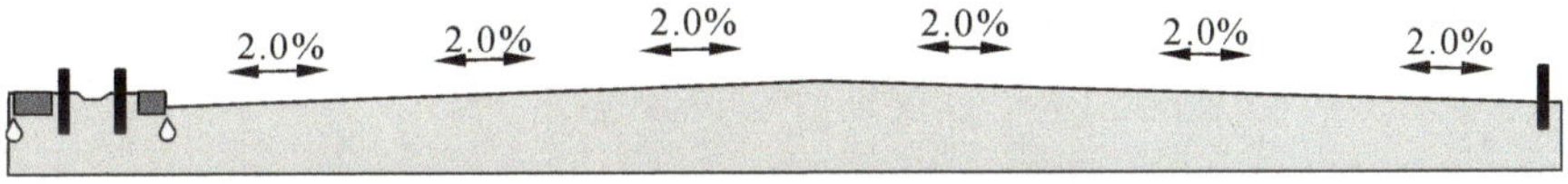

图 4.31 单幅双路拱形式示意

采用单幅双路拱形式，原路外斜路拱需改造为内斜路拱，路面改造工作量较大，同时需在中央分隔带增设缝隙沟排水，增加中央分隔带宽度 50 cm，并下挖 1.5 m 设置集水井，集水井纵向间距约 5 m，原中央分隔带不能有效利用，开挖既有路基断面增加横向排水管，对保通交通组织影响很大。横向排水沟接近路床，对路基稳定性影响也较大。针对本项目需进行路面和中央分隔带改造的比例较高，投资较大。

(2)单幅单拱形式(图 4.32)

对于本项目的整体式十车道路段，设置左侧硬路肩，路基横断面宽度约为 52.5 m，采用单向路拱时，应根据路面类型和当地自然条件等因素进行排水计算确定具体横坡值。

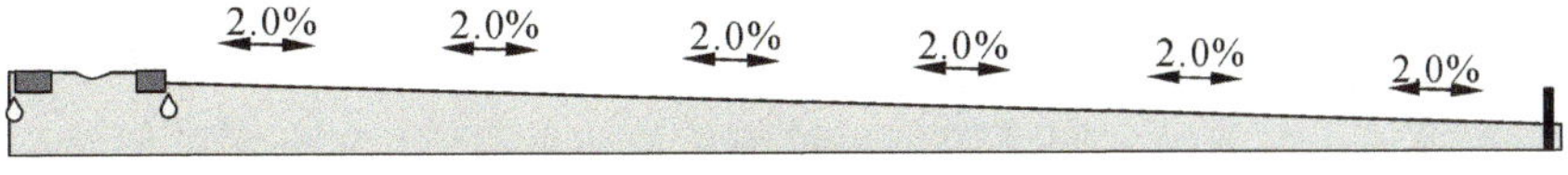

图 4.32 单幅单拱形式示意

(3)单幅折线形路拱(图 4.33)

单幅的内侧三车道的雨水经路拱横坡横向漫流至 3、4 车道交界处的变坡点时，由纵向葫芦形排水槽将大部分雨水截流至槽中，再由横向排水管将雨水横向排出路外；雨量大时，内侧两个车道未被纵向葫芦形排水槽截流的剩余雨水同外侧两个车道的雨水一起沿较大的路拱横坡横向漫流至右侧硬路肩，并排出路外。

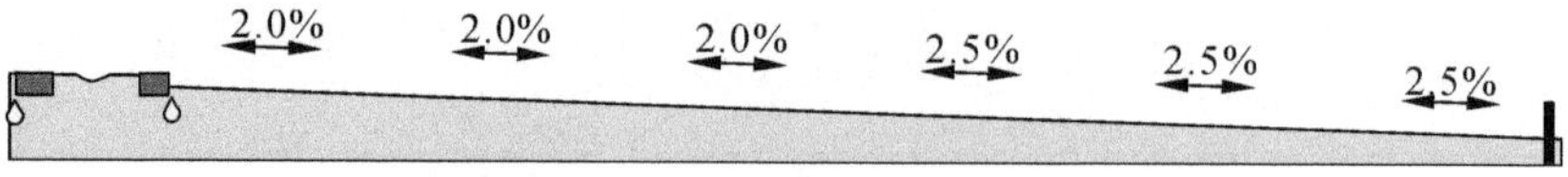

图 4.33　单幅折线形路拱示意

为提高排水效率，在左侧硬路肩至右侧硬路肩之间采用逐渐增大的横坡值。广西某八车道高速公路改扩建项目采用单向路拱，纵坡值小于 0.3% 的路段既有断面横坡值维持 2% 不变，拼宽部分采用横坡值为 2.5% 的路拱横坡。同向分离式路基段，上下游横坡均过渡至单向横坡。

项目地区雨量充沛，路基扩建为整体式十车道后，可能导致路面排水不畅。改扩建工程为了降低工程规模，尽量维持原路基横坡值不变，对拼宽部分横坡值进行加大设计，具体横坡值计算方法见 4.5.3 节。

4.5.3　坡面汇流历时计算和分析

(1)降雨强度取值

通过《公路排水设计规范》(JTG/T D33—2012)[90]中提供的利用标准降雨等值线图方法对拟合结果进行验证，以 15 年重现期计算降雨强度。

查《公路排水设计规范》(JTG/T D33—2012)表 9.1.7-1 可知，重现期转换系数 $c_{P=5}$ 为 1，$c_{P=15}$ 为 1.27；查图 9.1.7-2 可知，本项目所在地区降雨历时转换系数 $c_{t=60}$ 为 0.45；查图 9.1.7-1 可知，本项目所在地区 5 年一遇 10 min 降雨强度($q_{5,10}$)值位于 2.5～3.0 mm/mim之间，采用插值法得到 $q_{5,10}=2.8$ mm/min。可以求得：$q_{15,60}=c_{p=15}\cdot c_{t=60}\cdot q_{5,10}=1.56$ mm/min，则 15 年重现期一小时降雨强度 $q=1.56\times 60=94$ mm/h。

(2)正常路段路表排水计算

路表排水计算主要意义在于为改扩建项目提供合理的横纵坡坡度设置建议，从而有利于路面排水。路面可接受积水程度通过“临界水膜厚度”这一概念进行描述和控制。

关于公路水膜厚度计算，国内外学者建立了各种模型，大致可分为数学回归模型和数学物理模型两大类[91]。目前使用较多的回归模型中国外主要有 Ross[92]等为英国道路研究实验室(RRL)建立的模型，Gallaway 等[93]为美国交通部提出的模型等；国内季天剑[94]、罗京[95]等提出的数学回归模型应用较为广泛。此外，宾夕法尼亚大学为美国国家合作公路研究计划(NCHRP)开发了用于路面水膜深度预测的软件系统 PAVDRN，其使用的模型为基于路面粗糙系数(曼宁系数)的数学物理模型[96]。我国《排水沥青路面设计与施工技术规范》(JTG/T 3350-03—2020)[97]中也提出了水膜厚度理论计算公式[式(4.7)]。

$$h_{临}=\left(\frac{G}{(\sqrt{2}-1)\rho w v^2\sqrt{r}}\right)^2 \tag{4.7}$$

式中：$h_{临}$表示临界水膜厚度(m)；G 表示车重(N)；ρ 表示水的密度(kg/m^3)；w 表示车胎宽度(m)；v 表示车速(m/s)；r 表示轮胎半径(m)。

小轿车在雨天容易发生滑水，而载重货车则不易发生滑水，且式(4.7)同样证明了这一结论。本项目计算同样采用这一极限思想，选择桑塔纳 2000 车型的相关数据作为计算参数。另外，为进一步验证推导公式的合理性和适用条件，选取具有代表性的大车车型一并进行计算。分别将大车和小车的车型参数代入式(4.7)中，求得临界水膜厚度见表 4.21。

表 4.21 临界水膜厚度计算一览表

车型	临界水膜厚度计算参数					临界水膜厚度 $h_{临}$/mm
	水的密度 ρ/(kg/m^3)	车重 G/N	轮胎宽度 w/m	轮胎半径 r/m	车速 v/(km/h)	
小车	1000	3577	0.195	0.295	80	27.26
					100	11.17
					120	5.38
大车	1000	250000	0.305	0.541	80	29681.41
					100	12157.50
					120	5862.99

大车的计算结果与实际情况完全不符，可见式(4.7)不适用于大车临界水膜厚度计算。小车车型的临界水膜厚度对行车速度指标非常敏感，当车速达到本项目设计行车速度(100 km/h)时，临界水膜厚度为 11.17 mm，与实际情况较为接近，当行车速度继续增大时，临界水膜厚度偏离实际情况。

经分析比较，项目组认为式(4.7)有一定局限性，不适用于本项目对水膜厚度的计算与评价。

根据论文调研结果，罗京和刘建蓓等通过总结“海南省暴雨气象条件下公路交通安全防治技术研究”专题研究成果，在《路面水膜厚度检验评价方法》一文中提出表 4.22 所示的判定标准。

表 4.22 水膜厚度检验判定标准水膜

厚度范围/mm	判定标准	对应措施
<2.5	一般值	可接受
2.5～3.2	对四车道及以下高速公路采用 2.5 作为一般值	需考虑水膜影响
3.2～4	对四车道及以上高速公路采用 3.2 作为一般值	需考虑水膜影响
>4	极限值	需改善设计

(3)轮迹带水膜厚度计算

①规范公式

《排水沥青路面设计与施工技术规范》(JTG/T 3350-03—2020)中给出了轮迹带水膜厚度具体的计算公式[式(4.8)],令渗透系数为0即可计算非排水沥青路面的水膜厚度。

$$h_{轮}=1.3589\times\left[\frac{(100WL-kh\sqrt{i_z^2+i_h^2})nl}{(i_z^2+i_h^2)^{\frac{1}{4}}}\right]^{\frac{3}{5}} \tag{4.8}$$

式中:W表示降雨强度(cm/s);h表示排水面层(排水功能层)厚度(cm);i_z表示纵坡坡度(%);i_h表示横坡坡度(%);L表示单向路面宽度(m),对于高速公路为半幅路面宽度;k表示渗透系数,常数,用于一般路面时考虑取0;l表示最外侧车行道右侧轮迹带距离路面左边缘距离(m);n表示粗糙系数,经验常数,可在0.02~0.04之间取值,排水沥青路面一般取0.03。表4.23所示为按规范公式计算的轮迹带水膜厚度结果。

表4.23　按规范公式计算的轮迹带水膜厚度结果

车道数	路面宽度B_2/m	径流坡度		径流路径L_p/m	降雨强度q/(mm/h)	轮迹带水膜厚度$h_{轮}$/mm		路面下渗减小的水膜厚度Δh/mm
		纵坡坡度i_z(%)	横坡坡度i_h(%)			下渗	不下渗	
正常五车道	25.5	$0.0\leq i_z<0.1$	2.50	22.500	94	99.21	100.21	0.99
		$0.1\leq i_z<0.3$		22.518		99.19	100.18	0.99
		$0.3\leq i_z<1.0$		22.661		98.99	99.99	1.00
		$1.0\leq i_z<2.0$		24.233		96.95	98.00	1.05
		$2.0\leq i_z<3.0$		28.814		91.86	93.04	1.18
		$3.0\leq i_z<4.0$		35.146		86.30	87.66	1.36

根据计算结果,轮迹带水膜厚度在100 mm左右,与实际情况存在较大出入。经分析,规范公式是在多重假设的前提下由理论推导而来,未经实践检验,偏离实际情况。因此,规范公式不适用于实际轮迹带水膜厚度计算。

②经验公式

以调研结果为基础,结合目前国内多个项目水膜厚度计算经验,采用《路面水膜深度预测模型验证试验》[95]中提出的水膜厚度计算公式:

$$w_D=0.068\frac{L_p^{0.32}\cdot q^{0.41}\cdot T_{XD}^{1.17}}{i_p^{0.31}} \tag{4.9}$$

式中:w_D为路面水膜厚(深)度(mm);q为降雨强度(mm/h);L_p为排水长度(m);i_p为坡度(%);T_{XD}为路面平均构造深度(mm)。

为进一步降低水膜厚度,满足多车道超宽断面路表排水设计要求,通过改变式(4.8)中渗透系数k值,分别求得考虑下渗和不考虑下渗两种条件下的路面轮迹带水膜厚度,其差值即为排水沥青路面由于下渗减小的轮迹带水膜厚度$\Delta h_{轮}$,具体公式如下:

$$\Delta h_{轮}=1.3589\times\left[\frac{(100WL)nl}{(i_z^2+i_h^2)}\right]^{\frac{3}{5}}-1.3589\times\left[\frac{(100WL-kh\sqrt{i_z^2+i_h^2})nl}{(i_z^2+i_h^2)}\right]^{\frac{3}{5}} \tag{4.10}$$

计算结果表明，不同坡度组合下排水沥青路面较非排水沥青路面的水膜厚度平均减少约 1 mm。

4.5.4 计算结果分析

取降雨强度 $q=94$ mm/h，路面宽度为路基宽度减去两侧土路肩宽度，以路基推荐宽度 52.5 m 为例，路面宽度为 51 m，对广韶高速公路改扩建项目路面进行水膜厚度计算分析（以 3.2 mm 为检验标准）。

(1)单幅双拱形式

通过前文分析可知，采取单幅双拱形式，原中央分隔带不能得到有效利用，对交通组织及保通方案影响很大。横向排水沟接近路床，对路基稳定性影响也较大，且本项目需进行路面和中央分隔带改造的比例较高，投资较大，因此不计算相应形式下的路面水膜厚度。

(2)单幅单拱形式

①横坡设置为 2.0%，计算结果见表 4.24。

表 4.24 单幅单拱形式下横坡值为 2.0%的水膜厚度计算结果

路面宽度	路拱位置	径流坡度(%)			径流路径	降雨强度	水膜厚度
	B_2/m	纵坡坡度 i_z	横坡坡度 i_{h2}	合成坡度 i_p	L_p/m	$q/(\text{mm}\cdot\text{h}^{-1})$	W_D/mm
51 m	25.5	$0.0\leqslant i_z<0.1$	2.00	2.000	25.500	94	3.198
		$0.1\leqslant i_z<0.3$		2.002	25.532		3.198
		$0.3\leqslant i_z<1.0$		2.022	25.785		3.198
		$1.0\leqslant i_z<2.0$		2.236	28.510		3.202
		$2.0\leqslant i_z<3.0$		2.828	36.062		3.209
		$3.0\leqslant i_z<4.0$		3.606	45.971		3.217

②横坡设置为 2.5%，计算结果见表 4.25。

表 4.25 单幅单拱形式下横坡值为 2.5%的水膜厚度计算结果

路面宽度	路拱位置	径流坡度(%)			径流路径	降雨强度	水膜厚度
	B_2/m	纵坡坡度 i_z	横坡坡度 i_{h2}	合成坡度 i_p	L_p/m	$q/(\text{mm}\cdot\text{h}^{-1})$	W_D/mm
51 m	25.5	$0.0\leqslant i_z<0.1$	2.50	2.500	25.500	94	2.984
		$0.1\leqslant i_z<0.3$		2.502	25.520		2.984
		$0.3\leqslant i_z<1.0$		2.518	25.683		2.984
		$1.0\leqslant i_z<2.0$		2.693	27.464		2.986
		$2.0\leqslant i_z<3.0$		3.202	32.656		2.992
		$3.0\leqslant i_z<4.0$		3.905	39.832		2.998

③横坡设置为 3.0%，计算结果见表 4.26。

表 4.26 单幅单拱形式下横坡值为 3.0%的水膜厚度计算结果

路面宽度	路拱位置	径流坡度(%)			径流路径	降雨强度	水膜厚度
	B_2/m	纵坡坡度 i_z	横坡坡度 i_{h2}	合成坡度 i_p	L_p/m	q/(mm·h^{-1})	W_D/mm
51 m	25.5	$0.0 \leqslant i_z < 0.1$	3.00	3.000	25.500	94	2.820
		$0.1 \leqslant i_z < 0.3$		3.002	25.514		2.820
		$0.3 \leqslant i_z < 1.0$		3.015	25.627		2.820
		$1.0 \leqslant i_z < 2.0$		3.162	26.879		2.822
		$2.0 \leqslant i_z < 3.0$		3.606	30.647		2.825
		$3.0 \leqslant i_z < 4.0$		4.243	36.062		2.830

根据上述计算结果，采用单幅单路拱坡面的汇流历时增加有限且过水断面的水面宽度一般能够满足要求。分析结论如下：

a. 路面纵坡增大，路面水流路径加长，路面水膜厚度呈增大趋势，增幅较小。

b. 提高路线设计纵坡坡度，对水膜厚度的影响非常有限，横坡坡度对路面排水能力的影响权重显著大于纵坡坡度。因此，通过有限提高纵坡坡度的方式并不能有效提高路面排水能力、减少路面积水。

c. 当横坡值为 2.0%时，单幅五车道计算水膜厚度最大约 3.22 mm，高于“水膜厚度检验判定标准”界限值 3.2 mm。

d. 当横坡值为 2.5%时，单幅五车道计算水膜厚度最大约 2.99 mm，低于“水膜厚度检验判定标准”界限值 3.2 mm。

(3)单幅折线形路拱

维持原路基横坡值不变，对拼宽部分横坡值进行加大设计，即在行车道中间(3、4 车道)设置一条路拱线。内侧车道横坡 2.0%，外侧车道横坡 2.5%，水膜厚度计算结果见表 4.27。

表 4.27 单幅折线形路拱横坡(2.0%+2.5%)的水膜厚度计算结果

路面宽度	路拱位置		径流坡度(%)			径流路径	降雨强度	水膜厚度
	B_1/m	B_2/m	纵坡坡度	横坡坡度				
			i_z	i_{h1}	i_{h2}	L_p/m	q/(mm·h^{-1})	W_D/mm
51 m	15	10.5	$0.0 \leqslant i_z < 0.1$	2.00	2.50	25.500	94	3.102
			$0.1 \leqslant i_z < 0.3$			25.525		3.102
			$0.3 \leqslant i_z < 1.0$			25.728		3.103
			$1.0 \leqslant i_z < 2.0$			27.926		3.109
			$2.0 \leqslant i_z < 3.0$			34.159		3.120
			$3.0 \leqslant i_z < 4.0$			42.540		3.129

根据上述计算结果，采用单幅单路拱坡面的汇流历时增加有限且过水断面的水面宽度一般能够满足要求。分析结论如下：

a. 当既有公路维持原路拱横坡 2%不变，将拼宽部分横坡加大至 2.5%，横坡按线性渐变时，单幅五车道水膜厚度最大约 3.129 mm，低于“水膜厚度检验判定标准”界限值 3.2 mm，满足排水要求。

b. 单幅折线形路拱虽然相较于单幅单拱（横坡值 2.5%）的排水效果较差，但可以满足路面排水需求，且对既有老路不做调整可大幅减少工程投入。

综上所述，为满足路面排水需求，广韶高速公路改扩建工程推荐采用单幅折线形路拱，横坡值建议为“旧路 2%＋拼宽 2.5%”。

4.5.5 特殊路面排水

对于一般路拱横坡值的调整，不能完全解决互通加减速超宽车道、超高缓和路段及凹曲线底部等路段的排水问题，本节重点阐述上述特殊路面排水方案。

(1)特殊路段排水设计方案

①排水路面(图 4.34)

排水路面空隙率在 20%左右，能够在混合料内部形成排水通道，并从路面边部排出，有效降低路面水膜厚度。

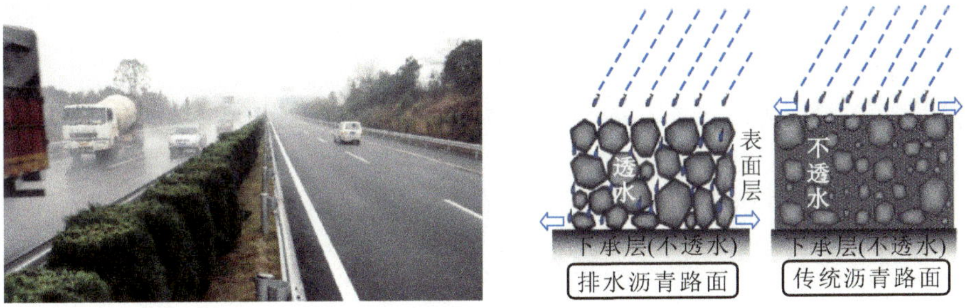

图 4.34 排水路面

②UHPC 排水槽及缝隙式排水沟等

UHPC 排水槽(图 4.35)主要设置在直线长纵坡底部前后位置或平曲线内弯处。通过截断水流路径，减小水膜厚度。互通匝道鼻端设置纵向截水沟(图 4.36)也能有效减小路面水膜厚度。

图 4.35 装配式 UHPC“Ω”形排水槽施工照片

图 4.36　纵向截水沟

③震荡减速带

为了提高行车安全，常用的一种改善措施是在路面上设置连续震荡减速带，在道路拐弯处设置减速带。这样可以减缓车辆的速度，降低车辆在积水路面上因为速度太高发生打滑而导致事故的概率。同时，由于路面上多了许多凸起的阻碍物，可以延缓路面上的水流沿着道路纵坡向集中下流的趋势、分散水流，减少边道纵向水流在局部低洼区域的积累，让其更倾向于顺着横坡流入设置的渗沟和管渠，从而缩短积水在路面上停留的时间。

④移动路脊法

移动路脊法适用于主线纵坡小于 2% 的路段，以及超高外侧路面横坡从 −1% 过渡到 1% 横坡的路段。此路段（图 4.37 中Ⅱ、Ⅳ）采用移动路脊法过渡，其他路段超高过渡按三次抛物线渐变，硬路肩的横坡方向及其坡度与行车道相同。此方法使得公路路面横坡 ≥1%，从而提高了超高渐变段路面排水能力。

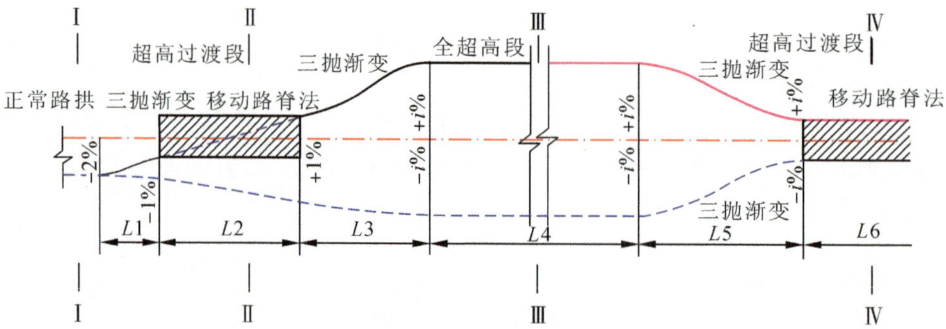

图 4.37　移动路脊法

移动路脊法目前仅在福建省有一定应用，但在其他地区无相关应用，其排水优越性及安全性有待进一步实践检验。

（2）超高路段外侧路面排水

①既有路面超高排水计算

现状超高排水纵向沟尺寸为 0.3 m×0.4 m，横向排水管直径为 ϕ50 cm。根据既有竣工图资料，并结合现场调查，对现状超高排水及扩宽后路面的排水能力进行计算，结果见表 4.28。

表 4.28 现状超高排水及扩宽后路面的排水能力结果

<table>
<tr><th>序号</th><th>超高段排水沟起讫桩号</th><th>长度/m</th><th>集水井桩号</th><th>纵坡坡度(%)</th><th>集水井间距/m</th><th>现状间距是否满足要求</th><th>扩建后是否满足要求</th></tr>
<tr><td rowspan="4">1</td><td rowspan="4">K2078+000.000
～
K2078+588.043</td><td rowspan="4">588.043</td><td>K2078+078.043</td><td>1.727</td><td></td><td></td><td></td></tr>
<tr><td>K2078+098.043</td><td>1.727</td><td>20</td><td>是</td><td>是</td></tr>
<tr><td>K2078+278.043</td><td>1.727</td><td>180</td><td>是</td><td>否</td></tr>
<tr><td>K2078+378.043</td><td>1.727</td><td>100</td><td>是</td><td>否</td></tr>
<tr><td rowspan="7">2</td><td rowspan="7">K2080+030.697
～
K2080+780.697</td><td rowspan="7">750</td><td>K2080+355.697</td><td>0.639</td><td></td><td></td><td></td></tr>
<tr><td>K2080+360.697</td><td>0.639</td><td>5</td><td>是</td><td>是</td></tr>
<tr><td>K2080+430.697</td><td>0.639</td><td>70</td><td>是</td><td>否</td></tr>
<tr><td>K2080+505.697</td><td>0.639</td><td>75</td><td>是</td><td>否</td></tr>
<tr><td>K2080+510.697</td><td>0.526</td><td>5</td><td>是</td><td>是</td></tr>
<tr><td>K2080+630.697</td><td>0.526</td><td>120</td><td>否</td><td>否</td></tr>
<tr><td>K2080+730.697</td><td>0.526</td><td>100</td><td>是</td><td>否</td></tr>
<tr><td rowspan="6">3</td><td rowspan="6">K2085+439.697
～
K2086+570.697</td><td rowspan="6">1131</td><td>K2085+950.697</td><td>2.405</td><td></td><td></td><td></td></tr>
<tr><td>K2086+050.697</td><td>2.405</td><td>100</td><td>是</td><td>否</td></tr>
<tr><td>K2086+180.697</td><td>2.405</td><td>130</td><td>是</td><td>否</td></tr>
<tr><td>K2086+250.697</td><td>0.503</td><td>70</td><td>是</td><td>否</td></tr>
<tr><td>K2086+470.697</td><td>0.503</td><td>220</td><td>否</td><td>否</td></tr>
<tr><td>K2086+570.697</td><td>0.503</td><td>100</td><td>是</td><td>否</td></tr>
<tr><td rowspan="2">4</td><td rowspan="2">K2087+620.099
～
K2088+259.099</td><td rowspan="2">639</td><td>K2087+935.099</td><td>1.407</td><td></td><td></td><td></td></tr>
<tr><td>K2088+005.099</td><td>1.407</td><td>70</td><td>是</td><td>否</td></tr>
<tr><td rowspan="3">5</td><td rowspan="3">K2089+313.791
～
K2090+349.791</td><td rowspan="3">1036</td><td>K2089+649.791</td><td>0.393</td><td></td><td></td><td></td></tr>
<tr><td>K2089+819.791</td><td>0.393</td><td>170</td><td>否</td><td>否</td></tr>
<tr><td>K2090+069.791</td><td>0.867</td><td>250</td><td>否</td><td>否</td></tr>
<tr><td rowspan="4">6</td><td rowspan="4">K2090+686.324
～
K2091+829.324</td><td rowspan="4">1143</td><td>K2090+809.324</td><td>0.867</td><td></td><td></td><td></td></tr>
<tr><td>K2090+974.324</td><td>3.164</td><td>165</td><td>是</td><td>否</td></tr>
<tr><td>K2091+319.324</td><td>3.164</td><td>345</td><td>否</td><td>否</td></tr>
<tr><td>K2091+474.324</td><td>1.208</td><td>155</td><td>是</td><td>否</td></tr>
</table>

续表 4.28

序号	超高段排水沟起讫桩号	长度/m	集水井桩号	纵坡坡度(%)	集水井间距/m	现状间距是否满足要求	扩建后是否满足要求
6	K2090＋686.324～K2091＋829.324	1143	K2091＋574.324	1.208	100	是	否
			K2091＋674.324	1.208	100	是	否
			K2091＋769.324	1.208	95	是	否
			K2091＋829.324	1.208	60	是	否
7	K2092＋428.324～K2093＋889.324	1461	K2092＋574.324	0.387			
			K2092＋649.324	0.387	75	是	否
			K2092＋754.324	0.387	105	是	否
			K2093＋074.324	0.3	320	否	否
			K2093＋124.324	0.3	50	是	否
			K2093＋274.324	0.3	150	否	否
			K2093＋319.324	0.3	45	是	否
			K2093＋384.324	0.3	65	是	否
			K2093＋474.324	0.3	90	是	否
			K2093＋499.324	0.3	25	是	是
			K2093＋519.324	0.3	20	是	是
			K2093＋574.324	0.503	55	是	否
			K2093＋654.324	0.503	80	是	否
			K2093＋774.324	0.503	120	否	否
			K2093＋814.324	0.503	40	是	是
			K2093＋874.324	0.503	60	是	否
			K2093＋884.324	0.503	10	是	是
8	K2094＋859.719～K2096＋560.719	1701	K2094＋992.719	0.404			
			K2095＋062.719	0.404	70	是	否
			K2095＋132.719	0.404	70	是	否
			K2095＋297.719	0.506	165	否	否
			K2095＋572.719	0.506	275	否	否
			K2095＋637.719	0.506	65	是	否
			K2095＋762.719	0.506	125	否	否
			K2095＋817.719	0.506	55	是	否

续表 4.28

序号	超高段排水沟起讫桩号	长度/m	集水井桩号	纵坡坡度(%)	集水井间距/m	现状间距是否满足要求	扩建后是否满足要求
8	K2094+859.719～K2096+560.719	1701	K2096+082.719	0.506	265	否	否
			K2096+162.719	0.944	80	是	否
			K2096+272.719	0.944	110	否	否
			K2096+352.719	0.944	80	是	否
9	K2097+017.719～K2098+304.719	1287	K2097+017.719	1.997			
			K2097+132.719	2.613	115	是	否
			K2097+257.719	2.613	125	是	否
			K2097+397.719	2.613	140	是	否
			K2097+767.719	2.431	370	否	否
			K2097+917.719	2.431	150	是	否
			K2098+037.719	3.5	120	是	否
			K2098+137.719	3.5	100	是	否
			K2098+292.719	3.5	155	是	否
10	K2098+482.719～K2099+308.719	826	K2098+457.719	3.5			
			K2098+697.719	3.5	240	是	否
			K2098+797.719	3.5	100	是	否
			K2099+047.719	3.5	250	是	否
11	K2099+308.719～K2099+842.719	534	K2099+387.719	3.5			
			K2099+537.719	2.185	150	是	否
			K2099+712.719	2.185	175	是	否
			K2099+842.719	2.185	130	是	否
12	K2100+604.719～K2101+482.719	878	K2100+022.719	2.185	180	是	否
			K2100+637.719	2.185			
			K2101+097.719	1.995	460	否	否
			K2101+332.719	1.995	235	否	否
			K2101+482.719	1.995	150	是	否
13	K2104+724.719～K2105+442.719	718	K2104+837.719	0.503			
			K2104+897.719	0.503	60	是	否
			K2104+987.719	0.503	90	是	否

续表 4.28

<table>
<tr><th>序号</th><th>超高段排水沟起讫桩号</th><th>长度/m</th><th>集水井桩号</th><th>纵坡坡度(%)</th><th>集水井间距/m</th><th>现状间距是否满足要求</th><th>扩建后是否满足要求</th></tr>
<tr><td rowspan="4">13</td><td rowspan="4">K2104+724.719
～
K2105+442.719</td><td rowspan="4">718</td><td>K2105+037.719</td><td>0.503</td><td>50</td><td>是</td><td>否</td></tr>
<tr><td>K2105+187.719</td><td>0.503</td><td>150</td><td>否</td><td>否</td></tr>
<tr><td>K2105+257.719</td><td>0.503</td><td>70</td><td>是</td><td>否</td></tr>
<tr><td>K2105+317.719</td><td>0.503</td><td>60</td><td>是</td><td>否</td></tr>
<tr><td rowspan="8">14</td><td rowspan="8">K2105+644.719
～
K2106+479.719</td><td rowspan="8">835</td><td>K2105+637.719</td><td>0.503</td><td></td><td></td><td></td></tr>
<tr><td>K2105+897.719</td><td>0.503</td><td>260</td><td>否</td><td>否</td></tr>
<tr><td>K2105+937.719</td><td>0.503</td><td>40</td><td>是</td><td>是</td></tr>
<tr><td>K2106+017.719</td><td>0.503</td><td>80</td><td>是</td><td>否</td></tr>
<tr><td>K2106+097.719</td><td>0.503</td><td>80</td><td>是</td><td>否</td></tr>
<tr><td>K2106+147.719</td><td>0.503</td><td>50</td><td>是</td><td>否</td></tr>
<tr><td>K2106+217.719</td><td>0.503</td><td>70</td><td>是</td><td>否</td></tr>
<tr><td>K2106+332.719</td><td>0.503</td><td>115</td><td>否</td><td>否</td></tr>
<tr><td rowspan="6">15</td><td rowspan="6">K2106+677.719
～
K2107+297.719</td><td rowspan="6">620</td><td>K2106+697.719</td><td>0.503</td><td></td><td></td><td></td></tr>
<tr><td>K2106+937.719</td><td>0.484</td><td>240</td><td>否</td><td>否</td></tr>
<tr><td>K2107+032.719</td><td>0.484</td><td>95</td><td>是</td><td>否</td></tr>
<tr><td>K2107+127.719</td><td>0.484</td><td>95</td><td>是</td><td>否</td></tr>
<tr><td>K2107+197.719</td><td>0.484</td><td>70</td><td>是</td><td>否</td></tr>
<tr><td>K2107+297.719</td><td>0.484</td><td>100</td><td>是</td><td>否</td></tr>
<tr><td rowspan="6">16</td><td rowspan="6">K2107+353.719
～
K2108+108.719</td><td rowspan="6">755</td><td>K2107+467.719</td><td>0.484</td><td></td><td></td><td></td></tr>
<tr><td>K2107+552.719</td><td>0.484</td><td>85</td><td>是</td><td>否</td></tr>
<tr><td>K2107+607.719</td><td>0.484</td><td>55</td><td>是</td><td>否</td></tr>
<tr><td>K2107+897.719</td><td>0.745</td><td>290</td><td>否</td><td>否</td></tr>
<tr><td>K2108+137.719</td><td>0.745</td><td>240</td><td>否</td><td>否</td></tr>
<tr><td>K2108+207.719</td><td>0.745</td><td>70</td><td>是</td><td>否</td></tr>
<tr><td rowspan="5">17</td><td rowspan="5">K2109+869.719
～
K2110+941.719</td><td rowspan="5">1072</td><td>K2110+157.719</td><td>1.002</td><td></td><td></td><td></td></tr>
<tr><td>K2110+487.719</td><td>0.79</td><td>330</td><td>否</td><td>否</td></tr>
<tr><td>K2110+597.719</td><td>0.79</td><td>110</td><td>否</td><td>否</td></tr>
<tr><td>K2110+677.719</td><td>0.79</td><td>80</td><td>是</td><td>否</td></tr>
<tr><td>K2110+827.719</td><td>0.79</td><td>150</td><td>否</td><td>否</td></tr>
</table>

续表 4.28

序号	超高段排水沟起讫桩号	长度/m	集水井桩号	纵坡坡度(%)	集水井间距/m	现状间距是否满足要求	扩建后是否满足要求
18	K2112+305.719～K2113+403.719	1098	K2112+487.719	1.005			
			K2112+567.719	1.005	80	是	否
			K2112+647.719	1.005	80	是	否
			K2112+797.719	1.005	150	是	否
			K2112+877.719	1.005	80	是	否
			K2113+057.719	0.504	180	否	否
			K2113+127.719	0.504	70	是	否
			K2113+337.719	0.504	210	否	否
19	K2113+726.719～K2114+417.719	691	K2113+917.719	0.504			
			K2113+997.719	0.466	80	是	否
			K2114+072.719	0.466	75	是	否
			K2114+197.719	0.466	125	否	否
			K2114+247.719	0.466	50	是	否
20	K2114+417.719～K2115+459.719	1042	K2114+697.719	0.466			
			K2114+787.719	0.466	90	是	否
			K2114+842.719	0.466	55	是	否
			K2114+922.719	0.466	80	是	否
			K2114+997.719	0.466	75	是	否
			K2115+087.719	0.466	90	是	否
			K2115+197.719	0.466	110	否	否
			K2115+242.719	0.466	45	是	否
			K2115+337.719	0.466	95	是	否
21	K2118+153.719～K2119+927.719	1774	K2118+377.719	1.089			
			K2118+572.719	0.938	195	否	否
			K2118+637.719	0.938	65	是	否
			K2118+697.719	0.938	60	是	否
			K2118+837.719	3.609	140	是	否
			K2118+977.719	3.609	140	是	否
			K2119+137.719	3.609	160	是	否

续表 4.28

序号	超高段排水沟起讫桩号	长度/m	集水井桩号	纵坡坡度(%)	集水井间距/m	现状间距是否满足要求	扩建后是否满足要求
21	K2118+153.719～K2119+927.719	1774	K2119+227.719	3.609	90	是	是
			K2119+397.719	3.609	170	是	否
			K2119+722.719	1.118	325	否	否
			K2119+897.719	1.118	175	是	否
22	K2120+987.719～K2121+627.719	640	K2121+177.719	2.491			
			K2121+347.719	2.491	170	是	否
			K2121+497.719	3.204	150	是	否
23	K2121+627.719～K2122+457.719	830	K2121+677.719	3.204			
			K2121+977.719	3.204	300	是	否
			K2122+097.719	3.204	120	是	否
			K2122+377.719	3.204	280	是	否
24	K2123+490.123～K2124+020.123	530	K2123+540.123	3.684			
			K2123+670.123	3.684	130	是	否
25	K2124+020.123～K2124+550.123	530	K2124+080.123	2.5			
			K2124+240.123	2.127	160	是	否
			K2124+340.123	2.127	100	是	否

经初步计算分析，除个别间距较远的集水井段落外，现状超高排水设施基本能满足五年重现期设计排水要求，在考虑扩建仅对集水井进行接长，同时维持现状超高排水沟不变的条件下，再次对路面超高排水进行计算，发现绝大多数集水井间距不能满足排水设计要求。

②既有路面超高排水改造方案

为保证扩建后路面超高排水的顺畅，拟对超高排水设施进行一定改造：

方案 1：废除既有纵向排水沟，对纵向沟进行加宽加深处理，现状排水沟尺寸为 0.3×0.4 m，在考虑水位距沟顶一定安全距离的情况下，过水断面面积不到 0.1 m^2，扩建后将水沟宽度调整为 0.5 m，深度根据集水井间距适当加深。该方案对局部不满足要求路段的集水井进行加密，大部分横向管可以考虑直接接长(图 4.38)，尽量减少对路面开槽的影响。初步设计阶段推荐采用该方案。

方案 2：尽量利用现状纵向排水沟，在不满足排水要求的路段增设集水井和横向管。该方案将对既有路面大量开槽(图 4.39)，对老路路面造成较大破坏，故不予推荐。

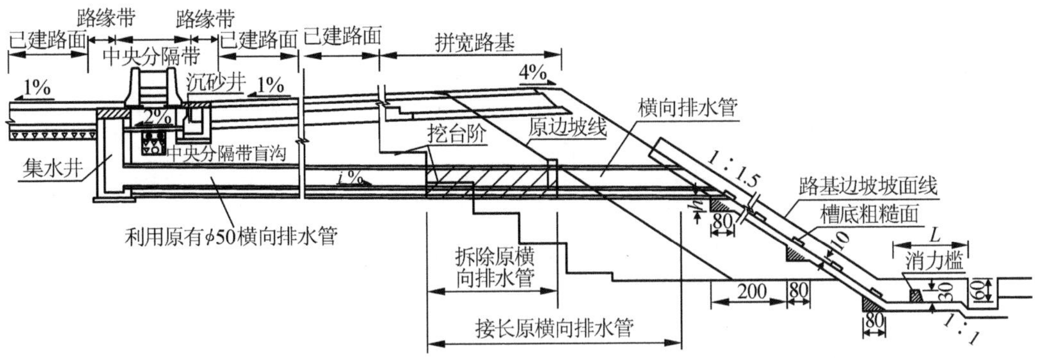

图 4.38　横向排水管接长示意(单位:cm)

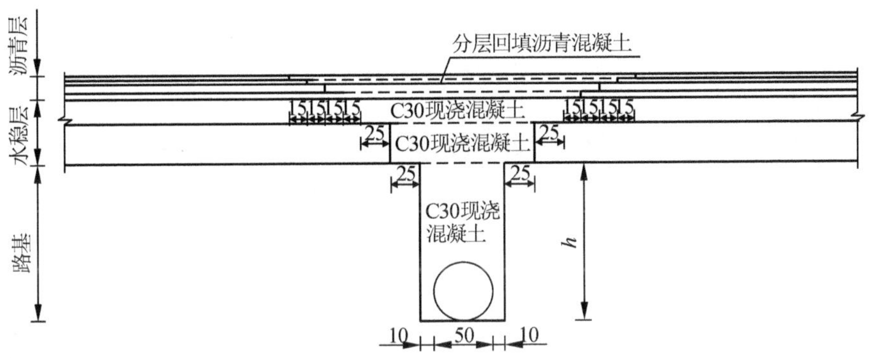

图 4.39　路面开槽埋设横向管示意(单位:cm)

(3)中央分隔带排水

当非超高段存在长挖方无法排水或凹型竖曲线纵坡较大等问题时,在挖方边坡两端、凹曲线底部的中央分隔带须设置集水井。除此情况以外的非超高段,中央分隔带排水仅考虑排泄护栏背后渗水,其量较小,通过路面散排即可。

中央分隔带内排水主要是排除顶面下渗雨水,通过在护栏后填土中部设置 15 cm 厚砂砾排水层,并设 2%的向路侧横坡,砂砾层顶部设置一层渗水土工布,砂砾层底部设置一层防渗土工膜,砂砾层底部向路侧纵向每隔 2 m 设置一根 ϕ5 cmPVC 泄水管。最终将渗水排至路面,通过路面散排、纵向暗沟汇集等方式排走。

(4)路面结构层排水

为排除通过路面接缝、裂缝或空隙、路肩或路基渗入并滞留在路面结构内的自由水,设置路面盲沟排水系统。水泥稳定基层上铺设沥青封层,在土路肩内设置纵向碎石盲沟,汇聚路面结构层内的下渗水,并通过横向排水管及时将水引出。

①路面面层底部设沥青下封层防止路面水下渗。

②在填方路段,路面结构层外侧土路肩内设置纵向碎石盲沟,连接路面垫层,以排除路面结构层内的下渗水。

③在挖方路段,路面结构层外侧土路肩内设置纵向渗沟汇聚路面结构下渗水,纵向

渗沟与碎石垫层相连通,并通过在填方设置的横向排水管将渗水排离路基。

④在底基层下设置碎石垫层,填方路段碎石垫层水直接排到填方边坡,挖方路段碎石垫层与纵向渗沟相接。

⑤在超高段外侧,于纵向集水沟边缘的路面结构内设置纵向碎石盲沟,并通过横向排水管及时将渗水引至集水沟内。

4.6 广韶高速公路横断面组合形式及宽度

基于以上横断面各组成要素宽度值研究结论,横断面组合形式选取时应结合项目功能定位、交通组织模式、工程规模、控制条件等因素综合考虑。根据交通组织模式相关研究结论,广韶高速公路改扩建工程运营期 2+3 内外分幅交通组织模式优势明显,基于此交通组织模式条件下,项目组提出五种横断面布设方案。

(1)方案一

第一、二车道全部行驶小客车,可全部采用 3.5 m 的行车道宽度,其他车道采用 3.75 m,左侧硬路肩宽度采用 3.0 m,可满足救援车辆停靠需求。设置 1.5m 宽的中央分隔带,中央分隔带有落墩需求时可采用压缩左侧硬路肩、扩大护栏间距等方式过渡(图 4.40)。

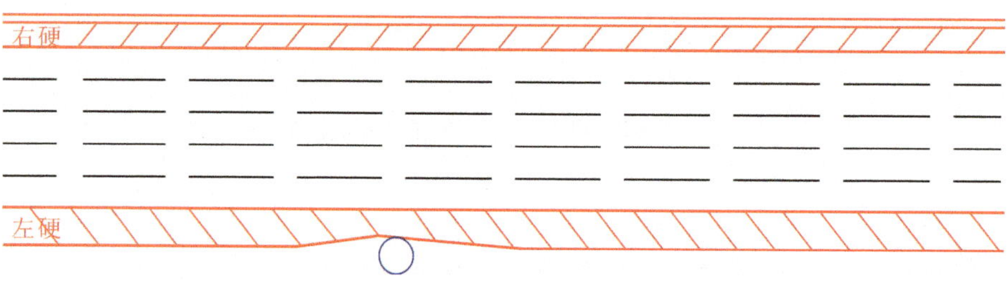

图 4.40 中央分隔带落墩过渡示意(单幅)

整体路基宽度(总宽)为 51.5 m,具体组成为:1.5 m(中央分隔带)+2×3.0 m(左侧硬路肩)+2×(3×3.75 m+2×3.5 m)(行车道)+2×3 m(右侧硬路肩)+2×0.75 m(土路肩)。

表 4.29 所示为方案一:广韶高速公路改扩建断面组合形成及宽度。

表 4.29 方案一:广韶高速公路改扩建横断面组合形式及宽度

左幅/m				中央分隔带/m	右幅/m				总宽/m
土路肩	右硬	行车道	左硬		左硬	行车道	右硬	土路肩	
0.75	3.0	3.75×3+3.50×2	3.0	1.5	3.0	3.75×3+3.50×2	3.0	0.75	51.5

图 4.41 所示为方案一:广韶高速公路改扩建横断面布置示意。

该方案优点在于有利于控制工程投资规模,但内侧车道较窄,且没有与外侧车道进行分隔处理,驾驶主观感受较差。

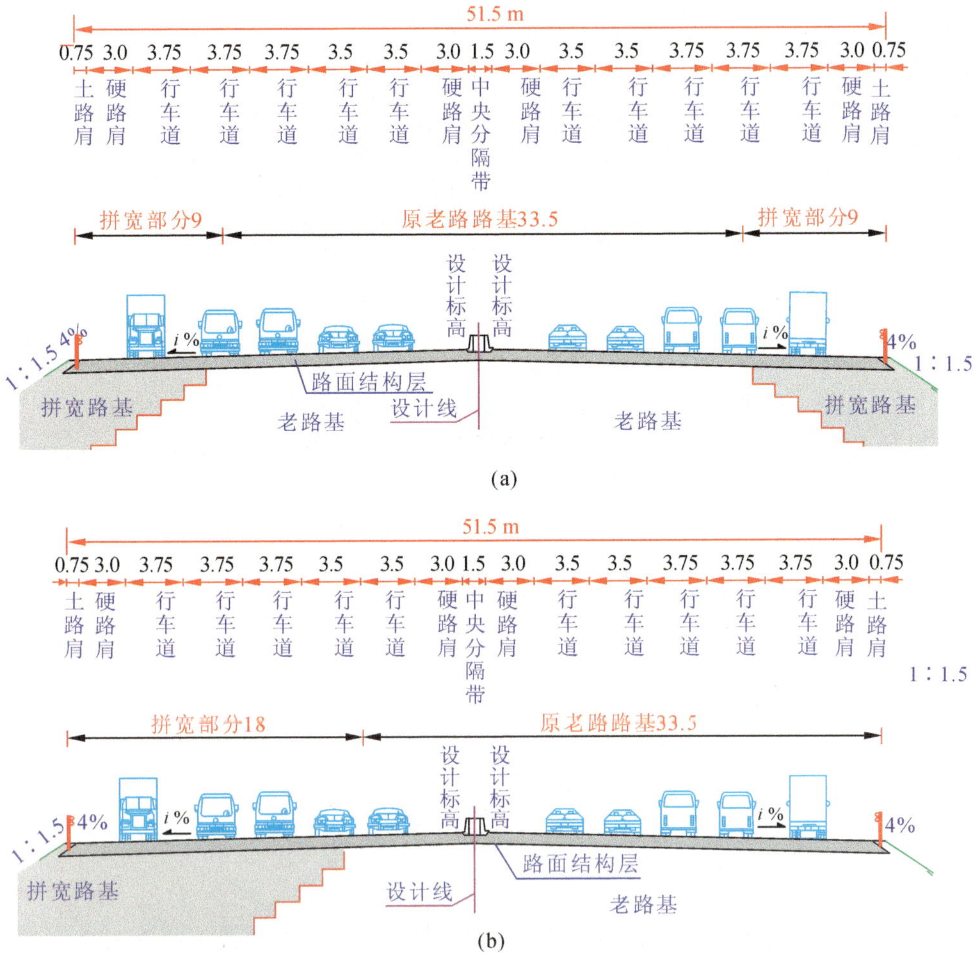

图 4.41 方案一：广韶高速公路改扩建横断面布置示意

(a)双侧扩建十车道标准断面；(b)单侧扩建十车道标准断面

(2)方案二

第一、二车道全部行驶小客车，可全部采用 3.5 m 的行车道宽度，其他车道采用 3.75 m，左侧硬路肩宽度采用 3.0 m，可满足救援车辆停靠需求。设置 2.5 m 宽的中央分隔带。

整体路基宽度为 52.5 m，具体组成为：2.5 m(中央分隔带)＋2×3.0 m(左侧硬路肩)＋2×(3×3.75 m＋2×3.5 m)(行车道)＋2×3 m(右侧硬路肩)＋2×0.75 m(土路肩)。

表 4.30 所示为方案二：广韶高速公路改扩建横断面组合形式及宽度。

表 4.30 方案二：广韶高速公路改扩建横断面组合形式及宽度

左幅/m				中央分隔带/m	右幅/m				总宽/m
土路肩	右硬	行车道	左硬		左硬	行车道	右硬	土路肩	
0.75	3.0	3.75×3＋3.50×2	3.0	2.5	3.0	3.75×3＋3.50×2	3.0	0.75	52.5

图 4.42 所示为方案二：广韶高速公路改扩建横断面布置图。

该方案优点在于中央分隔带宽度完全可以满足中央分隔带落墩、ETC门架架设等需求，但内侧车道较窄，没有与外侧车道进行分隔处理，驾驶主观感受较差。

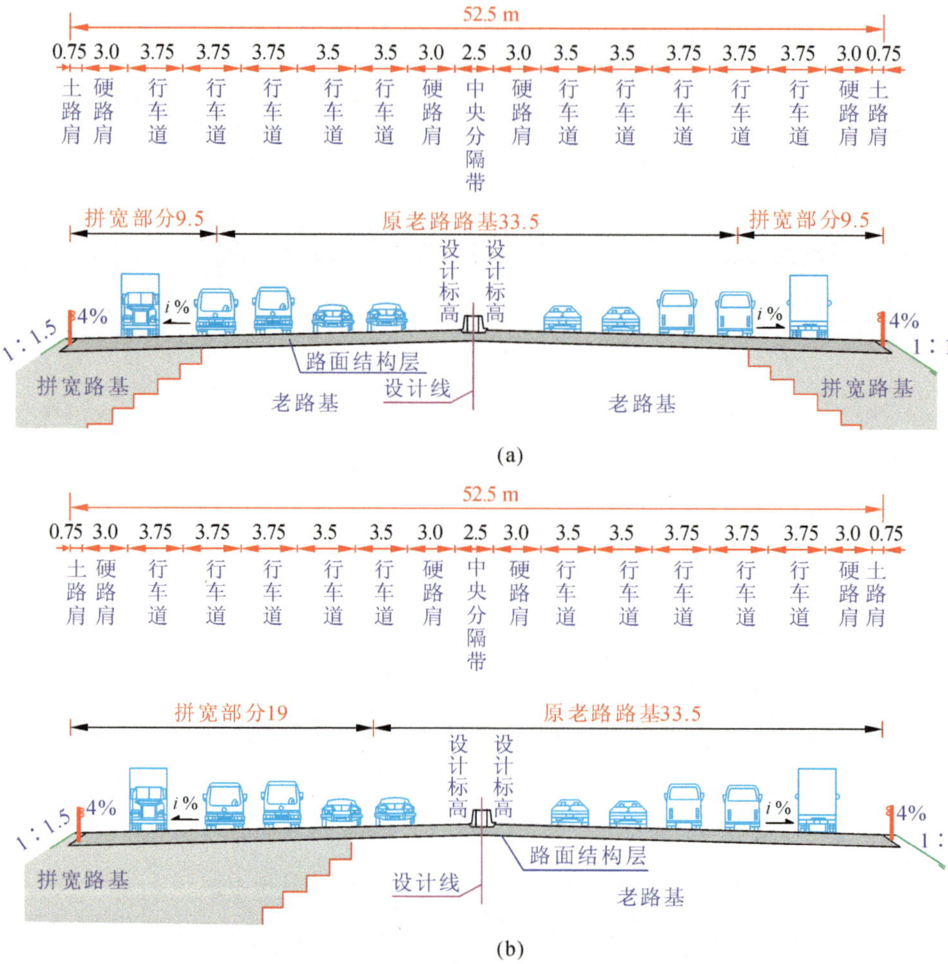

图 4.42　方案二：广韶高速公路改扩建横断面布置图

(a)双侧扩建十车道标准断面；(b)单侧扩建十车道标准断面

(3)方案三

第一、二车道全部行驶小客车，可全部采用 3.5 m 的行车道宽度，其他车道采用 3.75 m，为抵消内侧车道行车轨迹向左偏移的影响，单向需设置 0.5 m 宽的双线分隔带，左侧硬路肩宽度采用 3.0 m，可满足救援车辆紧急停靠需求，设置 1.5 m 中央分隔带，中央分隔带有落墩需求时可采用压缩左侧硬路肩、扩大护栏间距等方式过渡。

整体路基宽度为 52.5 m，具体组成为：1.5 m(中央分隔带)＋2×3.0 m(左侧硬路肩)＋2×(3×3.75 m＋2×3.5 m)(行车道)＋2×0.5 m(双黄线)＋2×3 m(右侧硬路肩)＋2×0.75 m(土路肩)。

表 4.31 所示为方案三：广韶高速公路改扩建横断面组合形式及宽度。

表 4.31 方案三:广韶高速公路改扩建横断面组合形式及宽度

左幅/m				中央分隔带/m	右幅/m				总宽/m
土路肩	右硬	行车道	左硬		左硬	行车道	右硬	土路肩	
0.75	3.0	3.75×3+3.50×2 (+0.5m 双黄线)	3.0	1.5	3.0	3.75×3+3.50×2 (+0.5m 双黄线)	3.0	0.75	52.5

图 4.43 所示为方案三:广韶高速公路改扩建横断面布置示意。

该方案行车道宽度与交通组织模式对应,左侧硬路肩可以满足救援车辆停靠需求,但内外分幅转换段的实虚标线位置及长度设置可能带来一定的运营风险,实际管控难度大。

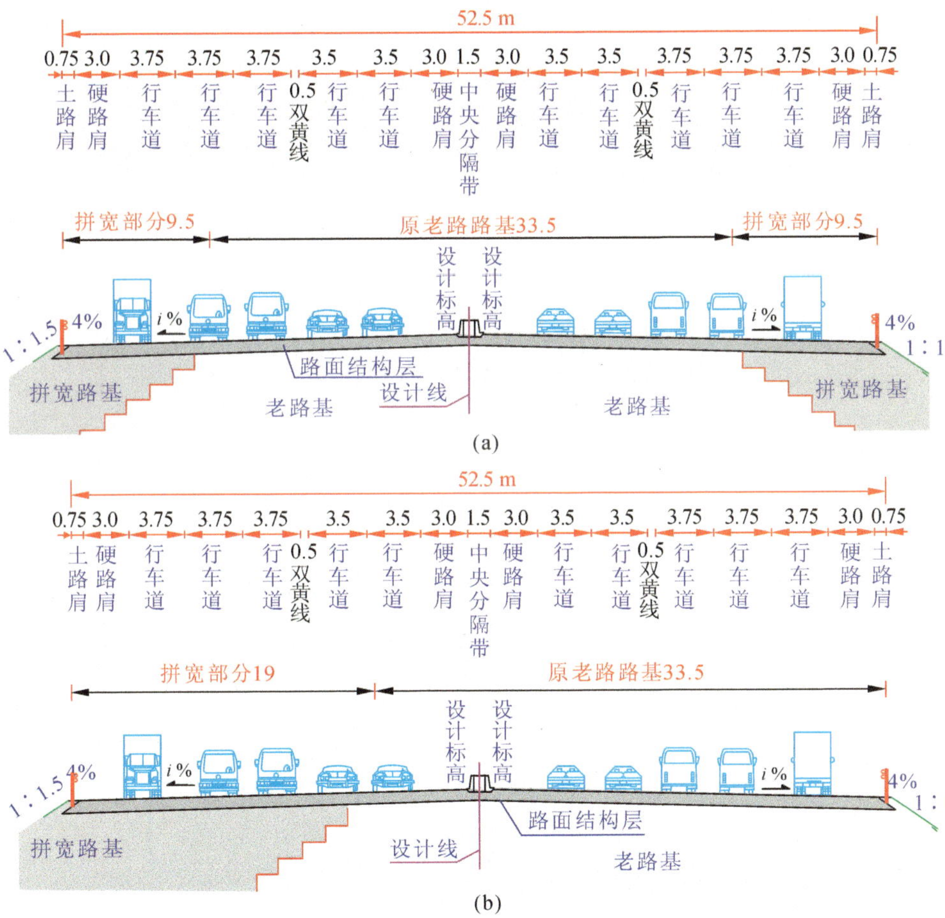

图 4.43 方案三:广韶高速公路改扩建横断面布置示意

(a)双侧扩建十车道标准断面;(b)单侧扩建十车道标准断面

(4)方案四

所有车道宽度均采用 3.75 m,右侧硬路肩宽度均采用 3 m,内侧两车道仅通行小客车时，左侧硬路肩宽度采用 2.5 m，可满足小客车紧急停靠需求，考虑中央分隔带落墩需求，设置 2.5 m 中央分隔带。

整体路基宽度为 52.5 m，具体组成为：2.5 m（中央分隔带）+2×2.5 m（左侧硬路肩）+2×（5×3.75 m）（行车道）+2×3 m（右侧硬路肩）+2×0.75 m（土路肩）。

表 4.32 所示为方案四：广韶高速公路改扩建横断面组合形式及宽度。

表 4.32　方案四：广韶高速公路改扩建横断面组合形式及宽度

左幅/m				中央分隔带/m	右幅/m				总宽/m
土路肩	右硬	行车道	左硬		左硬	行车道	右硬	土路肩	
0.75	3.0	3.75×5	2.5	2.5	2.5	3.75×5	3.0	0.75	52.5

图 4.44 所示为方案四：广韶高速公路改扩建横断面布置示意。

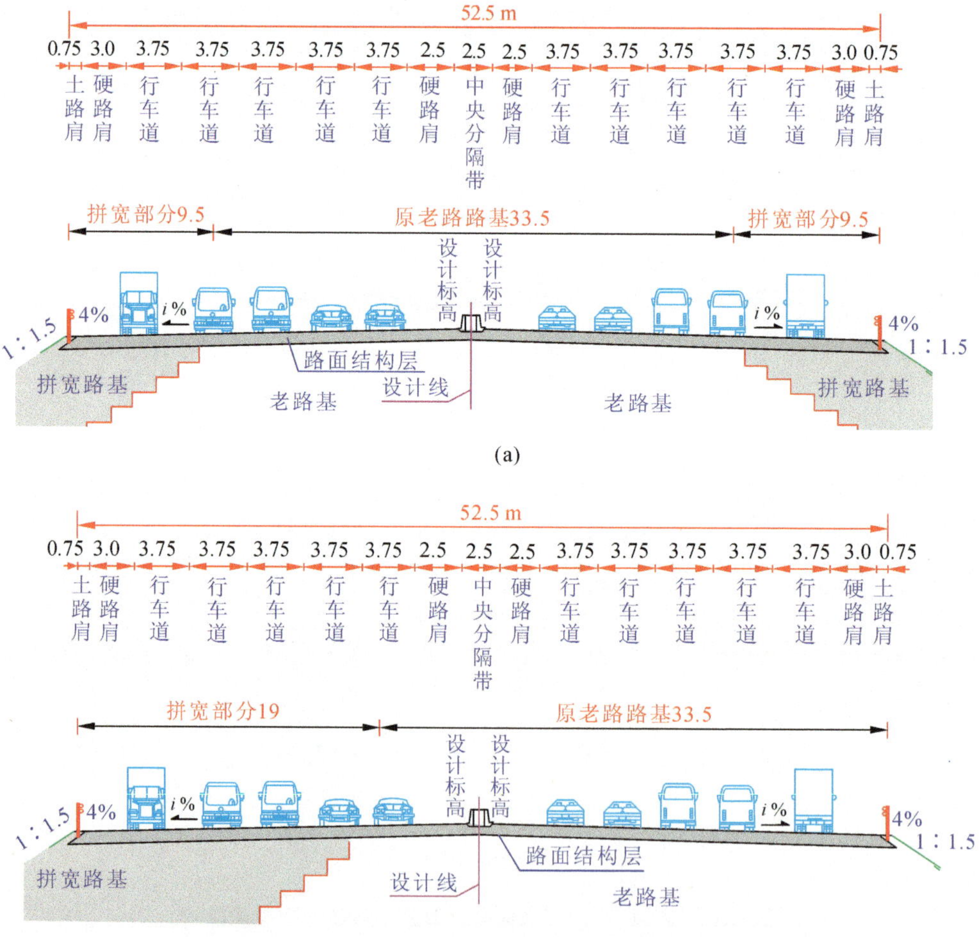

图 4.44　方案四：广韶高速公路改扩建横断面布置示意

(a)双侧扩建十车道标准断面；(b)单侧扩建十车道标准断面

该方案行车道宽度较宽，可以抵消未设置分隔带引起驾驶者主观感受差的不利影响，有利于行车安全，中央分隔带可以满足中央分隔带落墩需求，同时，广韶高速公路作为湘、粤两省之间的主要货运快速通道，所有车道宽度均设置为 3.75 m，有利于未来车道管控方案的灵活转变。但该方案左侧硬路肩仅能满足小客车紧急停靠需求，不利于救援车辆停靠。

(5)方案五(推荐方案)

所有车道宽度均采用 3.75 m，左、右侧硬路肩宽度均采用 3 m，内侧两车道仅通行小客车时，左侧硬路肩及最内侧车道宽度安全余量较大，可考虑设置 1.5 m 中央分隔带，中央分隔带有落墩需求时可采用压缩左侧硬路肩、扩大护栏间距等方式过渡。

整体路基宽度为 52.5 m，具体组成为：1.5 m(中央分隔带)＋2×3 m(左侧硬路肩)＋2×(5×3.75 m)(行车道)＋2×3 m(右侧硬路肩)＋2×0.75 m(土路肩)。

表 4.33 所示为方案五：广韶高速公路改扩建横断面组合形式及宽度。

表 4.33　方案五：广韶高速公路改扩建横断面组合形式及宽度

左幅/m				中央分隔带/m	右幅/m				总宽/m
土路肩	右硬	行车道	左硬		左硬	行车道	右硬	土路肩	
0.75	3.0	3.75×5	3.0	1.5	3.0	3.75×5	3.0	0.75	52.5

图 4.45 所示为方案五：广韶高速公路改扩建横断面布置示意。

该方案行车道宽度较宽，可以抵消未设置分隔带引起驾驶者主观感受差的不利影响，有利于行车安全。同时，广韶高速公路作为湘、粤两省之间的主要货运快速通道，所有车道宽度均设置为 3.75 m，有利于未来车道管控方案的灵活转变。

综上所述，考虑广韶高速公路扩建后左侧硬路肩救援车辆的停靠需求、1.5 m 中央分隔带落墩的配套工程措施可操作性、内外分幅实施方法，项目组推荐广韶高速公路改扩建工程整体式十车道断面布设方案采用方案五。

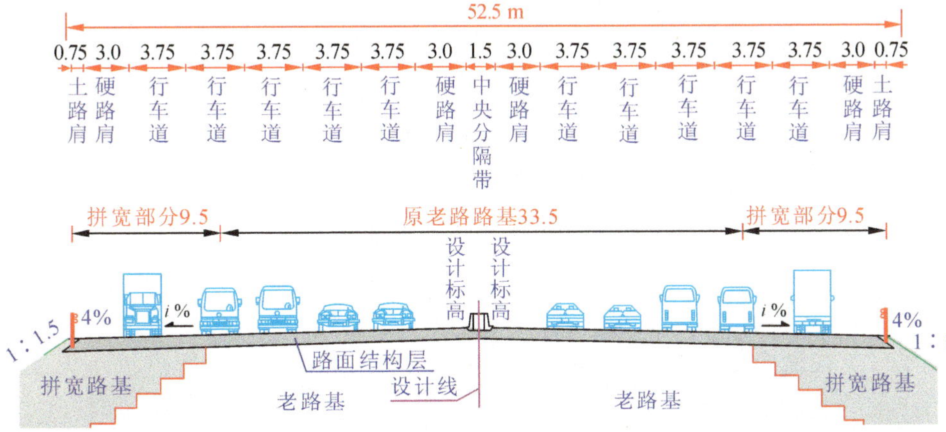

(a)

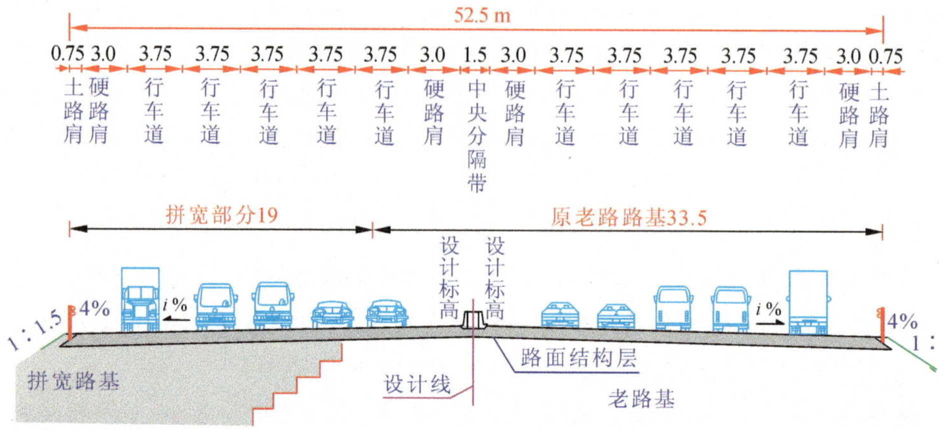

(b)

图 4.45 方案五：广韶高速公路改扩建横断面布置示意

(a)双侧扩建十车道标准断面；(b)单侧扩建十车道标准断面

4.7 不同扩建方式渐变过渡方案

广韶高速公路改扩建以双侧扩建十车道为主，受沿线控制因素影响，部分路段采用左侧分离新建、右侧分离新建、单侧扩建、分离式十二车道等扩建方式，其中在旦架哨隧道段(K2080＋772～K2084＋561)采用分离式十二车道扩建方式，升平枢纽—汤塘互通路段(K2086＋000～K2092＋000)采用左侧分离新建扩建方式，新塘村路段(K2094＋600～K2096＋700)采用右侧拼宽扩建方式、石门村路段(K2096＋700～K2100＋000)采用左侧拼宽扩建方式。

4.7.1 渐变过渡方法

(1)平面线形过渡原则

采用线性渐变和线元衔接设计均可实现平面线形过渡。

采用线性渐变过渡方式时施工放样方便，但行车道中心线线形不连续，路容较差。当增宽或减窄宽度较大时，行车道平面轨迹线在外观视觉上将出现较为明显的突变点。

采用线元衔接设计时曲率连续变化，便于车辆离心加速度逐渐变化，提高司乘人员舒适性。超高横坡度逐渐变化，行车更加平稳，并且线形美观。

因此，考虑行车舒适性及路线美观性，高速公路平面线形过渡宜采用线元衔接设计。

(2)横断面过渡原则

不同扩建方式渐变前后应保证各行车道宽度不变，车道分隔设置连续布设且宽度不变。

横断面渐变存在设置过渡段完成左侧硬路肩布设需求时，考虑设计难度和便于施工，宜采用线性渐变过渡，参照《公路路线设计规范》(JTG D20—2017)对于中间带宽度增宽或减窄时的渐变要求，过渡段的渐变率应不大于1/100。

主线由整体式向分离式渐变，应按主线分岔设计，渐变率不大于1/40，路幅渐变长度为分岔前的路幅至增加一条车道的渐变区间长度；主线由分离式向整体式渐变，应按主线合流设计，合流渐变段的渐变率不大于1/80，路幅渐变长度为合流后的路幅至减少一条车道的渐变区间长度，路幅宽度应线性变化。

(3)主线相互合流方式选择

《公路立体交叉设计细则》(JTG/T D21—2014)中对于主线相互合流的方式进行了如下规定：

①在合流交通量中，当来自左方的交通量为主交通流时，宜从左侧直接合流(图4.46)。

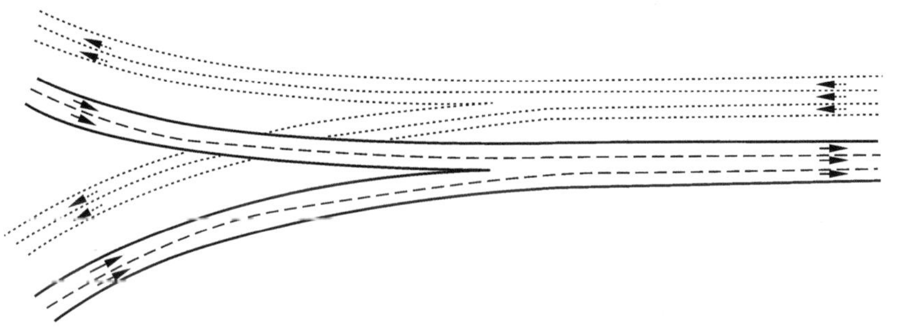

图4.46　来自左方的交通量为主交通流时的合流方式

②在合流交通量中，当来自左方的交通量为次交通流时，宜从右侧直接合流(图4.47)。

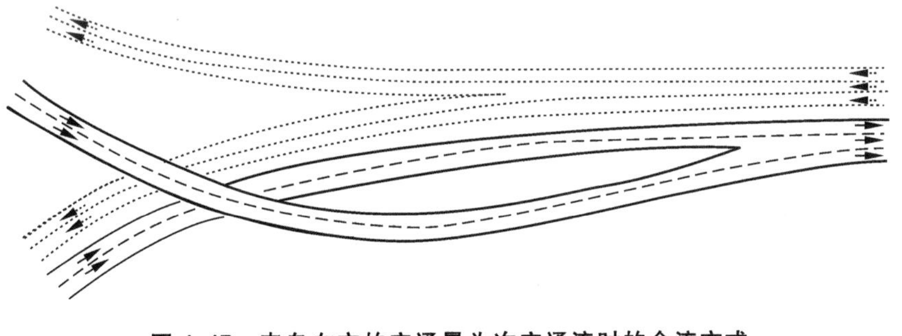

图4.47　来自左方的交通量为次交通流时的合流方式

③当合流前的交通量均接近设计通行能力时，可按原有车道数直接合流(图4.48)。

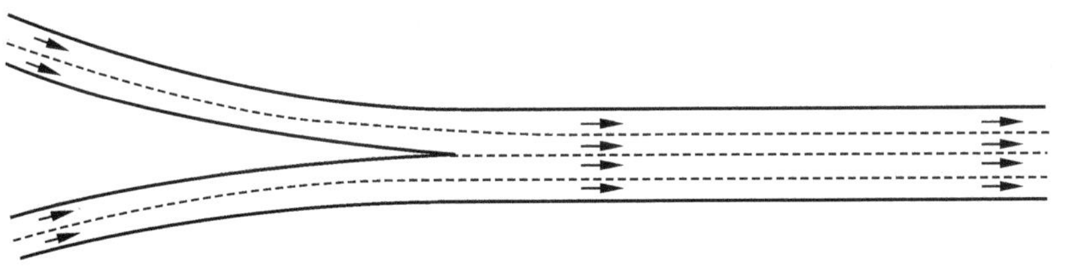

图4.48　合流前交通量均接近设计通行能力时的合流方式

④当合流前其中一方的交通量接近设计通行能力，另一方交通量较小时，交通量较小一方应从右侧合流，且合流后可减少一个车道，但应有辅助车道过渡，辅助车道长度不应小于 400 m，如图 4.49 所示。

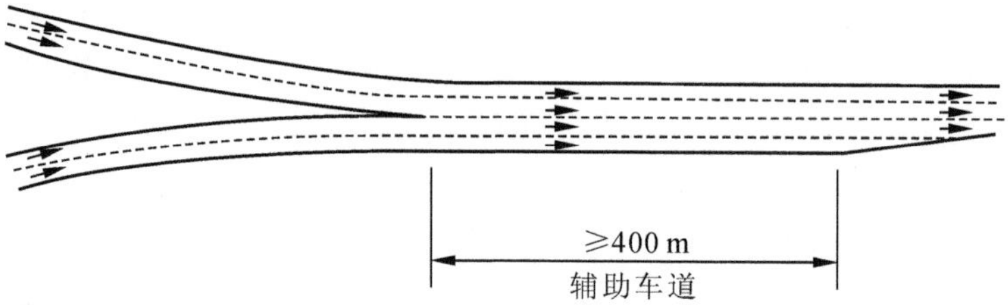

图 4.49 合流前一方交通量接近设计通行能力而另一方交通量较小时的合流方式

⑤当合流前的交通量均较小时，合流后可减少一个车道，并可采用直接合流的方式，如图 4.50 所示。

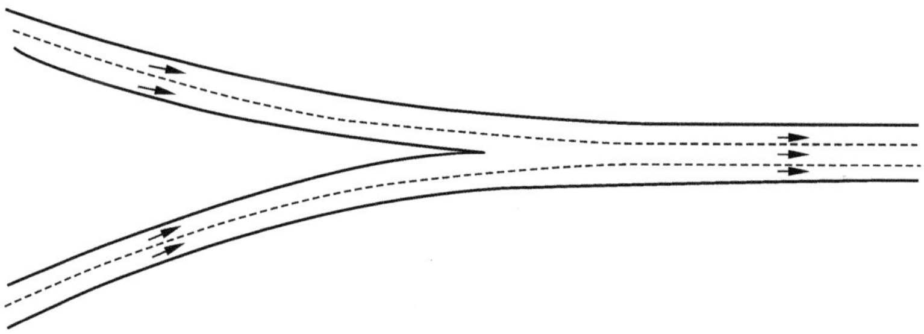

图 4.50 合流前交通量均较小时的合流方式

根据对上述几种主线相互合流方式的特征进行分析，发现高速公路主线内侧车道的车辆行驶速度较快，采用内侧车道渐变的方式，中间两车道汇流时存在一定的安全隐患，而采用外侧车道渐变过渡的方式符合司乘人员的驾驶习惯，同时外侧车道的车辆行车速度相对较慢，车辆汇流更加安全，推荐本项目采用该合流方式。具体合流方式如图 4.51 所示。

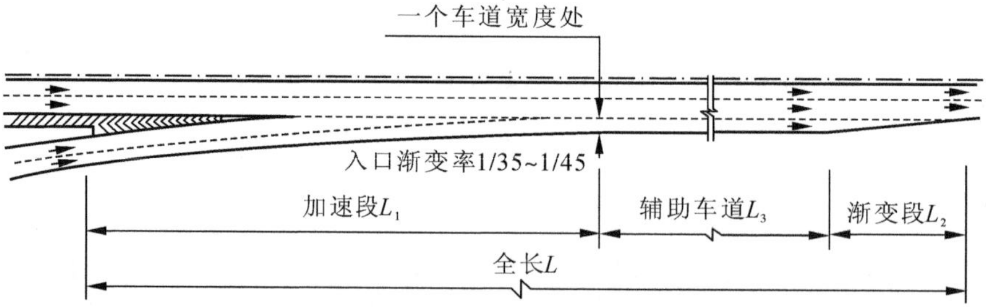

图 4.51 设置辅助车道渐变的主线合流方式

(4)广韶高速公路改扩建工程不同扩建方式过渡方法

广韶高速公路改扩建在新塘村路段(K2094＋600～K2096＋700)存在两侧拼宽向右

侧拼宽过渡需求、石门村路段（K2096＋700～K2100＋000）存在两侧拼宽向左侧拼宽渐变需求，需要对老路行车道中心线进行调整，根据上述分析，应采用线元衔接设计完成渐变过渡。

广韶高速公路改扩建在旦架哨隧道段（K2080＋772～K2084＋561）等段落横断面布设存在单幅整体式五车道向分离式 3＋3 车道的渐变需求，根据上述分析，单向分离式 3＋3车道向整体式五车道渐变时，需设置过渡段完成左侧硬路肩布设，应采用线性渐变过渡，过渡段的渐变率应不大于 1/100；同时，所有车道宽度均应维持为 3.75 m；对于单幅整体式五车道向分离式 3＋3 车道的分岔部分，路幅渐变长度不小于 150 m；对于单向分离式 3＋3 车道向整体式五车道的合流部分，路幅渐变长度不小于 300 m。

根据上述基本原则及方法，结合广韶项目沿线地形条件及扩建设计方案，对不同扩建方式的过渡方案进行详细说明。

4.7.2 旦架哨隧道段（K2080＋772～K2084＋561）

该路段推荐方案是利用既有隧道中间空地，在中间和西侧各新建单洞三车道隧道，与原有隧道组成分离式双向十二车道高速公路。所有行车道宽度采用 3.75 m，具体车道断面布设图如图 4.52 所示。

该段落右幅在 K2080＋772 处开始由整体式十车道断面变为分离式十车道断面，在 K2081＋236 处由右幅整体式五车道渐变为分离式六车道，路幅渐变段采用线元衔接设计，长度为 269m（K2081＋236～K2081＋505）。右幅同向分离起点为 K2081＋626，在 K2081＋718 处开始采用线性渐变使左侧硬路肩消失，至 K2082＋000 处完成左侧硬路肩消失渐变。

该段落左幅在 K2081＋917 处开始采用线性渐变布设左侧硬路肩，至 K2081＋150 处完成左侧硬路肩布设渐变，左幅同向分离终点位于 K2081＋252，在 K2081＋139 处由分离式六车道渐变为左幅整体式五车道，路幅渐变段采用线元衔接设计，长度为 308m（K2081＋139～K2080＋831），在 K2080＋772 处完成由分离式十车道断面变整体式十车道断面。

图 4.53 所示为整体式十车道向分离式十二车道渐变过渡示意。

该段落右幅在 K2083＋300 处采用线性渐变布设左侧硬路肩，至 K2083＋525 处完成左侧硬路肩布设渐变，右幅同向分离终点位于 K2083＋762，在 K2083＋863 处采用线元衔接设计，由分离式六车道渐变为右幅整体式五车道，路幅渐变段长度 306 m（K2083＋863～K2084＋169），在 K2084＋560 处完成由分离式十车道断面变整体式十车道断面。

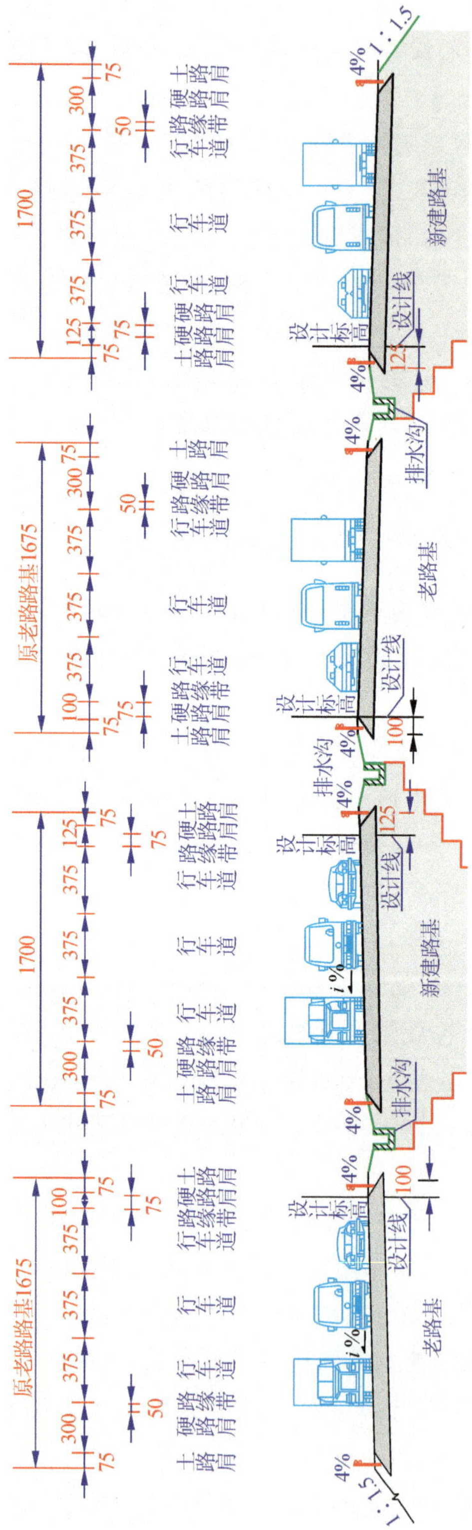

图4.52　分离式十二车道断面布设图(单位：cm)

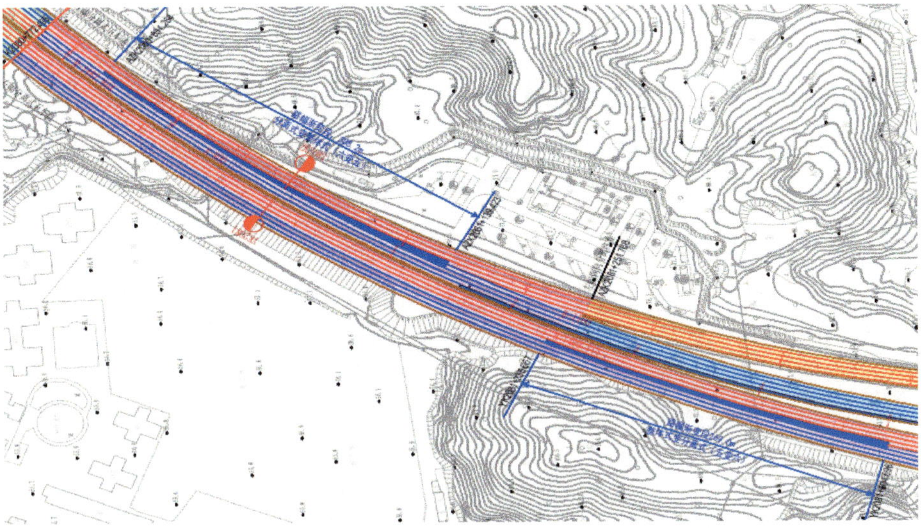

图 4.53　整体式十车道向分离式十二车道渐变过渡示意

该段落左幅在 K2084＋560 处采用线元衔接设计，开始由整体式十车道断面变分离式十车道断面，在 K2083＋941 处采用线元衔接设计，由左幅整体式五车道渐变为分离式六车道，路幅渐变段长度为 235 m（K2083＋941～K2083＋706），右幅同向分离起点为 K2083＋598，在 K2083＋941 处开始采用线性渐变使左侧硬路肩消失，至 K2083＋472 处完成左侧硬路肩消失渐变。

图 4.54 所示为分离式十二车道向整体式十车道渐变过渡示意。

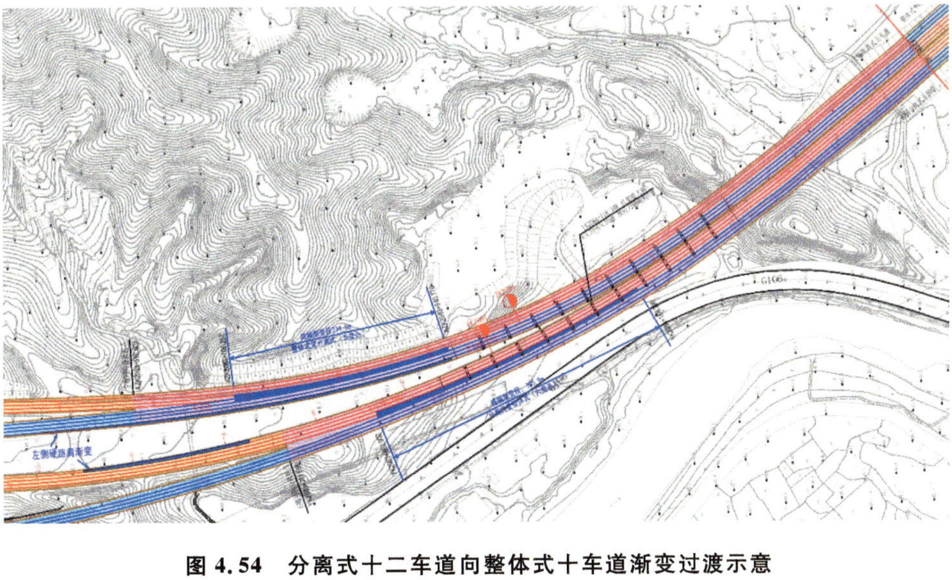

图 4.54　分离式十二车道向整体式十车道渐变过渡示意

4.7.3 升平枢纽—汤塘互通路段(K2086+000～K2092+000)

该路段控制因素均分布于项目道路西侧,采用左侧分离式新建(单幅五车道)断面扩建方式,原老路路基(K2086+900～K2089+830)采用分离式"2+3"断面布置方式,所有行车道宽度均采用3.75 m,具体断面布设图如图4.55所示。

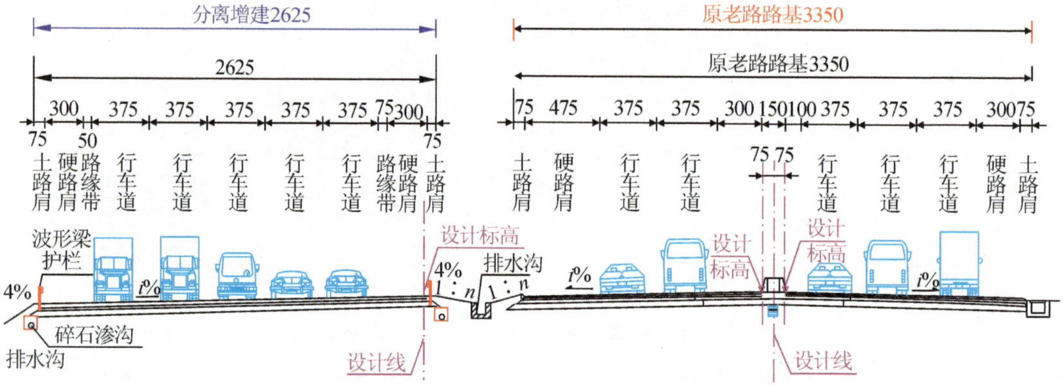

图4.55 左侧分离式新建(单幅五车道)断面布设图(单位:cm)

该段落右幅在K2086+200处开始采用线元衔接设计,由整体式十车道断面变分离式十车道断面,在K2086+900处由采用线元衔接设计,右幅整体式五车道渐变为分离式"2+3",路幅渐变段长度为300 m(K2086+900～K2087+200),如图4.56所示。

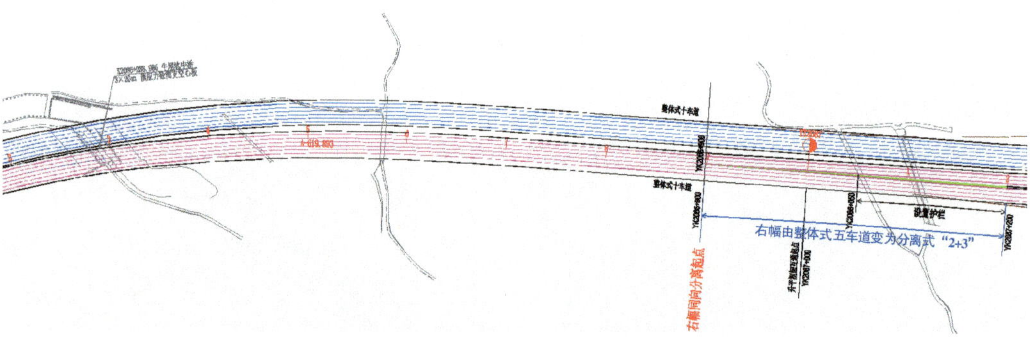

图4.56 整体式十车道向左侧分离新建断面渐变示意

该段落右幅同向分离终点位于K2089+617,采用线元衔接设计,在K2089+830由分离式"2+3"渐变为右幅整体式五车道,路幅渐变段长度213 m(K2089+617～K2089+830),在K2090+700处开始完成由分离式十车道断面变整体式十车道断面,如图4.57所示。

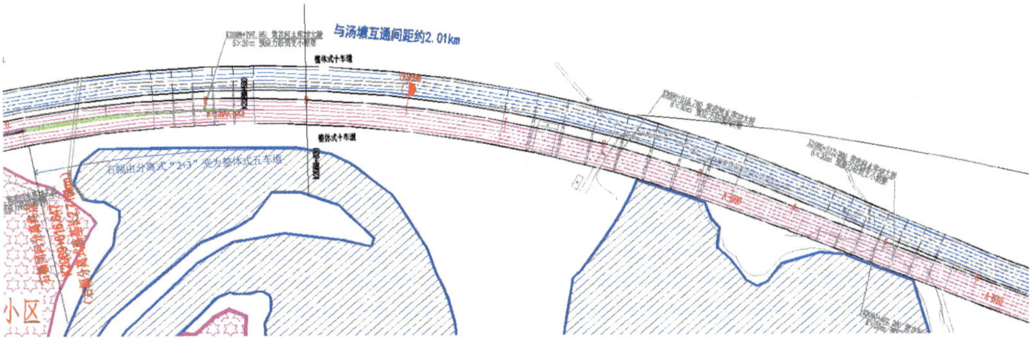

图 4.57 左侧分离新建断面向整体式十车道渐变示意

4.7.4 新塘村路段(K2094+600～K2096+700)

该路段存在的控制因素主要是汤塘烈士陵园,烈士陵园位于路线左侧边坡山顶上,目前方案拟采用右侧拼宽扩建方式,所有行车道宽度均采用 3.75 m,具体断面布设如图 4.58 所示。

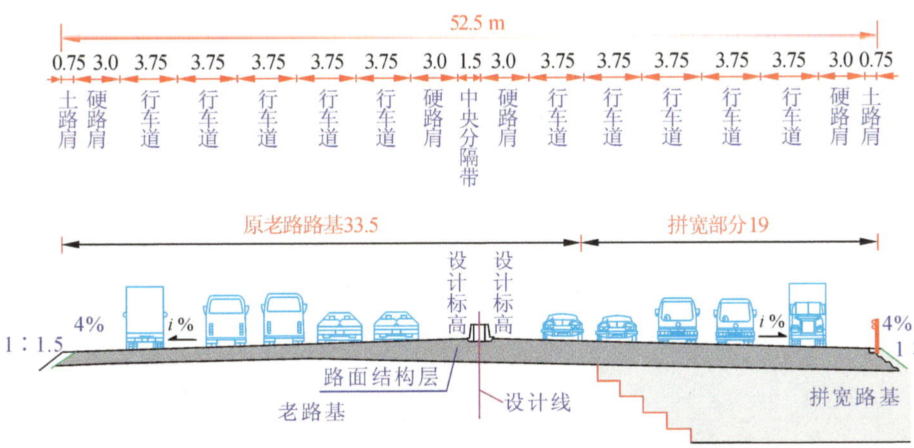

图 4.58 右侧拼宽十车道标准断面布设图

如图 4.59 所示,该路段在 K2094+824 处开始采用线元衔接设计,由两侧拼宽向右侧拼宽渐变,在 K2095+310 处结束拼宽段渐变,从 K2095+310 至 K2096+290 段路基扩建方式为单侧拼宽。如图 4.60 所示,在 K2096+290 处开始采用线元衔接设计,由右侧拼宽向两侧拼宽渐变,在 K2096+534 处结束拼宽段渐变,继续维持两侧拼宽扩建方式。

4.7.5 石门村路段(K2096+700～K2100+000)

该路段存在的控制因素主要是高边坡处的超高压铁塔,目前方案拟采用左侧拼宽扩建方式,所有行车道宽度均采用 3.75m,具体断面布设图如图 4.61 所示。

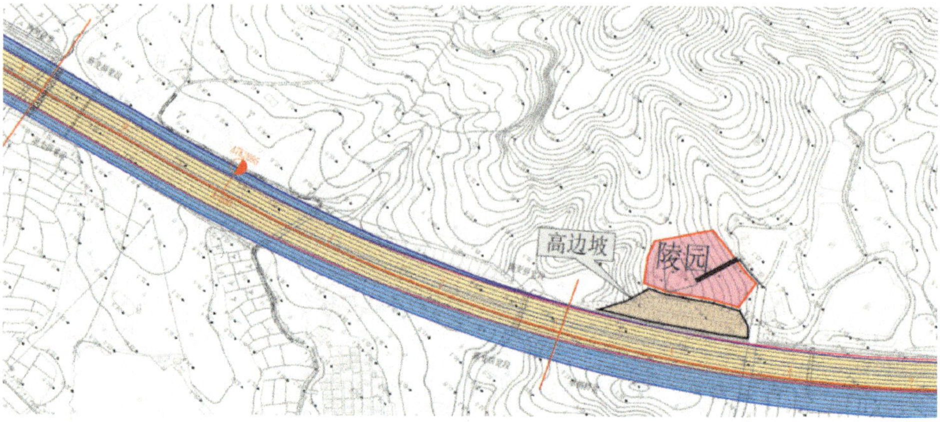

图 4.59　两侧拼宽向右侧拼宽断面渐变图

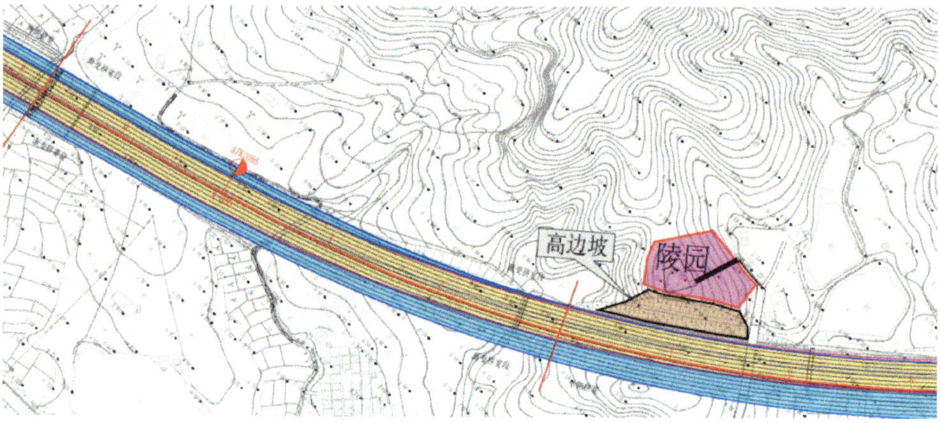

图 4.60　右侧拼宽向两侧拼宽断面渐变图

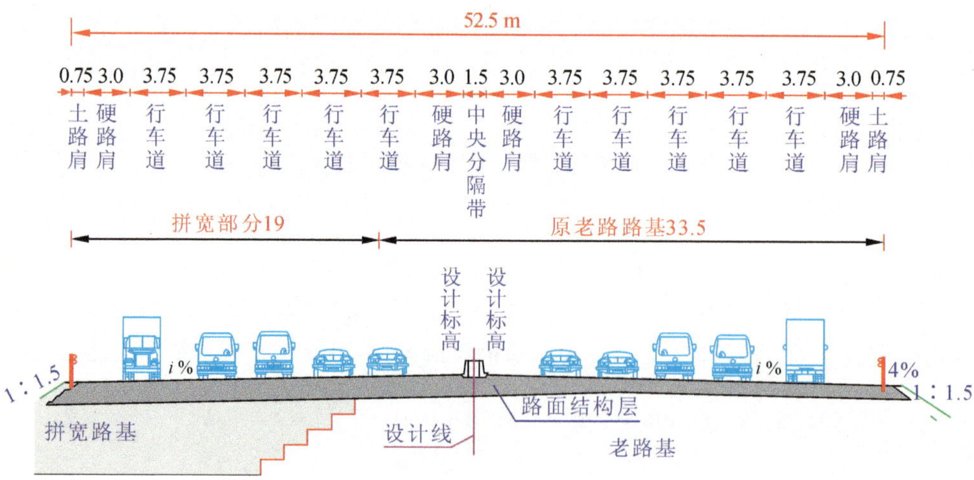

图 4.61　左侧拼宽十车道标准断面布设图

如图 4.62 所示，该路段在 K2097＋843 处开始采用线元衔接设计，由两侧拼宽向左侧拼宽渐变，在 K2098＋310 处结束拼宽段渐变，从 K2098＋310 至 K2099＋390 段路基扩建方式为单侧拼宽。如图 4.63 所示，在 K2099＋390 处开始采用线元衔接设计，由左侧拼宽向两侧拼宽渐变，在 K2099＋856 处结束拼宽段渐变，继续维持两侧拼宽扩建方式。

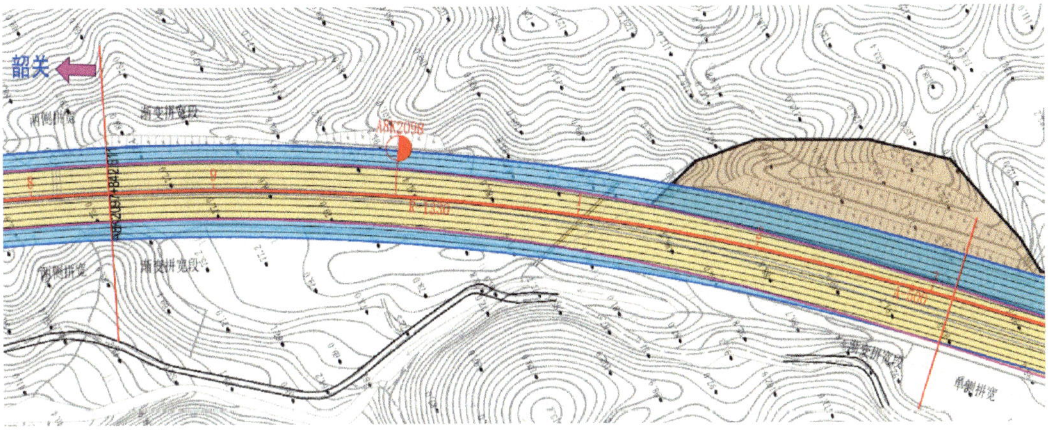

图 4.62　两侧拼宽向左侧拼宽断面渐变图

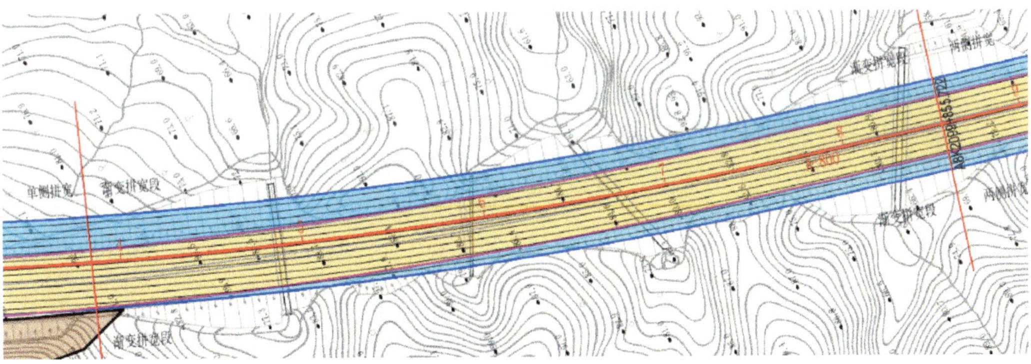

图 4.63　左侧拼宽向两侧拼宽断面渐变图

4.8　本章小结

本章综合考虑车辆尺寸、行车轨迹摆动和侧向余宽等因素，提出适用于各车型通行的车道宽度推荐值；综合考虑左侧硬路肩在事故救援、中间带养护作业、紧急停靠等方面的功能需求，提出了多车道超宽断面高速公路左侧硬路肩宽度推荐值；同时，针对不同类型中央分隔带护栏设置需求及项目自身建设需要，提出了适用于本项目的中央分隔带宽度推荐值；结合既定交通组织模式运行特征和不同内外分幅实施方法优缺点，提出适用于本项目的横断面内外分幅实施建议；基于排水需求，综合考虑工程造价、行车舒适性等方面影响，提出超宽断面高速公路横断面路拱形式及横坡值推荐值。基于上述研究结论，提出五种横断面组合形式，并依次分析各方案在本项目的适用性，并提出推荐方案；最后面向不同扩建方式的渐变过渡方案提出相应原则及方法，并在依托工程各工点进行应用说明。

5 多车道超宽断面高速公路小间距互通立交安全性指标

广韶高速改扩建后SJA1标段鳌头互通—铺锦枢纽(3.17 km)、SJA2标段机场北枢纽—北兴互通(1.86 km)、良田互通—金盆枢纽(3.19 km)等互通间距较小，且广韶高速公路现状及未来年的货车比例均达到30%以上，其中大型、特大型货车比例超过20%。各合同段互通一览表及本项目车型比例预测结果见表5.1至表5.3。

表5.1 SJA1合同段互通一览表

序号	中心桩号	名称	扩建形式	间距/km
1	K2078+800	佛冈互通	A形单喇叭	
2	K2087+826	升平枢纽	单环变形苜蓿叶	9.03
3	K2092+377	汤塘互通	A形单喇叭	4.55
4	K2107+290	民乐互通	A形单喇叭	14.91
5	K2113+211	鳌头互通	双喇叭	5.92
6	K2116+383	铺锦枢纽	对角双环变形苜蓿叶	3.17

表5.2 SJA2合同段互通一览表

序号	中心桩号	名称	扩建形式	间距/km
1	K2129+602	机场北枢纽互通	混合型	13.22
2	K2131+460	北兴互通	A形单喇叭	1.86
3	K2136+700	钟落潭互通	部分苜蓿叶	5.24
4	K2140+742	良田互通(新增)	T形	4.04
5	K2143+932	金盆枢纽互通	单环混合型	3.19
6	K2150+372	太和枢纽互通	单环式变形苜蓿叶	6.44

表5.3 本项目车型比例预测结果(绝对数)

年份	小货	中货	大货	特大货	小客	大客	合计
2027	6.9%	3.1%	4.2%	17.9%	66.6%	1.4%	100.0%
2030	7.1%	2.9%	3.8%	18.0%	67.0%	1.3%	100.0%
2035	7.4%	2.6%	3.3%	18.1%	67.6%	1.2%	100.0%
2040	7.6%	2.3%	2.8%	18.2%	68.1%	1.1%	100.0%
2046	7.8%	2.0%	2.3%	18.3%	68.7%	0.9%	100.0%
2051	8.0%	1.8%	1.9%	18.3%	69.1%	0.9%	100.0%

《公路立体交叉设计细则》(JTG/T D21—2014)规定互通式立体交叉最小间距为4 km,最小净距为1 km,但该值为面向单向四车道高速公路的规定,尚缺乏单向四车道以上高速公路互通立交最小净距研究。同时,我国现行《公路路线设计规范》(JTG D20—2017)中变速车道几何设计参数计算未考虑不同跟车模式下的可插入间隙时间分布;针对本项目特点,需考虑超多车道断面及大货车比例较高情况下的可插入间隙时间分布对互通最小净距及变速车道长度的影响。

5.1　多车道超宽断面高速公路互通最小净距研究

高速公路互通立交最小净距是保证互通立交区交通安全的一项控制性指标。互通立交最小净距应满足前一个互通立交驶入匝道渐变段末端与后一个互通立交驶出匝道的渐变段起点之间车辆安全非交织运行的要求;同时应满足向驾驶员提供及时的交通信息而需在到达后一个互通立交之前设置一系列前置预告标志所需距离的要求。多车道高速公路互通立交,如果立交间距过近,驾驶员要在近距离路段完成对交通标志的辨识和车流运行状况的判断,完成车辆的跟驰与变换车道行为,难度很高,容易造成交通事故。所以从驾驶员的驾驶舒适性和行车安全性的角度考虑,互通式立交应保持一定的距离。最小净距的主要影响因素有标志反应距离、寻找间隙距离、车辆变道距离和确认距离。

综合考虑主线设计速度、立交合分流区交通运行等因素,分析最不利状态下驾驶员驶至目标出口的换道行为,以满足主线运行效能与出入交通需求为目标,基于交通流理论,考虑行车组织、标志识认、换道行为等对分流换道的影响,建立最小净距的计算模型。

互通最小净距示意如图5.1所示。

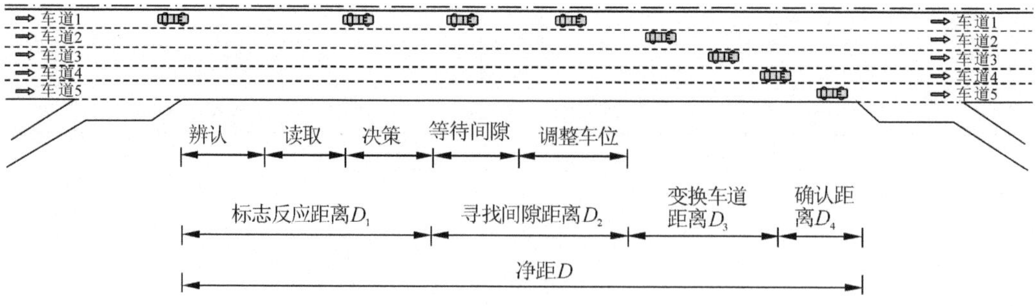

图5.1　互通最小净距示意

(1)标志反应距离

驾驶员对标志的反应距离包括辨认、读取、决策等阶段所需要的距离。观测资料表明,车速越快,判读距离越短。根据《交通工程手册》[98]提供的数据,由实验得出的标志反应距离见表 5.4。

表 5.4 标志反应距离 D_1

运行速度/(km/h)	60	80	100
标志反应距离/m	269	326	374

(2)寻找间隙距离

研究成果表明,高速公路车辆的车头时距服从负指数分布,可以用移位负指数分布曲线进行描述[99]。移位负指数分布的基本公式:

$$P(h \geqslant t) = \mathrm{e}^{-\lambda(t-\tau)} \quad (t \geqslant \tau) \tag{5.1}$$

式中:$P(h \geqslant t)$为车头时距大于等于 t 秒的概率;λ 为单位时间的平均到达率(辆/s);τ 为车头时距的最小值(s)。

计算得到等待可插入间隙平均等待时间 t_w。在运行时间达到 t_w 时,车流中出现可插入间隙(图 5.2)且驾驶员决定利用此间隙,这个过程所行驶的路程即寻找间隙的距离。

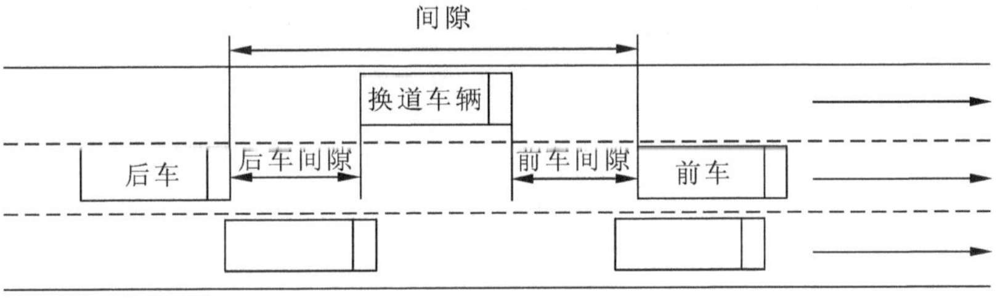

图 5.2 可插入间隙

找到可插入间隙并决定变换车道后,驾驶员打出变换车道的指示灯,同时调整车速和车头位置,直至车辆与将要插入的间隙并行,以便利用这个间隙并入目标车道。这个过程所行驶的路程即为调整车位的距离。

现有的研究对于可插入间隙距离的计算均采用以小客车为代表车型的跟车模式下的可插入间隙时间为基本参数,而广韶项目货车占比较高,且由于采取内外分幅交组模式,内侧两车道行驶小客车,外侧三车道客货混行,需重点考虑三级服务水平条件下小型车-小型车、小型车-大型车、大型车-小型车、大型车-大型车等四种不同跟车模式下的车头时距分布。

研究采用现场实测+视频交通流参数分析,观测采集车辆通过各断面的速度、车头时距及车型。选取四种跟车模式进行研究,分别为:①小型车跟随小型车(小-小);②大型车跟随小型车(大-小);③小型车跟随大型车(小-大);④大型车跟随大型车(大-大)。不同跟车模式下的车头时距分布实测场景如图 5.3 所示。

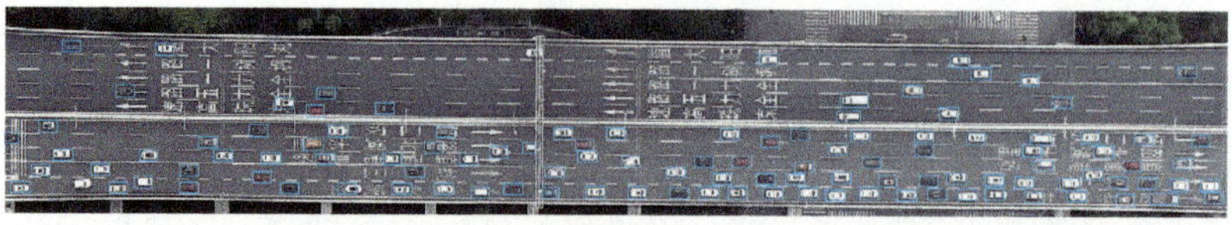

(a)

(b)

(c)

图 5.3　不同跟车模式下的车头时距分布实测场景

(a)车头时距识别(小型车-小型车);(b)车头时距识别(小型车-大型车、大型车-小型车);(c)车头时距识别(大型车-大型车、大型车-小型车、小型车-大型车)

研究表明不同跟车模式下车头时距分布情况如图 5.4 所示。

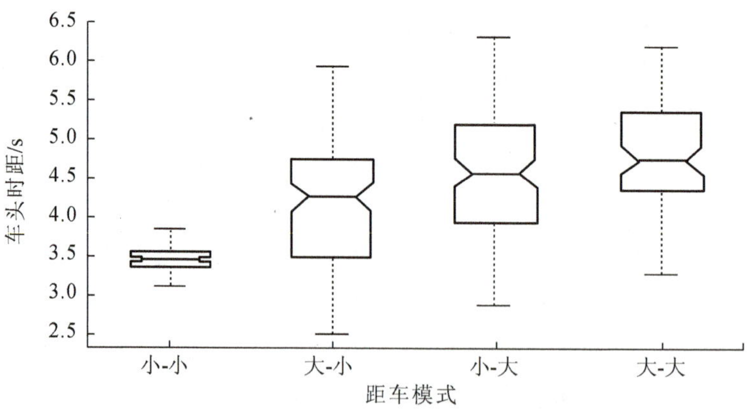

图 5.4　不同跟车模式下车头时距分布情况

不同跟车模式下车头时距统计结果如表 5.5 所示。

表 5.5　不同跟车模式下的车头时距统计结果

跟车模式	均值/s	标准差	95%置信水平下限	95%置信水平上限
小-小	3.43	0.16	3.39	3.47
大-小	4.13	0.80	3.96	4.30
小-大	4.50	0.77	4.33	4.68
大-大	4.74	0.59	4.60	4.88

可插入间隙平均等待时间 t_w 的计算公式如下：

$$t_w=\frac{(\lambda\tau+1)e^{\lambda(t_c-\tau)}-\lambda t_c-1}{\lambda e^{\lambda(t_c-\tau)}}\times[1-e^{-\lambda(t_c-\tau)}] \tag{5.2}$$

式中：λ 为单位时间的平均到达率；τ 为车头时距的最小值；t_c 为车辆临界间隙时间，一般取值为小客车 3.5 s，大型车 3.75 s。广韶高速公路设计速度为 100 km/h，内侧车道运营速度按 120 km/h 控制，对应三级服务水平下单车道基准通行能力为 1600 pcu/(h · ln)。

经计算得出小型车跟随小型车和大型车跟随大型车的可插入间隙平均等待时间分别为 0.97 s 和 1.13 s。

寻找间隙距离 D_2 的计算公式如下：

$$D_2=\frac{v}{3.6}t_w+\frac{v_1}{3.6}\times\frac{vt_w}{\Delta v} \tag{5.3}$$

车辆在调整车位的时间内，以最低换道车速 v_1 匀速行驶，研究表明，v_1 约为设计速度 v 的 76%，因此可得内侧两车道的寻找间隙距离为 $D_{2内}=112.27$ m，外侧三车道的寻找间隙距离为 $D_{2外}=130.79$ m。

(3)变换车道距离

车辆在调整好行驶速度和车辆方向并于将要并入的目标车道可插入间隙平行之后，即可横向调整汇入目标车道。实施这一操作并完成车道转换过程中车辆所行驶的距离即为变换车道距离 D_3，由下式计算：

$$D_3=\frac{v}{3.6}t_3 \tag{5.4}$$

式中：v 为主线设计速度(km/h)；t_3 为车辆横移一个车道所需时间，一般为车道宽度/车辆横移速度，由于不同高速公路车道宽度有微小的差异，结果略微不同，变化幅度不大，一般取 3～4 s。经计算换道距离 D_3 为 111.1 m。

(4)确认距离

确认距离指车辆进入最外侧车道后保持自由流状态，确认本车需要驶向出口匝道的安全距离，根据相关研究，设计速度 100 km/h 时，确认距离 D_4 为 83.3 m。

当高速公路为双向十车道时，最内侧车道车辆若需在下个互通驶离高速公路就要进行多次切换车道行为。当驾驶员注意到互通出口标志的提醒后，由主线车道 1 向车道 2 转换，并逐步进行转换到直至进入车道 5 驶入出口匝道的减速车道。

根据上述计算分析，按内外分幅车道管控的双向十车道高速公路相邻互通一般情况下最小净距计算公式为：

$$D = D_1 + D_{2内} + 3 \times D_{2外} + 4 \times D_3 + D_4 \tag{5.5}$$

综上所述，考虑内外分幅的交通组织模式的互通最小净距一般情况下为 1450 m。

互通立交与服务区、停车区等其他设施之间的净距控制，其基本原理与互通立交最小净距控制相同，即要求满足标志反应、寻找间隙、变换车道和确认出口的需要等。由于服务区出入交通量相对较少，主线三级服务水平下的最大交通量可适当减小，再利用相邻互通立交最小净距的计算和取值方法，可得到互通立交与服务区最小净距推荐值为 1350 m。

5.2　多车道超宽断面高速公路变速车道研究

5.2.1　多车道超宽断面高速公路加速车道研究

在多车道互通式立交处，匝道车辆需在加速车道上加速行驶直至到达汇流点末速度并及时利用主线最外侧车道的可插入间隙才能汇入主线。由于匝道线形指标较主线线形指标低，匝道车辆车速远小于主线车辆车速，合流车辆在此行驶过程中速度变化幅度很大，为了行车安全，需在匝道和主线最外侧车道之间增设加速车道，以保证车辆的加速过程能在加速车道内完成，以减少匝道驶入车辆对主线交通的干扰，避免匝道车辆以较低的速度驶入主线后造成尾随的主线车辆减速而引起后车追尾事故的发生。加速车道是指附设在主线最外侧车道右侧，作为加快车辆行驶速度的附加车道，它不仅为合流车辆提供加速所需的长度，同时提供一个与主线车辆合流的机会。加速汇入的交通运行状况较高速公路基本路段复杂，容易引发交通事故，为减少交通事故，加速车道长度的研究显得尤为重要。

(1)加速车道长度参数调研与分析

调研与分析结果可参见 2.5.2 节。

(2)建立加速车道长度模型

目前，加速车道的长度一般分为三个阶段来计算，即加速段 $L_{加}$、等待段 $L_{等}$、渐变段 $L_{渐}$。

$$L = L_{加} + L_{等} + L_{渐} = \frac{v_1^2 - v_2^2}{2 \times a_1 \times 3.6^2} + v_1 \times t_{等} + L_{渐} \tag{5.6}$$

式中：v_1 为主线外侧车道所达到的平均车速；v_2 为加速车道起点所达到的平均车速；a_1 选取《公路路线设计规范》(JTG D20—2017)中的 1 m/s^2；等待时间 $t_{等}$ 采用主线外侧车道车头时距为 2 阶 Erlang 分布、可接受间隙为 3 s、汇入概率为 85%时的值；渐变段长度 $L_{渐}$采用 90 m。

经过数据分析，确定加速车道上车辆的运行过程可按上述加速段、等待段和渐变段进行计算，但是个别参数的计算方法有所不同。

多车道高速公路设计速度为 100 km/h 时，加速段的计算公式中，按主线外侧车道运行车速为 80 km/h 进行计算。汇入车速为 60 km/h，加速车道起点车速可按匝道设计速度进行计算，a_1 选取《公路路线设计规范》(JTG D20—2017)中的 1 m/s^2。而根据合流端部运行速度观测统计，合流端部车辆运行速度基本保持在 50 km/h 及以上，即使是线形指标较差的环形匝道，车辆在匝道结束前便开始加速，受匝道本身设计速度的影响较小。因此在加速度车道计算时，仅考虑合流端部速度为 50 km/h。

等待段中车速按合流速度 60 km/h 计算，等待时间的计算比较复杂。即当满足二级服务水平，主线外侧车道最大交通量为 1600 pcu/(h · ln)时，车头时距的分布模型采用 2 阶 Erlang 分布时，可接受车头时距为加速车辆汇入主线外侧车道所需的等待时间(3 s)。设 P_0 为主线外侧车道车头时距小于可接受车头时距 3 s 时的概率，则加速车辆等待 n 个车头时距才能汇入主线外侧车道，n 的计算式如下：

$$n=0\times(1-P_0)+1\times P_0\times(1-P_0)+2\times P_0^2\times(1-P_0)+\cdots+n\times P_0^n\times(1-P_0)=\frac{P_0}{1-P_0} \tag{5.7}$$

根据换道模型研究，单个车头时距等待间隔 t_i 从相对安全的角度取可接受车头时距，即 $t_i=t_{可}=3$ s。

车道转移计算中车道转移时间 $t_{转}$ 采用数理统计结果，即 4.3 s。

计算的加速车道长度为：

$$L=L_{加}+L_{等}+L_{渐}=\frac{(v_1^2-v_2^2)}{2\times a_1\times 3.6^2}+v_1\times n\times t_1+v_1\times t_{转} \tag{5.8}$$

结合现有规范实施情况，考虑到实际的工程应用，多车道高速公路设计速度100 km/h 时建议的加速车道长度如表 5.6 所示。

表 5.6 单车道入口加速车道长度建议值

高速公路设计速度/(km/h)		匝道设计速度/(km/h)			加速车道长度/m	渐变段长度/m
设计速度	外侧车道运行速度	端部运行速度	合流速度	对应匝道设计速度		
100	80	50	60	30、40	270	80
	80	60	60	50、60	230	80

相比《公路立体交叉细则》(JTG/T D21—2014)的规定，设计速度为 30～40 km/h 的匝道合流段加速车道长度需延长 40 m，以达到安全汇流的目的；设计速度为 50～60 km/h 的匝道合流段加速车道长度无须延长。

对于双车道匝道入口，考虑到内侧车道车辆需加速至主线安全合流速度的要求，或者在主线上没有找到安全合流间隙，还可以继续在外侧车道行驶，建议对于匝道设计速度为 30～40 km/h 的双车道匝道加速车道，在原规定基础上相应延长 40 m，辅助车道长度仍沿用原细则规定。因此，加速车道长度研究的最终结果如表 5.7 所示。

表 5.7　加速车道长度研究结果

变速车道类型		主线设计速度/(km/h)	对应匝道设计速度/(km/h)	变速段长度/m	渐变段长度/m	辅助车道长度/m	全长/m
加速车道	单车道	100	30、40	270	80	—	350
			50、60	230	80	—	310
	双车道	100	30、40	420	160	350	930
			50、60	380	160	350	890

5.2.2　多车道超宽断面高速公路减速车道研究

多车道高速公路主线车辆需在减速车道上减速后才能驶入出口匝道。由于主线线形指标较匝道高，主线车辆车速远大于匝道车辆车速，使得车辆行驶过程中减速幅度很大，为了行车安全，需在高速公路和匝道间设置减速车道，保证驶出主线车辆能在减速车道内安全地降至匝道速度，从而避免驶出车辆在主线减速引起后车追尾事故的发生。总而言之，减速车道是车辆从高速公路进入匝道时，为了减少分流车辆对主线直行车辆的影响而设置的过渡车道。减速车道不仅为车辆提供一个减速的场所，也为车辆提供一个分流的机会。车辆减速驶离主线的交通现象较高速公路基本路段复杂，又不同于加速车道，因此减速车道长度的选取是一项重要的研究内容。

(1)减速车道长度参数调研与分析

调研与分析结果参见 2.5.2 节。

目前关于减速车道上车辆的减速过程主要有两种假设。一种是日本的假设(图 5.5)：车辆以主线平均速度 v_1 通过减速车道前端，在三角段(L_1段)转移车道并同时利用发动机减速流出，减为 v_0，进入减速车道 L_2段后采用制动器减速，到达减速车道终点时，车速由 v_0 达到匝道的平均行车速度 v_2。一种是美国 AASHTO 的假设：车辆先按主线的平均行车速度由渐变段转移车道入减速车道，然后再减速，第一次采用发动机减速，第二次利用制动器减速，到达减速车道终点时，车速减至匝道的平均行车速度。

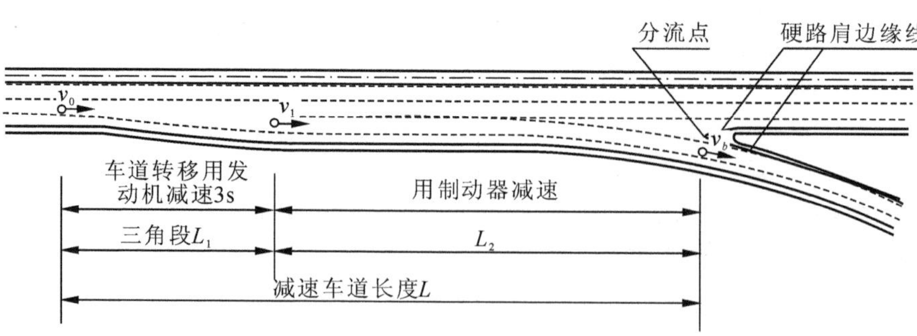

图 5.5　日本假设

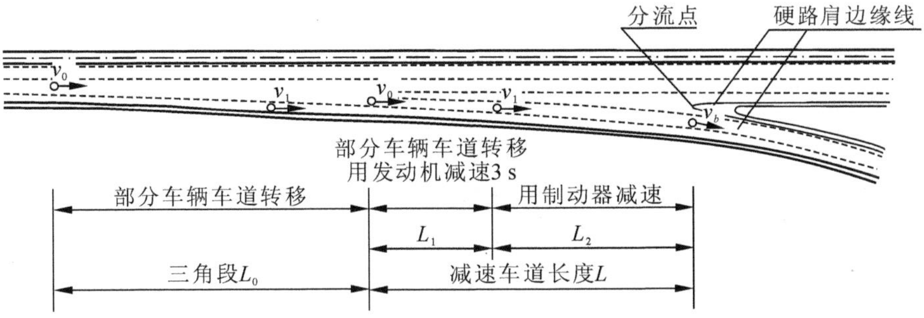

图 5.6 美国假设

目前,我国相关研究中的平行式减速车道长度一般按照日本的假设计算,直接式减速车道长度按照美国的假设计算,参数也分别借鉴国外的文献。由于驾驶员的驾驶行为不同,车辆在减速车道渐变段的运行过程有较大的差异,车辆流入减速车道主要有三种行为:一种是与日本假设类似,驾驶员在看到出口标志后,开始准备进行减速,并由减速车道渐变段起点开始流入减速车道,边换道边减速;第二种是驾驶员在看到出口标志后,提前进行减速,并由减速车道渐变段起点流入减速车道,由于提前减速,前方路况较好时,在减速车道中间会有一段加速过程,直至减速车道终点前进行减速;第三种与美国假设相似,车辆在到达减速车道渐变段起点时,车辆并不急于减速和换道,而是到达渐变段终点甚至减速车道中间位置才开始减速换道,换至减速车道继续减速,与美国的假设不同的是,美国的假设是车辆按主线的平均行车速度由渐变段转移车道进入减速车道,而据调查发现,绝大部分车辆在换道过程中是减速的,换道的起点在减速车道渐变段终点附近甚至减速车道上。

(2)建立减速车道长度模型

从调研分析中可以明显看出,日本的假设所需的减速车道长度要低于美国的假设,考虑的实际的驾驶行为以及安全需求,应以最大限度满足车辆的运行安全为目标,拟采用类似于美国的假设过程进行计算。

假设过程:车辆在减速车道渐变段以主线车速进行换道准备,然后到达减速车道起点位置开始换道,换道过程中以发动机减速的方式边换道边减速,直至完全换至减速车道后,开始由制动器减速。

减速车道长度:

$$L=L_1+L_2 \tag{5.9}$$

发动机减速换道长度:

$$L_1=v_0t-\frac{1}{2}a_1t^2 \tag{5.10}$$

制动器减速长度:

$$L_2=\frac{(v_1^2-v_2^2)}{2\times a_2\times 3.6^2} \tag{5.11}$$

式中：v_0 为主线外侧车道所达到的运行车速；v_1 为驾驶员第一减速阶段的末速度；v_2 为减速至减速车道终点的运行速度；a_1 为第一阶段的减速度值；a_2 为第二阶段的减速度值。

经统计换道时间发现，发动机减速换道过程的持续时间采用 3 s；设计速度为 100 km/h时，a_1、a_2 分别采用 AASHTO 的推荐值 1 m/s²、2 m/s²。广韶高速公路的设计速度为 100 km/h，一般互通立交的匝道的设计速度分别有 30 km/h、40 km/h、50 km/h、60 km/h。综合分析，一般互通立交区选取 100 km/h 为主线外侧车道的运行速度 v_0；而减速车道终点车速调研发现，车辆到达减速车道终点时的车速大于匝道限速。按照《公路立体交叉设计细则》(JTG/T D21—2014)的规定，匝道鼻端通过速度与主线限速有直接关系，而与匝道本身限速关系较小。主线设计速度为 100 km/h，运行速度选取最不利状态 60 km/h 进行计算。计算结果如表 5.8 所示。

表 5.8 单车道出口减速车道长度计算结果

高速公路设计速度/(km/h)	对应匝道设计速度/(km/h)	减速车道长度/m	渐变段长度/m
100	30,40	150	90
	50,60	125	90

相比《公路立体交叉细则》(JTG/T D21—2014)的规定，设计速度为 30～40 km/h 的匝道合流段减速车道长度需延长 25 m，以达到安全减速目的；设计速度为 50～60 km/h 的匝道合流段减速车道长度无须延长。

对于双车道匝道出口，考虑到内侧车道车辆主线减速的风险，建议对于匝道设计速度为 30～40 km/h 的双车道匝道减速车道，在原规定基础上相应延长 25 m，辅助车道长度仍沿用原细则规定。因此，减速车道长度研究的最终结果如表 5.9 所示。

表 5.9 减速车道长度研究结果

<table>
<tr><th>变速车道类型</th><th colspan="2">主线设计速度/(km/h)</th><th>对应匝道设计速度/(km/h)</th><th>变速段长度/m</th><th>渐变段长度/m</th><th>辅助车道长度/m</th><th>全长/m</th></tr>
<tr><td rowspan="4">减速车道</td><td rowspan="2">单车道</td><td rowspan="2">100</td><td>30,40</td><td>150</td><td>90</td><td>—</td><td>235</td></tr>
<tr><td>50,60</td><td>125</td><td>90</td><td>—</td><td>215</td></tr>
<tr><td rowspan="2">双车道</td><td rowspan="2">100</td><td>30,40</td><td>215</td><td>80</td><td>250</td><td>545</td></tr>
<tr><td>50,60</td><td>190</td><td>80</td><td>250</td><td>520</td></tr>
</table>

5.3 主线同向合流与互通出口最小净距

在广韶高速公路改扩建项目中出现了主线同向合流与互通匝道分流鼻端间距较近的问题，而我国相关规范对此类间距并未作出明确规定，且无相关国内外研究成果可指导设计。因此，为了保证行车安全和交通流转换顺畅，需要对主线同向合流与互通匝道分流鼻端最小间距进行研究。

主线同向合流与互通出口间距指主线分流鼻至下游匝道分流鼻之间的距离，如图5.7所示。

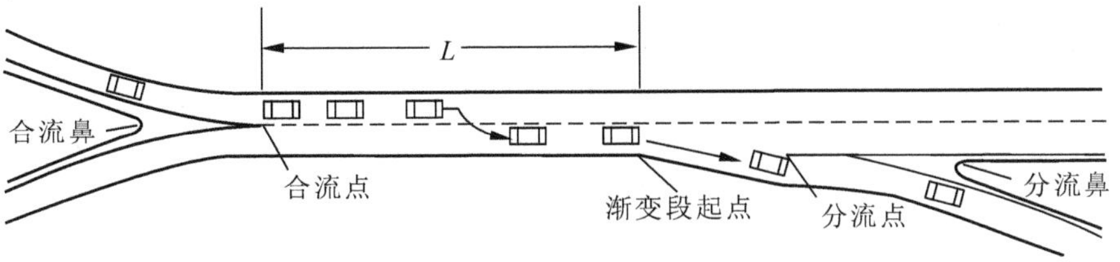

图 5.7　主线同向合流与互通出口间距

主线合流与互通出口的间距为主线合流的合流点与主线出渐变段起点之间的距离。驾驶员利用主线合流交通设施进行合流，根据自身的特性进行车流重新分布，并认读下游主线出口预告标志后，需要驶出主线的驾驶员针对自身车辆位置进行判断并实施换道，换道完成后进入渐变段驶出主线。

车辆变换车道过程中驾驶员从标志牌信息及自身车辆位置得出自己需要换几次车道才能到达合适的分流车道上。在不同主线分流形式和车道数下，车辆所需的换道次数可能不同。同时由于车道的属性和车辆的车型因素，不同车辆换道所需的距离也不相同。驾驶员在换道操作过程中首先寻找相邻目标车道上的可插入间隙，并且在找的过程中其速度应比目标车道的车速低，形成速差以便于快速找到可插入间隙；当间隙出现后，驾驶员判断此间隙是否为可插入间隙；若判断为是，驾驶员开始调整车位并且将速度保持为与目标车道相同的速度准备换道，之后即施行换道操作。

由上述分析可知，主线同向合流与互通出口间距主要考虑车辆换道距离和安全确认距离。根据5.1节分析可知，主线同向合流与互通出口间距计算公式如下：

$$L = D_1 + D_{2内} + 3 \times D_{2外} + 4 \times D_3 + D_4 \tag{5.12}$$

考虑最不利情况下，最内侧车道需完成4次车道转换操作以驶离高速公路主线。标志反应距离374 m，完成4次车道转换操作所需距离为950 m，安全确认距离为83 m，计算出L＝1407 m，向上取整约为1450 m。即工程条件受限时，适用于广韶改扩建项目的主线同向合流与互通出口最小间距值为1450 m。

5.4　多车道高速公路指路标志设置研究

5.4.1　路段标志设置原则

(1)应遵循提前预告的原则。应考虑车道数量、车辆的运行速度与换道距离、驾驶人的反应能力等因素，提前进行诱导。出口预告不宜小于3 km，诱导指引应明确、版面信息应简洁。

(2)应遵循逐级诱导的原则。方向分流、车型分流宜逐级指引,不应将两种分流信息同时发布在一处标志结构上。

(3)应遵循管控结合的原则。指引标志与禁令或指示等执法类标志、交通标志、监控措施应相互结合、协调设置。通过诱导设施指引车辆行驶方向、行驶车道;通过监管设施,保证车辆按规则通行。

(4)应遵循标志、标线相配合的原则。交通标志和标线的设置原则、标准、风格宜保持一致。分段建设、分期建设的道路,交通标志和标线的设置原则、标准、风格应保持一致。

(5)应根据交通量及交通组成,研判路侧悬臂式标志被大车遮挡的概率,通过调整标志的设置数量或设置形式,提升交通标志的视认性,降低被遮挡的情况。

(6)应简化出口三角端指路标志(图 5.8)。标志中不出现出口目的地信息,同时,当渐变段起点与出口分流点间距大于 150 m 时,应在分流点处增设一套门架式分车道指引标志。

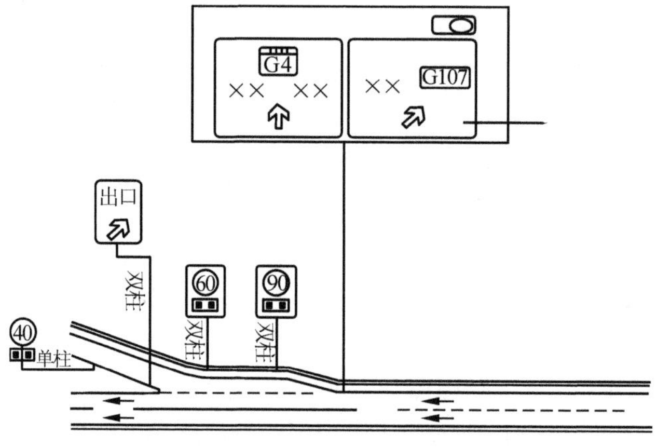

图 5.8　简化出口三角端指路标志

高速公路的出口段是交通事故发生最为频繁的区域。为了减轻驾驶员在出口处的驾驶压力,并提高出口标志的可视距离,可以参考美国、德国和日本等国家在高速公路出口标志设置上的方案。建议对出口三角端的指示标志进行简化,这样可以避免在标志上设置过多的出口目的地信息,从而使得驾驶员能够更加清晰地看到标志。此外,当渐变段的起点与出口分流点之间的距离超过 150 m 时,还应该在分流点处增设一套门架式分车道指引标志,以进一步确保驾驶员的安全行驶。

5.4.2　出口标志发光形式及选取

交通标志在夜间的指引效果主要取决于其视认性的优劣程度。逆反射交通标志通过反光膜对车辆灯光的反射,使驾驶员能够清晰地看到标志,因此,其夜间视认性受到车灯照射、反光膜等级和背景环境等多种因素的制约。为了确保逆反射交通标志在夜间能够被有效视认，需要同时满足以下三个条件：首先，车灯必须照射到标志版面上；其次，标志版面上需要设置有效的反光膜；最后，背景光不能过强，即不存在逆光或强光源的情况。只有在这三个条件都得到满足的情况下，逆反射交通标志才能在夜间被有效地视认。然而，在实际的交通环境中，尤其是在八车道或十车道的高速公路上，由于观测角较大，存在一些常见的问题。例如，车辆近光灯无法照射到路侧的标志版面上，导致逆光或低能见度环境下，车灯无法有效地照射到标志。这些问题都会影响逆反射交通标志在夜间的视认性，从而降低其指引效果。

根据交通运输部公路交通安全工程研究中心的测试结果，对于高速公路指路标志，LED 主动发光标志视认效果明显优于 V 类反光膜(钻石级)逆反射指路标志。点阵式 LED 主动发光标志与半透式 LED 主动发光标志的视认效果差异不大。主动发光标志的视认距离比 V 类反光膜(钻石级)逆反射指路标志的视认距离提升 63%。此外，在雨、雾天气下，逆反射标志无法有效反射车灯发出的光线，视认效果严重受限；而 LED 主动发光标志则因自主发光的特点，不受恶劣气候的影响，可全天候有效指引路径信息。

因此，出口 1 km、500 m、渐变段起点(行动点)处指路标志宜采用主动发光形式。

5.5 本章小结

本章在充分论述研究内容必要性的基础上，综合考虑主线设计速度、立交合分流区交通运行等因素，分析最不利状态下驾驶员驶至目标出口的换道行为；以满足主线运行效能与出入交通需求为目标，基于交通流理论，考虑行车组织、标志识认、换道行为等对分流换道的影响，提出超宽断面高速公路互通最小净距推荐值；同时，根据车辆加减速运行特征及匝道设计速度、主线设计速度等因素，提出了超宽断面高速公路变速车道长度推荐值。结合上述研究思路及结论，补充相关规范中暂缺的主线同向合流与互通出口最小净距推荐值，同时，对多车道高速公路指路标志设置提出了具体建议，为依托工程相应工点设计方案提供理论支撑。

6 高速公路服务区设计标准

高速公路服务区作为高速公路的重要组成部分，不仅为驾驶员和乘客提供了休息、就餐、加油等基本服务，还承担着交通管理、应急救援等重要职能。高速公路服务区的功能定位是服务区设计的基础。根据国内外相关研究和实践经验，高速公路服务区的功能主要包括以下几个方面：

(1)休息功能：为驾驶员和乘客提供休息场所，包括停车场、休息室、卫生间等设施。

(2)餐饮功能：为驾驶员和乘客提供餐饮服务，包括餐厅、小吃店、便利店等设施。

(3)加油功能：为驾驶员提供加油服务，包括加油站、加气站等设施。

(4)维修功能：为驾驶员提供车辆维修服务，包括汽车修理厂、轮胎更换设施等。

(5)信息服务：为驾驶员提供路况信息、旅游信息等服务，包括电子显示屏、旅游咨询台等设施。

(6)应急救援功能：为驾驶员提供应急救援服务，包括医疗急救、消防救援等设施。

高速公路服务区的设施配置与管理是服务区设计的关键。主要包括以下几个方面：

(1)设施配置：服务区的设施配置应根据功能定位和使用者需求进行合理配置，确保各功能区域的设施完善、使用便捷。

(2)设施管理：服务区的设施管理应建立健全管理制度，加强设施的日常维护和保养，确保设施的正常运行和使用安全。

(3)服务质量：服务区的服务质量应不断提高，通过培训员工、优化流程等手段，提高服务水平，满足驾驶员和乘客的需求。

(4)安全管理：服务区的安全管理应加强，建立健全安全管理制度，加强安全设施的设置和维护，确保服务区的安全运行。

结合高速公路服务区管理的影响因素，为改善高速公路服务区的现状，进一步加强服务区文明创建工作，提升服务品质，更好地服务经济社会发展，制定服务区设计标准。

6.1 影响因素分析

高速公路使用者的需求，对于高速公路服务区管理模式更新有着重要的指导作用。大量的调查显示，我国的每一个高速公路路段上的车流量都在不断增加，高速公路的使用人数在某一个时段内是相对稳定的。高速公路服务区的具体效益会受到公路使用者需求的影响，使用者需求大，经济效益则高，需求小，经济效益则少。除此之外，高速公路服务区的经济效益还会受到其经营管理模式以及具体经营方式的影响。

高速公路服务区的经营模式，是影响其各类效益的主要因素。死板与灵活的经营管理模式，会带来完全不同的经营管理效果。比如两个经济水平相当的地区所经营的两个高速公路服务区受到其管理模式的影响，有着完全不同的管理效果。环境优雅且干净整齐的服务区，没有太多人停留，很多停留者都是在服务区休息过后继续开车上路。而具有地方特色、建筑较为陈旧的服务区，却能够吸引很多人在此停留，服务区内的各类生意也十分红火，经济效益更好。不同的服务区会出现不同的管理效果主要原因是服务区的定位不同。前者以自营的方式管理服务区，后者则以多元化的方式管理服务区，关注服务定位，重视经营模式，才能让高速公路服务区管理工作越发优化。

行车路段上的车流量多少，对于高速公路服务区的经营与管理有一定影响，如果行车路段上的地方特产较多，区域特色较为浓厚，服务区就会得到更多的关注，特别会吸引很多旅游过路者。比如，我国的阳澄湖服务区以其阳澄湖大闸蟹特色吸引了不少过路者；嘉兴服务区也因为当地特色，经济效益良好且不断提高。因此，关注行车路段上的特色，利用行车路段的优势资源去创新服务区管理模式，是高速公路服务区管理模式探索的重要依据。

6.2 停车区

停车区应根据路段相应交通量、交通组成重新复核车位数，优化各种车型的停车方式，方便停放、进出自如，做到各种车型分区停放。

(1)停车位数量

根据对服务区的调研成果，客车的平均停车时间为 20 min 左右，货车平均停车时间为 30 min 左右，即一个客车停车位一小时内可以停放 3 辆车，一个货车停车位一小时可以停放 2 辆车。客车停车位数量＝客车的服务区车流量×高峰率×节假日系数/3，货车停车位数量＝货车的服务区车流量×高峰率/2。同时根据以往的设计经验，特种车辆停车位可以按车流量层级分别设置 10 个、6～8 个、4 个。

①交通量预测

服务区的规模大小与服务区的驶入交通量大小成正比，但在进行服务区规模的计算时对交通量数据的选取应当有一定的前瞻性。

根据交通运输部科学研究院、综合交通大数据应用中心发布的《2016 年中国高速公路运行大数据分析报告》，2016 年高速公路客车货车流量比为 3.12，其中七座以下的小客车约占客车总数的 94％，四轴以下普通货车约占货运车辆总数的 55.4％。即：客车车流量＝总的车流量/4.12×3.12，小客车车流量＝客车车流量×94％，货车车流量＝总的车流量/4.12，普通货车车流量＝货车车流量×55.4％，超长车车流量＝货车车流量×44.6％。这样，根据服务区的车流量可以推算出服务区未来 15 年车流量峰值，进而推算出计算服务区停车位所需的车流量数据。

$$F_t = F_E \cdot (1+\beta)n \tag{6.1}$$

式中：F_t 为预测服务区的日均车流量；F_E 为现有服务区的日均车流量（以 2016 年数据为基准年）；β 为日均服务区的车流量的年平均增长率；n 为预测交通量的年限（取 n 为 15 年）。

②高峰率

高峰率是指服务区一个小时内的停放车辆数最大值与当天停放车辆数的比值。根据高峰率就能计算出服务区日常运营中一个小时内所服务的车辆数目的极限值。通过对服务区进行调研情况分析，服务区车辆驶入高峰的时间一般为上午十点或午饭用餐时间。根据服务区运营公司的数据统计，高速公路服务区的高峰率一般为 8%～15%，一般可取 12%。

③节假日系数

2012 年我国颁布了《重大节假日免收小型客车通行费实施方案》，规定春节、清明节、劳动节、国庆节等四个国家法定节假日，以及当年国务院办公厅文件确定的上述法定节假日连休日，行驶收费公路的 7 座以下（含 7 座）载客车辆可以免费通行。因此目前在节假日期间高速公路车流量会有显著的增长，高速公路与服务区常常“车满为患”，因此在进行服务区停车位计算时需重点考虑节假日车流量激增所带来的影响。根据《2016 高速公路运行大数据分析报告》中的数据，节假日高速公路日均客车流量是平日日均客车流量的 1.8 倍，但免费通行节假日总天数仅占全年总天数的 5.5%，因此建议节假日系数取 1.5，而节假日高速公路日均货车流量则会有所下降，为平日日均货车流量的 0.7 倍，从日常需求考虑出发，货车节假日系数取 1.0。

（2）服务区停车场非停车面积

从提高停车场使用效率，避免交通混乱造成的拥挤的角度出发，服务区的停车场往往采用客货车场分离的方式，在服务区内还必须设置一些不同功能区的分隔带；因多数停车场的车位是按一定角度设置的，因此在每个车位端部常常会有一部分面积闲置，无法停车；另外，停车场内必须设置贯穿车道和必要的转移车道以便车辆驶入和驶出。这些在正常情况下无法停车的部分称为非停车面积，也应在服务设施停车场面积中考虑，依据《公路工程项目建设用地指标》（建标〔2011〕124 号）的设计规定，取车位面积的 30% 计算停车场内非停车面积。

（3）服务区停车场面积

由于车流量大，其需求的服务类型与规模也会相应增大，结合《公路工程项目建设用地指标》（建标〔2011〕124 号）停车场非停车面积计算方式以及服务区各类停车位的数量可以得出服务区的停车场面积。

（4）停车位分区布置

停车场的车位分区按小客车（包括无障碍车位、电动车充电车位）、大客车、大货车、危险品车、畜产车、超长车位考虑。根据各种车型的停车方式布置停车场：小型车辆停车场采用前进停车、后退出车或后退停车、前进出车的方式；大型车辆停车场采用前进停车、前进出车的方式；超长车辆停车场采用前进停车、前进出车的平行式停车方式。

停车场应将危险品车、畜产车专用停车位设置在相对独立、处于综合楼下风向的区域，并远离综合楼；超长车停车位顺贯穿车道设置；无障碍车位靠近综合楼和公共卫生间；电动车充电车位靠近综合楼和变电间；客车区由于驻留时间短可设在综合楼广场前侧，尽量缩短人员至综合楼、公共卫生间的步行距离；货车区驻留时间长可设在综合楼后侧；公共卫生间附近设置大客车下客区；综合楼前设置人流缓冲活动区，综合楼、公共卫生间前设置的停车位不得影响人员通行。考虑到高峰时段和平时客、货车停车数量的需求有差异，局部设置客货两用车位以随机应变，用醒目的反光标线在场地内区分，两用车位的进出车道均按大车的行驶要求设置。在各种车型停车区域的划分采用不同颜色的标线和铺地材料。

6.3 汽修加油区

维修区设置机修车间、修车台和冲洗车位，考虑到故障车辆的停放、洗检和回转要求，建议维修区前设置小广场，原有维修区不满足要求的可改建为服务区库房，重新规划后设置在服务区入口一侧，并靠近大货车停车区。

加油、加气区设置加油站和加油棚，重点考虑安全问题，在其改扩建时根据《汽车加油加气站设计与施工规范》(GB 50156—2012)(2014 年版)[100]的要求，校核油罐与服务区内建(构)筑物的防火间距，在改扩建时在保证安全的前提下尽量利用原有加油站房和设备，使服务区在改扩建期间继续保持对外加油功能，仅在加油站位置和容量均不满足基本运营需求时才采取拆除重建的方式，并预留加气站的位置。

6.4 卫生间区域

早期设计的服务区综合楼内的公共卫生间布置比较简单，只有大开间的男女卫生间，一般位于综合楼入口处，没有分设主、次卫生间，没有将人流引入综合楼。服务区卫生间应包括男女主、次卫生间，淋浴间，无障碍卫生间(第三卫生间)，母婴室，开水间，同时分设男女卫生间管理用房，完善无障碍设施。

(1)完善卫生间硬件设施

认真开展排查，对一些运营时间长、功能不完备、设施设备破损严重的服务区进行全面提升改造以解决通风差、气味重、污渍多、设施缺乏等问题；对部分缺水或水量不足的服务区，采取用水车运输、重新打井、接入城市管网等方式解决服务区卫生间供水用水问题。

(2)加强节假日应急保障

对一些处于交通干线、靠近景区和城市的服务区增设应急或临时卫生间,加大应急卫生间储备;对人流量大的服务区,增加应急卫生间仍不能满足使用的,加强剩余接待容量的信息发布,引导司乘人员合理选择休息点位,缓解服务区如厕压力。

(3)加强卫生间日常管理

引入专业物业管理公司,加强从业人员教育培训,强化从业人员服务意识,建立卫生间运营管理服务规范,实现卫生间"软件"管理水平与"卫生间革命"硬件改造同时升级。

(4)提升人性化服务水平

服务区卫生间应包括男女主、次卫生间,淋浴间,无障碍卫生间(第三卫生间),母婴室,开水间,同时分设男女卫生间管理用房,完善无障碍设施。主公共卫生间的位置建议设置在靠近服务区场地入口一侧。次卫生间的设计,主要基于运营管理、使用便利性考虑,可在服务区综合楼两端各设置一个卫生间。在白天开启主卫生间,关闭次卫生间;在夜间关闭主卫生间,开启次卫生间;在法定节假日等人流高峰期可同时开启主、次卫生间。色彩设计可借鉴日本高速公路服务区的先进经验,建议对服务区男女卫生间、第三卫生间通过红色(女士)、蓝色(男士)、绿色(残疾人)色彩识别。

(5)智慧公共卫生间

高速公路服务区每逢节假日,人流异常增多,需要如厕的人也相应增加,经常出现人群拥挤、排队等候的情况。在改扩建服务区时,除了适当扩大公共卫生间的规模,建立智慧公共卫生间引导平台,通过实时显示卫生间使用情况,快速有效地将人群引导至有空余厕位的公共卫生间,提高公共卫生间使用效率,提升服务质量及水平。

智慧公共卫生间引导平台将高速公路服务区当天的人流量通过服务区外液晶屏显示,合理分配人员服务打扫,减少人员成本。将公共卫生间厕位情况及时反馈给公共卫生间入口显示屏、公共卫生间 APP 和公共卫生间扫描小程序,疏导人流,缓解公共卫生间压力。在厕位门外安装显示灯,有人显示红灯,无人显示绿灯;在蹲位间加入红外门磁,人体通过红外感应,门锁自动上锁。使用者如身体发生不适或意外,可通过每个厕位上的一键告警功能呼出求救信号。环境采集系统实时采集整个服务区公共卫生间内温度、湿度、刺激性气体,反馈给公共卫生间显示屏并下派任务给维护人员。智能水电表采集整个卫生间的用电、用水量,判断设备是否出现故障。公共卫生间显示屏还可投放第三方新媒体广告位或播放服务区宣传片,缓解公共卫生间等待的压力,并增加收入。

6.5 服务区智慧公共广场

(1)智慧停车场

通过在高速公路主线设置一级停车诱导屏,在服务区入口设置二级停车诱导屏,在各类车型停车场前设置三级停车诱导屏,实时更新空余车位数量,智能引导服务区的车辆有序停放。

(2)智慧公共卫生间

在服务区大厅内部,通过设置液晶显示屏幕,能够准确显示厕位数量;在厕位门口位置,需要设置显示灯,进而帮助驾驶人员与乘客能够更好地了解卫生间具体使用情况。对于保洁人员来讲,要定期进行清扫。

(3)智慧餐厅

为丰富服务区的商业业态,除了整体承包的形式外;服务区还可采用一对一洽谈、邀请招标、竞争性谈判、公开招标等多种方式选取经营户,引入更多知名品牌和地方特产,为顾客提供更多消费选择。开通手机支付宝和微信支付等无现金付款功能,满足公众在出行过程中对服务区业态多样化、休闲娱乐化、服务品质化、消费体验化、支付电子化等方面的需求。中餐厅自主选餐、自助结算,设计有扫码下单和电子叫号领取外带的区域。

(4)智慧监控广播

通过在服务区出入口、停车场、广场和综合楼的公共区域设置网络高清摄像机和激光传感器对服务区运营状态全时段监测,在综合楼监控室设置监控大屏,实时显示服务区内各位置实况;对服务区的人、车流量实时监控,提供服务区饱和度参数,为公众发布拥塞指标信息,为运营单位、管理部门监管提供决策依据。通过服务区综合楼监控室的统一调度结合室内公共区域的吊顶音响功放和停车场、站前广场和加油站广场安装的室外音柱,实现对服务区室内外情况的监管,包括车辆未规范停放的安全预警和突发情况的喊话震慑。

6.6 公众沟通及文化传播

未来服务区的发展不应仅仅为了满足司乘人员的基本需求,还应该结合当地特色文化,发展各具特色的主题服务区,比如宣传当地特色民俗文化、助农兴农发展当地经济、娱乐旅游休闲等主题。我国目前江浙一带的服务区在这方面做得比较好,比如位于苏州市的阳澄湖服务区。阳澄湖服务区基于“交通+旅游”和“交通+文化”发展理念,整体以“梦里水乡,诗画江南”为设计理念,以苏州“一街三园”为特色,依照园林典籍《长物志》《园冶》的记载,借鉴留园、拙政园、狮子林的特色内涵,建有涵碧、荷风、木樨、修竹四座迷你园林,以传达苏州园林韵味;建有景观河道穿过服务区主楼,在河道两侧铺设枕水古街,并购置江南百年古桥架设于河道之上;通过外部大型水景的营造、白墙黛瓦的人字坡天际线,以及宅前屋后的乔灌木,整体构成了中国水乡的“梦境”,契合“不入苏州城,尽览姑苏景”的效果。阳澄湖服务区从一定意义上来说,是我国服务区发展的一个样板。

(1)地域特色

①尊重当地的自然地理要素,顺应其所在的自然环境,使得建筑能够顺应并融入自然之中。因此,对于服务区规划与设计,我们要对其自然条件、地理环境、气候因素等进行细致的调研,挖掘可以作为服务区设计的创作元素,进行可行性的分析,并体现于服务

区的场地规划、建筑设计之中，达到与周围的地形地貌自然而然地融为一体，能够充分地体现其地域文化。

②不同的地域造就了不同的建筑形式以及建筑元素，这些在一定程度上也反映了当地的建筑文化，具有独特性、不可替代性，在进行服务区的建筑设计时充分运用传统建筑的元素、颜色、技术等可以增强服务区的可识别性。古今中外有不少设计师凭借对自然的认知、思索与感悟，遵循着传统建筑留存的设计法则，顺应不同的环境而创作出具有浓郁地方特色的建筑文化特色设计作品。

③各地区在发展进程中慢慢形成了自己固有的文化，每个地区所形成的民族民俗文化也是丰富多彩的，因此也会形成各式各样的建筑形式以及建筑元素，为建筑师进行地域建筑的创作提供了建筑元素及符号。在设计时纳入该地区的艺术创作、传统文物等，摄取传统人文历史的精华并对其加以提炼及运用，展示于当今的服务区中。

④建筑，不论形式还是空间组成都是用材料来表现的，把建筑材料作为一种传达文化、发展文化的载体。服务区设计不仅要利用传统的建筑材料，更要关注对新科技的探索，创造出不断变化发展着的新型材料特色。

⑤我国土地资源十分丰富，设计应注重对当地的水资源、自然资源以及文物资源的保护。选址及规划设计应选取公路网沿线上的优美景致地区，把建筑置于自然景观之中。规划和建筑设计需要结合地形并因地制宜地列入其中，要顺应及融入自然景观之中，保持其完整性，减少对原生自然景观的破坏。建筑物在颜色、形式以及体量上都应当顺应自然并融入山水之中。

⑥服务区采用单向服务，应保证就餐、卫生间、加油与维修、休息等设施能够使用方便，管理快速有效。在规划调研与分析阶段，分析其可行性，细心勘察设计，体现设计的功能多样化，凸显自然的环境设计，创建出能够展现当地服务区的象征性建筑，并融入当地以及周边地域的人文景观，以彰显地方文化特征。

(2)集散优势

充分发挥服务区的集散性优势，利用高速公路上的 LED 牌、展板等设备进行传播地域文化，同时开发信息化智慧平台并连接各大地图 APP，为乘客实时播报最近的景点及其特色。

(3)品牌效应

服务区对特色餐厅、特产店等地方品牌店予以扶持和监督，保证地方品牌店的价格和质量与当地平均水平一致，并逐步将地方品牌店规模化、连锁化以形成一条商业链。

(4)以人为本

“以人为本”主要体现在服务区在设计前期就要考虑到服务区的安全、舒适，也要注重服务区的设置能够使人身心愉悦，能够给大家带来最便利的出行。“以人为本”，不仅要满足人们出行的基本需求，也要注重人的全面发展，在工程的设计中注重细微之处的设计，多为人们做出考虑。同时体现了对人的关爱，就是体现了人性化服务。规划设计师在最初的设计阶段着重需要考虑的便是避免服务区存在的安全隐患或者使用过程中的安全问题，要合理配置功能、明确动静分区、注重内外部交通组织清晰明确等。

6.7 应急安全管理

高速公路服务区安全管理工作具备系统性、预见性、复杂性、阶段性特点，具体可归纳细分为以下6个构成，针对不同层面均有实践性要求。

(1)基础管理投入标准

目前高速公路服务区大都开展了安全生产标准化、信息化工作，对安全管理工作进行了更加细致和科学的完善。为确保落实安全管理目标，确保安全管理工作横向到边、纵向到底，需要对基础管理工作的有效执行和持续改善加以必要的投入。服务区需要根据安全管理现状，参照上年安全管理相关投入，制定安全费用使用计划，在财务专项科目中对安全管理相关费用进行归类统计，并且为了确保各项投入落到实处，需要对资金收入支出、物资入库出库、投入产出核算等方面进行科学管理并建立台账。

(2)安全教育培训标准

高速公路服务区需要将安全教育培训当作安全文化建设的重点工作，应根据服务区的实际情况，建立安全生产教育培训档案并做好培训记录，对培训效果进行评估和持续改进。服务区不仅可以采取授课的方式对员工进行安全生产教育，还可以采取其他各种不同的方式普及安全生产常识，如利用各种标语式宣传横幅，发放安全生产常识小册子，悬挂安全警示标识，会议宣讲安全生产法律法规，组织观看安全警示教育片，参加安全生产知识答卷等方式宣传和普及安全生产知识。除此以外，还可以开设社区账号通过自媒体等新时代传媒工具和平台，以微课堂等形式向公众普及安全常识，培育安全意识。

(3)安全隐患检查整改标准

安全隐患检查和整改工作是安全管理中不可忽视的重点工作，目前多采用综合检查、专业检查、季节性检查、节假日检查、不定期抽查等方式进行排查，相应工作班组、岗位落实并厘清责任。检查的内容包括场所、环境、人员、设备设施等。对危险有害因素开展有针对性的专业检查，严格按照制度标准进行逐项检查，并且对整改责任、整改时效、整改监控、整改资金等逐条响应落实，形成隐患排查的多维防控体系。

(4)特种设备管理标准

高速公路服务区设置了加油站、高压电气设备等，此类危险性大、发生故障可能造成重大事故的设备设施应确定为危险源点，服务区应该根据实际情况建立危险源点台账，加强日常管理和监控，定期进行安全检查，发现隐患立即进行整改。一些特种设备的操作和维护需要有经验的专业人员进行管理和操作，相关管理和操作人员应具备专业技能并持证上岗，工作安排上应注意持续监控特种设备的运行状况，发现问题随时解决，建立日常修理维护台账，确保特种设备处于完好状态。

(5)作业安全管理标准

依据国家有关规定，服务区应当为员工配发合格的劳动防护用品并监督其正确使用。在工作区域应设置职业危害告知卡，内容应包括所从事工作可能发生的职业伤害，应告知预防措施、中毒的处理方法、应使用的防护用品等。应尽可能于操作台、安全教育栏等显眼处设置提示，对操作者起到警示和预防作用，使其充分了解工作过程中的危险因素，并形成良好的风险防范意识，能够及时预防和应急处理，降低或消除危害后果。服务区可对作业现场进行统一协调管理，指定专人对作业现场进行现场安全检查并建立记录，定期对作业安全工作进行风险评估和测评。

(6)应急救援体系标准

依据安全生产和应急预案指导等法规文件的精神，服务区应在全面、深入分析存在的危险因素和可能发生的生产安全事故的基础上，编制现场处置预案，建立应急物资、装备管理台账和检查、运维记录台账。为了进一步提高安全事件现场处置预案的有效性并提高应急队伍应急反应能力，可以根据实际情况组织应急救援演练，制定应急演练计划和演练方案，对演练中发现的问题及时进行深入分析并提出应对措施。

6.8 服务区节能改造

在高速公路服务区升级改造环节，设计人员应遵守节能改造设计原则，加大节能减排力度。例如，可以直接将露天停车场改造为遮阳停车场，在遮阳棚布上部安装太阳能供电体系，提高污水回收利用效率，确保污水得到高效利用，提升生活垃圾处理效率。此外，新能源汽车的快速发展，高速公路中的新能源汽车数量逐渐增多，为满足新能源汽车的快速行驶需求，在服务区停车场内部，需要设置一定量的充电桩，不断减少污染物的排放量。

总之，服务区节能改造的方式有很多，包括污水处理设施及配套检测系统、绿色新能源使用情况、垃圾分类、生活垃圾无害化处理和垃圾专业回收等。图 6.1 至图 6.6 为各服务区不同节能改造方式的配置及普及情况，通过数据得知，污水处理及配套检测设施在服务区的普及率最高，在 80%以上，这对于保护当地环境和水资源非常有利；而没有设置污水处理设施的服务区，污水处理是一大难题，应尽早解决。新能源的使用和垃圾分类实施的服务区占比在 30%以下，普及率很低。现在我国大量提倡使用新能源和垃圾分类，未设置垃圾分类和绿色能源的服务区在今后的改造升级中，应逐渐增设该功能。针对服务区内产生的各类垃圾，三分之二以上的服务区都能实现生活垃圾无害化处理及垃圾专业回收。

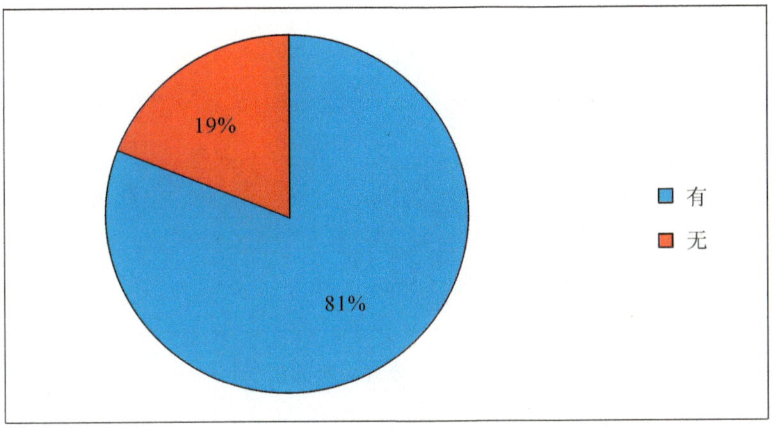

图 6.1 污水处理设施配置情况

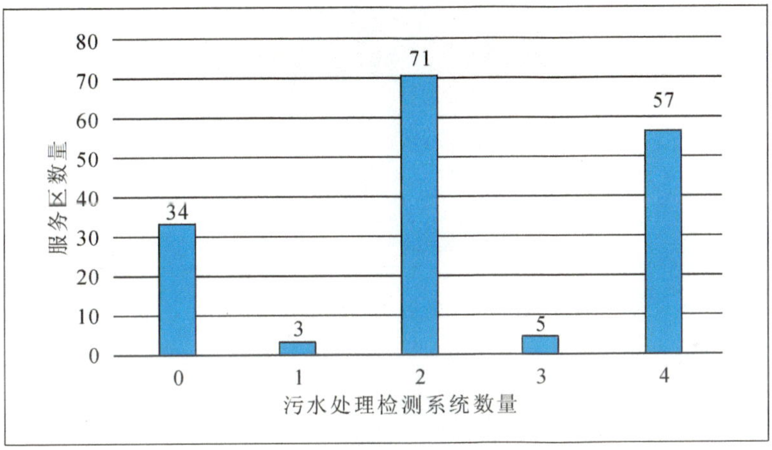

图 6.2 污水处理检测系统配置情况

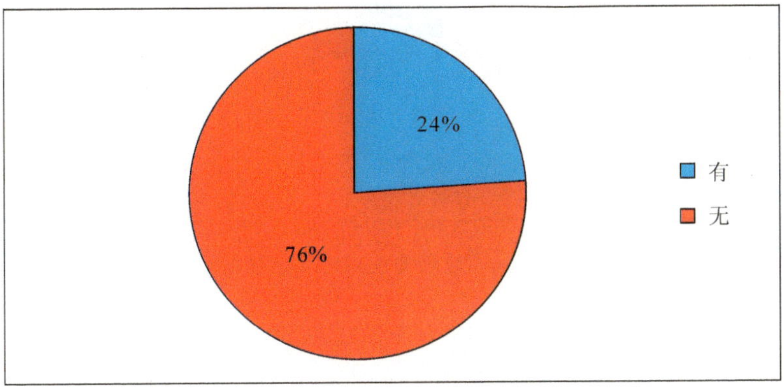

图 6.3 绿色新能源配置情况

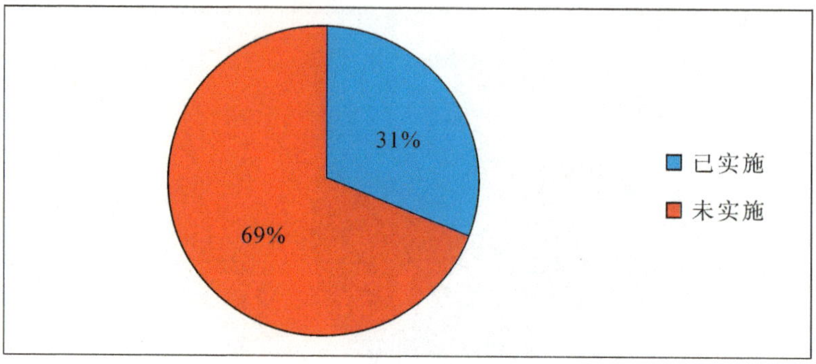

图 6.4 垃圾分类实施情况

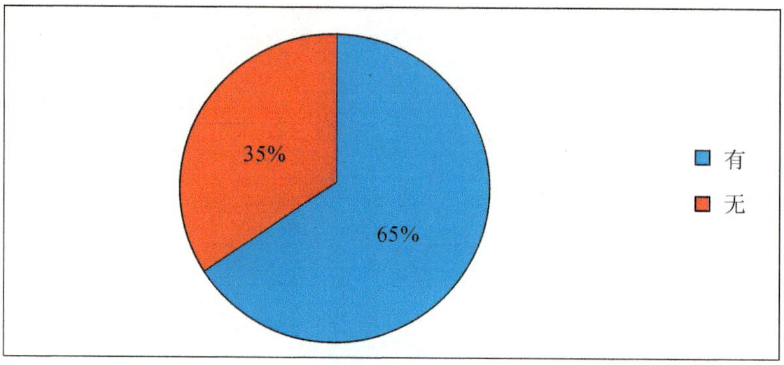

图 6.5 生活垃圾无害化处理

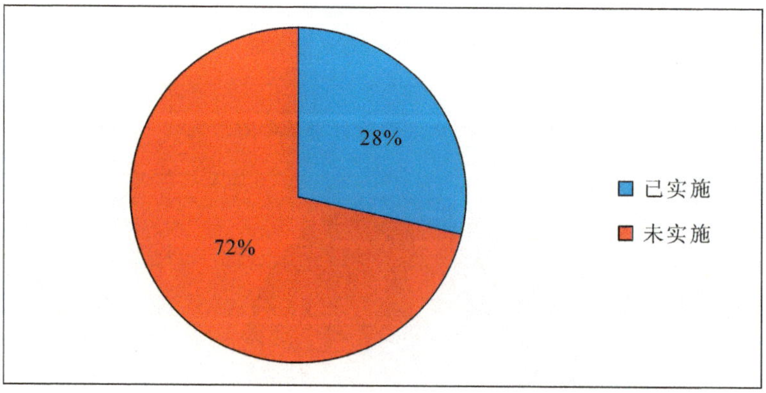

图 6.6 垃圾专业回收实现情况

6.9 便民设施区

“司机之家”这个概念是 2019 年 4 月由交通运输部办公厅、中华全国总工会办公厅发布的《关于进一步做好“司机之家”建设和验收工作的通知》中提出的，是为道路运输车辆及驾驶人员提供公共服务的场所和建筑设施，提供餐饮、休息、停车、安保、宣传教育及淋浴、洗衣、如厕等基本服务，鼓励提供便利店、加油（气、电）站、住宿、汽车维修、道路救援等多样化服务。在改扩建服务区时应补充“司机之家”等便民区域，为司机、孕妇、老人等人群提供休息娱乐的场所。

6.10 人员服务区

人员服务区包括盥洗区、餐饮区、购物区、休息区，主要是以服务司乘人员为目的设置的，一般以综合服务楼的形式呈现，布置在服务区场地中间地带，面向主高速路向来往的司乘人员展示其形象。

6.11 辅助设施区

辅助设施区包括泵房变电间等设备用房、垃圾收集处理设施、水处理设施等附属功能设施、人行或车行天桥、地下通道等室外功能设施，主要目的是服务内部工作人员。辅助设施区一般与司乘人员不直接相关，当需要改扩建时，应在充分利用原有供水、供电等辅助设施的前提下，拆除陈旧、老化的设施，不影响天桥、地下通道等室外功能设施，结合管线的综合布设设置在司乘人员的视野之外。

6.12 本章小结

本章重点针对扩建后大流量条件下高速公路服务区可能面对的服务能力超载问题，结合高速公路服务区管理影响因素，对高速公路停车区、汽修加油区、卫生间区域、公共广场、应急安全管理、便民设施区等方面提出设计标准建议，以支撑大流量条件下的高速公路服务区设计方案落地，提升公众出行舒适感与满意度。

7 总结与展望

7.1 主要研究结论

全书以广韶高速公路改扩建工程为例对多车道超宽断面高速公路的交通组织模式与关键设计指标参数展开了深入研究，旨在为新一轮即将到来的多车道超宽断面高速公路改扩建浪潮提供基础技术支撑，同时也是对现有技术标准的补充研究。围绕上述研究目标，采用标准对比、实地调研、自然驾驶数据分析、虚拟仿真技术等多种方法对各项内容进行系统研究，形成了一系列研究结论。

(1)多车道超宽断面高速公路交通组织模式与通行能力

车道数量增加将加剧同向并道行驶车辆间的相互干扰，同时车辆驶入、驶出主线车道等驾驶行为的安全风险隐患显著增加。针对多车道超宽断面高速公路复杂的行车环境，基于客货分离的基本组织模式，对比不同车道功能划分条件下的交通流运行状态，提出适合广韶高速未来年各区段大货车占比较高的交通组织模式，并选取典型路段进行仿真验证，研究表明广韶高速公路扩建后在内外幅分隔 2+3 组织模式下，路段通行状态良好，能够满足出行需求。

对于通行能力，国内外目前采用的计算方法是建立在四车道高速公路车道管理模式的基础上，未考虑大交通量条件下的行车干扰影响，随着车道数的增加，现有方法计算结果的可靠性会越来越低。本书通过引入内外幅车道修正系数，结合海量道路实测数据，采用虚拟仿真技术完成对车道修正系数的标定，细化研究不同车道功能划分条件下的多车道高速公路通行能力计算方法。经计算，广韶高速公路扩建后在内外幅分隔 2+3 组织模式下，设计末年项目整体依然能够满足三级服务水平。

(2)多车道超宽断面高速公路横断面关键技术指标

横断面设计决定了路幅宽度、公路用地、工程规模、建设难度和建设费用，是道路几何设计的重要内容，包括行车道宽度、左侧硬路肩宽度、中央分隔带宽度、内外分幅实施方法、路拱及横坡值、横断面布设方案及过渡方案等内容。

全书从车型特征、运行速度、驾驶员心理、生理指标角度对行车道宽度进行了研究，确定了不同设计速度下适用不同车型行驶的行车道宽度建议值，即全部行驶小客车时，可采用 3.5 m 的行车道宽度，其他车道应采用 3.75 m。

从事故救援、中间带养护作业、紧急停靠等角度对左侧路肩宽度进行了研究，推荐广韶高速公路改扩建工程左侧路肩宽度取 3.0 m。

从护栏形式、落墩宽度、人井设置、门架基础设置等需求因素方面展开分析，确定了中间带最小宽度 1.5 m，并对可能出现的工程问题提出了相应的解决措施。

根据多车道高速公路的运营实践经验，提出通过设置交通标志牌的方式实现广韶高速公路扩建后的车辆内外分幅通行。

对于多车道超宽断面高速公路的路拱形式与横坡值，通过分析多车道高速公路路拱形式优缺点及横坡值对路面排水的具体影响，推荐广韶高速公路改扩建采用单幅折线型路拱，横坡值建议为“旧路 2%＋加宽 2.5%”。

此外，基于上述研究结论，提出五种横断面组合形式，并依次分析各方案在本项目的适用性，并提出推荐方案；最后面向不同扩建方式的渐变过渡方案提出相应原则及方法，并在依托工程典型工点进行应用说明。

(3)超宽断面高速公路小间距互通立交安全性指标

根据多车道超宽断面高速公路特点，对其分合流区的相关技术指标进行了研究，包括立交最小净距、变速车道最小长度、主线同向合流与互通出口最小净距等。为适应多车道超宽断面高速公路的运行特点，提出了各参数的推荐值，为多车道超宽断面高速公路改扩建参数选取提供参考意见。

(4)服务区设计标准研究

高速公路服务区设计应以功能定位为基础，重点关注服务区设施配置与管理效率的标准提升。依据路段交通量、交通组成设计停车位数量及停车场面积。考虑故障车辆维修需求及正常车辆加油、加气要求，合理规划汽修加油区位置布设。针对不同群体如厕需求，完善卫生间硬件设施及环境管理。以提升服务水平和管理效率为目标，强化公共广场的智慧化水平。结合当地特色文化，发展各具特色的主题服务区。加大应急基础设施管理投入标准，全面确保紧急情况下应急安全管理零问题。最后是加强服务区节能改造及便民设施的设计标准，以适应新背景、新阶段、新形势下的高速公路管理发展要求。

7.2　展望

随着全球经济的飞速发展，汽车的保有量以及人均通勤次数都在持续增加，同时，货物运输的需求也在不断攀升。这些因素都使得现有的高速公路在物理层面上面临着巨大的压力。因此，对现有的高速公路进行加宽扩建已经成为不可回避的问题。

为了应对这种情况，新一轮的高速公路通行能力提升建设已经迫在眉睫。需要对多车道超宽断面高速公路的关键技术指标进行深入的研究。该研究需要结合更多的实际工程项目，进行深层次、广范围的技术探索和应用示范。

同时，也需要看到，高速公路行业未来的发展趋势是数字化、网络化、智能化。这意味着需要全行业共同探索高速公路在支撑车路协同、自动驾驶等智慧应用方面的技术标准和建设规范。只有这样，才能更好地适应未来的发展需求，为社会提供更加便捷、安全的交通服务。

参考文献

[1] 钟小明,解建华,徐婷.高速公路车道管理方式研究[J].道路交通与安全,2014,14(3):41-46.

[2] 李力,刘樟伟,郭宏亮.立体改扩建模式下双层高速公路的交通组织模式研究[J].交通与运输,2020,33(S1):55-59.

[3] 练象平.客货分离道路系统研究[J].城市道桥与防洪,2011(7):44-46.

[4] 魏军.基于微观仿真的复合式断面高速公路通行能力计算模型研究[J].北方交通,2016(4):79-83.

[5] 何刚.高速公路交通运行分析与评价[C]//中国公路学会.交通工程技术及装备发展研讨会论文集.北京:中国公路学会,2000.

[6] 明平顺.高速公路运行状况分析与对策[J].中南汽车运输,1997(3):35-37.

[7] 周刚,张国良,范传斌,等. 高速公路交通运行特性分析研究[J].广东公路交通,2001(2):5-8.

[8] 罗洪涛.六车道高速公路交通流组织方案比选[J].公路与汽运,2008(4):42-45.

[9] 刘莉,李斌.多车道高速公路车道管理方案的模糊综合评价方法研究[J]. 公路交通科技(应用技术版),2011(7):286-289.

[10] 万兵.基于 VISSIM 交通仿真的客货分离条件研究[J].青海交通科技, 2018(3):45-49,57.

[11] 柯水平,白子建.客货分离道路交通实施方案评价方法研究[J].城市道桥与防洪,2013(12):136-139.

[12] 马红伟,段绪斌.客货分离道路系统实施评价方法研究[J].城市道桥与防洪,2013(1):13,146-148.

[13] 孔德文.大型车辆对多车道高速公路交通运行影响研究[D].南京:东南大学,2018.

[14] 马捷.高速公路客货分离改造的方案选择和评价体系研究[D].长春:吉林大学,2015.

[15] 曹广斌.基于安全与效率的八车道高速公路运行保障技术研究[D].西安:长安大学,2014.

[16] 丁建梅,王常虹.城市客货混行干道交通优化控制方法[J].哈尔滨工程大学学报,2009,30(12):1404-1408.

[17] 王新慧.客货车干扰特性及客货分离道路实施条件研究[D].长春:吉林大学,2014.

[18] 李志涛,王莹.基于不同车道管理方案的多车道高速公路适应交通量研究[J].公路交通科技(应用技术版),2019(9):300-303.

[19] 韩宝睿,马健霄,林丽.多车道高速公路的适应交通量计算模型[J].南京林业大学学报(自然科学版),2007(1):63-66.

[20] Transportation Research Board. Highway capacity manual(HCM 2000)[M]. Washington: National Research Council,2000.

[21] 美国交通研究委员会.道路通行能力手册[M].北京工业大学交通研究中心,任福田,刘小明,等译.北京:人民交通出版社,2007.

[22] LEMKE K. The new german highway capacity manual(HBS 2015)[J]. Transportation Research Procedia,2016,15(2):26-35.

[23] WU N, LEMKE K. A new model for level of service of freeway merge, diverge, and weaving segments[J]. Procedia-Social and Behavioral Sciences, 2011, 16(16): 151-161.

[24] ARASAN V T, ARKATKAR S S. Derivation of capacity standards for intercity roads carrying heterogeneous traffic using computer simulation[J]. Procedia-Social and Behavioral Sciences, 2006, 16(1): 218-229.

[25] 李文权,张云颜,王莉. 道路互通立交系统通行能力分析方法[M]. 北京:科学出版社,2009.

[26] JOLOVIC D, STEVANOVIC A, SAJJADI S, et al. Assessment of level-of-service for freeway segments using HCM and microsimulation methods[J]. Transportation Research Procedia, 2016, 15(2): 403-416.

[27] 郭长波,张宁. 快速路出口通行能力的可靠性仿真研究[J]. 系统仿真学报,2003,15(11):1595-1599.

[28] 许有俊,郭楠. 城市快速路出口辅路附加车道长度的仿真研究[J]. 北京工业大学学报,2009,35(11):82-86.

[29] 王佐,李宏斌,陈波. 欧洲高速公路几何设计规范的技术要点[J]. 公路,2008(9):50-53.

[30] 孙瑜,程建川. 德国公路设计标准中的新理念[J]. 中外公路,2007,27(1):1-4.

[31] 日本道路协会. 日本公路技术标准的解说与运用[M]. 王治中,张文魁,冯理堂,等译. 北京:人民交通出版社,1980.

[32] 高健强. 客货分离高速公路互通式立交小客车专用匝道几何设计指标研究[D]. 西安:长安大学,2018.

[33] AASHTO. A policy on geometric desing of highways and streets[M]. Washington: AASHTO, 2016.

[34] 日本道路公团. 日本高速公路设计要领:几何设计 · 休息设施[M]. 交通部工程管理司译制组,译. 西安:陕西旅游出版社,1991.

[35] 陈胜营,汪亚干,张剑飞. 公路设计指南[M]. 北京:人民交通出版社,2000.

[36] 中华人民共和国交通运输部. 公路路线设计规范:JTG D20—2017[S]. 北京:人民交通出版社,2017.

[37] 中华人民共和国交通运输部. 公路立体交叉设计细则:JTG/T D21—2014[S]. 北京:人民交通出版社,2014.

[38] 冯玉荣. 高速公路互通式立交最小间距研究[D]. 西安:长安大学,2009.

[39] 李洪萍,裴玉龙,杨中良. 快速路自由流速度及其影响因素[J]. 吉林大学学报(工学版),2007,37(4):772-776.

[40] Transportation Research Board. Highway capacity manual(HCM 2016)[M]. Washington: National Research Council, 2016.

[41] IWASAKI M, SEKINE I, TAJIMA H. An analysis of traffic accidents at diverging and merging sections on the metropolitan expressway[C]// Japan Society of Civil Engineers. Proceedings of Infrastructure Planning Tokyo, 1992: 311-316.

[42] BARED J G, EDARA P K, KIM T. Safety impact of interchange spacing on urban freeways[C]//

Transportation Research Board. Transportation Research Board 85th Annual Meeting,2006.

[43] W·杜尔特.联邦德国道路设计[M].景天然,编译.北京:人民交通出版社,1987.

[44] 张金喜等.道路工程专论[M].北京:科学出版社,2010.

[45] 周荣贵,钟连德.公路通行能力手册[M].北京:人民交通出版社,2017.

[46] 龙科军,杨晓光,王跃辉,等.城市快速路匝道最小间距模型[J].交通运输工程学报,2005,5(1):5.

[47] 高建平,廖丽.互通式立交匝道连续分流点最小间距研究[J].重庆交通大学学报:自然科学版,2014,33(2):106-110.

[48] 王鹏英,陆键,马永锋,等.高速公路出口匝道几何特征及控制方式研究现状及展望[J].交通运输工程与信息学报,2009,7(1):104-110.

[49] 汤振农.高速公路匝道出入口最小间距研究[D].南京:东南大学,2010.

[50] 曹荣青.城市道路出入口间距确定的理论方法研究[D].西安:长安大学,2007.

[51] 陈瑾.高速公路互通式立交出口和入口设置相关技术指标研究[D].西安:长安大学,2016.

[52] 王春娥.高速公路立交变速车道长度研究[J].公路交通科技,2013,30(1):120-125.

[53] 杨伟.高速公路立交出入口变速车道长度的探讨[J].科技创新与应用,2020(36):55-56.

[54] 孔令臣.多车道高速公路互通式立交加减速车道长度及最小净距研究[D].西安:长安大学,2012.

[55] BLUMENFELD D E,WEISS G H. Merging form an acceleration lane[J]. Transportation Science,1997,5(2):161-168.

[56] EVANS J L,ELEFERIADOU L,GAUTAM N. Probability of breakdown at freeway merges using markovchains[J]. Transportation Research Part B: Methodological,2001,35(3):237-254.

[57] SKABARDONIS A. Modeling the traffic at grade-swparated interchanges[J]. Traffic Engineering Contral,1985,26(9):410-415.

[58] 吴志贤.高速公路互通式立交加速车道长度的探讨[J].福州大学学报(自然科学版),1996(4):111-113.

[59] 罗霞.混合车流合流运行模式研究[J].西南交通大学学报(自然科学版),2000(1):36-39.

[60] 李硕,张亚平.高速公路加速车道设计理论探讨[J].公路交通科技,1998(4):52-56.

[61] 石小法,李文权,李铁柱,等.高速公路互通式立交加速车道长度的设计方法[J].河南大学学报(自然科学版),2000,30(4):17-20.

[62] 赵春,邓卫,周荣贵.考虑服务交通量的加速车道长度设置方法[J].公路交通科技,2004(8):103-107.

[63] 邵长桥,荣健.加速车道长度计算模型及其影响因素[J].北京工业大学学报,2008,34(1):72-75.

[64] 徐秋实,任福田,孙小端,等.高速公路互通式立交加速车道长度的研究[J].北京工业大学学报,2007,33(3):298-301.

[65] 智永峰,张骏,史忠科.高速公路加速车道长度设计与车辆汇入模型研究[J].中国公路学报,2009,22(2):93-115.

[66] 交通运输部.交通运输部关于进一步提升高速公路服务区服务质量的意见(交公路发〔2014〕198号)[Z].北京:交通运输部,2014.

［67］ 交通运输部办公厅.交通运输部办公厅关于印发2018年全国公路服务区工作要点的通知(交办公路函〔2018〕593号)[Z].北京:交通运输部,2018.

［68］ 石东浩,周江.国内外高速公路服务区比较[J].中外建筑,2013(7):51-55.

［69］ 中华人民共和国交通运输部.高速公路改扩建设计细则:JTG/T L11—2014[S].北京:人民交通出版社,2015.

［70］ 广西壮族自治区市场监督管理局.高速公路服务区设计规范:DB45/T 2052—2019[S].南宁:广西壮族自治区市场监督管理局,2019.

［71］ 中华人民共和国交通运输部.公路工程项目建设用地指标[M].北京:人民交通出版社,2011.

［72］ 中华人民共和国交通运输部.道路交通标志和标线:GB 5768.1～GB 5768.8[S].北京:中国标准出版社,2019.

［73］ 王太.高速公路服务区协调布局与运营管理模式研究[D].西安:长安大学,2012.5.

［74］ 吴斌.高速公路服务区建设与运营管理模式研究[D].成都:西南交通大学,2008.

［75］ 曾园.X企业高速公路服务区经营模式研究[D].武汉:武汉理工大学,2012.

［76］ 靳明鹏.服务区经营管理系统的设计与实现[D].成都:电子科技大学,2013.

［77］ 司应科.甘肃高速公路服务区连锁经营管理体系研究[D].兰州:兰州大学,2010.

［78］ 张琛.高速公路服务区经营开发与功能扩展[D].西安:长安大学,2013.

［79］ 中华人民共和国交通运输部.公路工程技术标准:JTG B01—2014[S].北京:人民交通出版社,2014.

［80］ 魏雪延,徐铖铖,王炜,等.多车道高速公路的通行能力分析与建模[J].交通运输系统工程与信息,2017,17(2):105-111.

［81］ 裴玉龙,程国柱.高速公路车速离散性与交通事故的关系及车速管理研究[J].中国公路学报,2004(1):74-78.

［82］ 周晨静,荣建,郭琳科.微观交通仿真模型参数标定结果取值方法研究[J].系统仿真学报,2019,31(12):2802-2809.

［83］ 中国法制出版社.中华人民共和国道路交通安全法:实用版[M].北京:中国法制出版社,2021.

［84］ 交通部公路规划设计院.法国公路与高速公路几何设计实用手册:中译本[M].北京:交通部公路规划设计院,1987.

［85］ 中华人民共和国住房和城乡建设部.车库建筑设计规范:JGJ 100—2015[S].北京:中国建筑工业出版社,2015.

［86］ 中华人民共和国交通运输部.公路交通安全设施设计细则:JTG/T D81—2017[S].北京:人民交通出版社,2018.

［87］ 中华人民共和国交通运输部.公路限速标志设计规范:JTG/T 3381-02—2020[S].北京:人民交通出版社,2020.

［88］ 毕晓明.公路几何设计与路面排水关系研究[J].交通世界(运输车辆),2022(6):145-147.

［89］ 黄慧琴.浅析高速公路路基路面排水设计[J].价值工程,2011,30(6):140.

［90］ 中华人民共和国交通运输部.公路排水设计规范:JTG/T D33—2012[S].北京:人民交通出版社,2013.

[91] 罗京,刘建蓓,戈普塔,等.路面水膜厚度检验评价方法[J].交通信息与安全,2016,34(6):54-82.

[92] ROSS N F,RUSSAM K. The depth of rain water on road surfaces[J]. Depth,1968,32(1):138-145.

[93] GALLAWAY B M,SCHILLER R E,ROSE J G. The effects of rainfall intensity,pavement cross slope,surface texture,and drainage length on pavement water depths[J]. Multiple Regression Analysis,1900(2):2-69.

[94] 季天剑.降雨对轮胎与路面附着系数的影响[D].南京:东南大学,2004.

[95] 罗京,刘建蓓,王元庆.路面水膜深度预测模型验证试验[J].中国公路学报,2015,28(12):57-63.

[96] ANDERSON D A,HUEBNER R S,REED J R,et al. Improved surface drainage of pavements:NCHRP project 1-29[R]. Washington D. C. :Transportation Research Board,1998.

[97] 中华人民共和国交通运输部.排水沥青路面设计与施工技术规范:JTG/T 3350-03—2020[S].北京:人民交通出版社,2020.

[98] 中国公路学会《交通工程手册》编委会.交通工程手册[M].北京:人民交通出版社,1998.

[99] 史静.互通式立交最小安全净距及变速车道长度研究[D].西安:长安大学,2011.

[100] 中华人民共和国住房和城乡建设部.汽车加油加气站设计与施工规范:GB 50156—2012(2014年版)[S].北京:中国计划出版社,2014.